Musik und Technik

Veröffentlichungen
des Instituts für Neue Musik und Musikerziehung
Darmstadt

Band 36

Musik und Technik

Fünf Kongreßbeiträge
und vier Seminarberichte.
Herausgegeben von
Helga de la Motte-Haber und
Rudolf Frisius

SCHOTT

Mainz · London · Madrid · New York · Paris · Tokyo · Toronto

Bestell-Nr. ED 8518
© 1996 Schott Musik International, Mainz
Umschlaggestaltung: Günther Stiller, Taunusstein
Umbruch: Margarete Krämer
Printed in Germany · BSS 48 700
ISBN 3-7957-1776-0
ISSN 0418-3827

Inhalt

Vorwort	7
Gottfried Michael Koenig Hat Technik die Musik von ihren Instrumenten befreit?	11
Rudolf Frisius Musik und Technik: Veränderungen des Hörens – Veränderungen im Musikleben	22
Diedrich Diedrichsen Technologie und Popmusik	49
Klaus Schöning Die Technik – ein Instrument der Akustischen Kunst	63
Helga de la Motte-Haber Von der Maschinenmusik zur algorithmischen Struktur	79
Alexander Schwan Medienpraktische Arbeit an digitalen Geräten	89
Elena Ungeheuer/Pascal Decroupet Technik und Ästhetik der elektronischen Musik	123
Johannes Goebel Vom technisch Machbaren und musikalisch Wünschenswerten in der digitalen Klangsynthese	143
Jean-Claude Risset Composing sounds, bridging gaps: the musical role of the computer in my music	152

Vorwort

»Musik und Technik« war das Thema der 49. Arbeitstagung des Instituts für Neue Musik und Musikerziehung, die vom 3. bis 8. April 1995 in Darmstadt stattfand. Der vorliegende Band enthält die Texte der Kongreßreferate (Rudolf Frisius, Gottfried Michael Koenig, Diedrich Diedrichsen, Klaus Schöning, Helga de la Motte-Haber) sowie schriftliche Zusammenfassungen von Vorträgen und Seminaren unter analytisch-musikpädagogischen, technologiegeschichtlichen und kompositionsästhetischen Aspekten (Alexander Schwan, Elena Ungeheuer/Pascal Decroupet, Johannes Goebel, Jean-Claude Risset). Die Textbeiträge zum ausführlichen Programmheft erscheinen in den *Feedback Papers*, wofür deren Herausgeber Johannes Fritsch an dieser Stelle herzlich gedankt sei; das Programmheft selbst ist erhältlich über das Sekretariat des Instituts für Neue Musik und Musikerziehung (Grafenstraße 35, 64283 Darmstadt).

In Beiträgen, die sowohl die Praxis der Studioarbeit als auch kompositionstechnische und kompositionsästhetische Probleme reflektieren, äußern sich zwei Autoren, die sowohl in Kompositionen als auch in theoretischen Arbeiten maßgebliche Beiträge zur Entwicklung und Erforschung der elektroakustischen Musik geleistet haben: Gottfried Michael Koenig und Jean-Claude Risset.

Gottfried Michael Koenig, dessen Beitrag auch als Bilanz seiner in bisher drei Bänden gesammelten theoretischen Schriften gelesen werden kann (*Ästhetische Praxis, Texte zur Musik,* Band 1-3, Saarbrücken 1991, '92, '93), konzentriert sich auf grundlegende Veränderungen des Musikdenkens, die sich unter dem Einfluß der Elektronischen Musik (einschließlich der von ihr geprägten Computermusik) vollzogen haben – Veränderungen, die man im Sinne von Koenig entweder als radikale Wandlung und Neubestimmung oder als vollständige Auflösung des instrumentalen Denkens bezeichnen könnte. Die Frage, die Koenig im Thema seines Referates stellt, läßt verschiedene Antworten offen: »Hat Technik die Musik von ihren Instrumenten befreit?« Wie schwierig diese Frage zu beantworten ist, sagt Koenig selbst im Zentrum seines Textes: *Statt zu sagen, die Technik habe die Musik von den Instrumenten befreit, müßte man eigentlich sagen, die Instrumente seien in die Musik hineingezwungen worden.* – Koenigs Frage nach der Funktion des Instruments bzw. des Instrumentalen in der Elektronischen Musik geht aus von der seriell geprägten Elektronischen Musik der 50er Jahre, führt aber auch über diese hinaus zu aus ihnen entwickelten Ansätzen der Computermusik. Koenig selbst äußerte sich hierzu im Vorprospekt der Darmstädter Tagung, wo er ein sein Kongreßreferat begleitendes Seminar mit folgenden Worten ankündigte:

Elektronische und Computermusik hängen technisch insofern zusammen, als mit einem Computer studiotypische Klänge erzeugt werden können. Weiterführende Zusammenhänge ergeben sich für Komponisten, die die

Erfahrungen mit elektronischer Musik für Computer fruchtbar machen und die Musik noch von den Studios befreien, wie schon die Studios die Musik von ihren Instrumenten befreit haben.

In dieser Perspektive erscheint die aus dem seriellen Musikdenken hervorgegangene Elektronische Musik, an deren Entwicklung Koenig als Realisator und Komponist in den 50er und 60er Jahren maßgeblich beteiligt war, als Zwischenstadium auf dem Weg zu einer radiaklen Neubestimmung des Verhältnisses zwischen klanglichen Mitteln und kompositorischer Vorstellung.

Das kompositorische und musiktheoretische Denken Koenigs ließe sich als Versuch der algorithmischen Verallgemeinerung von Ansätzen der seriellen Musik beschreiben, wie sie seit den 50er Jahren entwickelt wurden und auch für die Entwicklung der folgenden Jahrzehnte bedeutsam geblieben sind. Jean-Claude Risset hingegen orientiert sich als Komponist und Theoretiker eher an der Diversität und scheinbaren Unvereinbarkeit verschiedener Ansätze, die seit den 60er Jahren in der aktuellen Musikentwicklung immer deutlicher hervorgetreten sind. Ihn interessieren Spannungsverhältnisse zwischen akustisch-musikpsychologischen Entdeckungen und auf ihnen basierenden künstlerischen Gestaltungsideen, zwischen synthetischer Klangproduktion und Live-Musikpraxis, zwischen konkreten und elektronischen Klangstrukturen, zwischen technisch vorproduzierten und in interaktiven Prozessen live erzeugten Klängen. – Rissets Beitrag läßt sich lesen als Einführung nicht nur in sein facettenreiches kompositorisches Schaffen, sondern auch in das breite Spektrum seiner (bisher leider noch nicht gesammelt edierten) musiktheoretischen Arbeiten. Sein Text ist eine schriftliche Ausarbeitung frei gesprochener Erläuterungen im Darmstädter Eröffnungskonzert am 3.4.1995 (in dem von Risset die deutsche Erstaufführung der Tonbandkomposition *Invisible Irène* sowie Werke für interaktives Klavier zu hören waren) sowie eines Vortrags, der am 4.4.1995 gehalten wurde unter dem Titel »Imitation of instruments, sound paradoxes und composition of sounds: the musical role of the computer in my music«.

Die Kongreßreferate konzentrieren sich auf Aspekte sowohl der Rezeption und Vermittlung technisch produzierter Musik (Eröffnungsvortrag Rudolf Frisius) als auch der Neubestimmung des Verhältnisses zwischen Material und Realisation (Abschlußvortrag Helga de la Motte-Haber) sowie – in verschiedenen Ansätzen der Verbindung beider Aspekte – auf Perspektiven eines Verständnisses technisch produzierter Musik, die einerseits die Frage aufwerfen, ob diese Musik als Kontrastmodell zur tradierten Instrumentalmusik definiert werden muß (Gottfried Michael Koenig), und die andererseits tradierte Beschränkungen auf den Bereich des autonomen musikalischen Kunstwerkes in der Öffnung zur Popularmusik (Diedrich Diedrichsen) oder zur Akustischen Kunst (Klaus Schöning) aufbrechen.

Die schriftlichen Ausarbeitungen der Seminare von Elena Ungeheuer/ Pascal Decroupet, von Alexander Schwan und Johannes Goebel beleuchten unter verschiedenen Aspekten technische und musikalische Aspekte in der

Entwicklung der elektroakustischen Musik seit den 50er Jahren. Elena Ungeheuer und Pascal Decroupet konzentrieren sich auf Aspekte der seriell geprägten Elektronischen Musik der 50er und frühen 60er Jahre, die sich an akustischen Arbeitsmaterialien (»Rohklängen«) und an Kompositionsskizzen genauer studieren lassen und die bisherigen Möglichkeiten der Analyse konstruktiv determinierter Musik so erweitern, daß sie sich auch für die Analyse von Musik nutzen lassen, zu der es keine im traditionellen Sinne vollständig fixierte Partitur gibt. Im Vorprospekt und im Programmheft der Tagung haben beide Autoren in der Ankündigung von fünf Seminaren zum Thema »Technik und Ästhetik der elektronischen Musik« darauf Bezug genommen, indem sie *die musikalischen Vorstellungen und die technischen Bedingungen elektronischer Klangkompositionen [...] in ihrer gegenseitigen Bedingung* thematisierten und deren Untersuchung *anhand von Werken und Realisationsmaterialien (Arbeitstonbänder, Skizzen, Texte)* annoncierten. – Andere Wege der Analyse elektroakustischer Musik, in denen technische Möglichkeiten auch für die Analyse selbst nutzbar gemacht werden, zeigt Alexander Schwan auf. Sein Beitrag ist die schriftliche Ausarbeitung von drei Seminaren zum Thema »Medienpraktische Arbeit an digitalen Geräten«, in denen neue Aspekte der medienpraktischen Musikanalyse und der medienpraktisch orientierten Musikpraxis in der Musikpädagogik behandelt wurden. – Der Beitrag von Johannes Goebel ist die Schriftfassung eines Seminars, das im Vorprospekt und im Programmheft der Darmstädter Tagung mit folgendem Untertitel angekündigt war: »Vom technisch Machbaren zum musikalisch Wünschenswerten – und zurück«. Im Vorprospekt fragte Goebel: *Digital scheint alles möglich – doch wie weit reicht unsere Vorstellungskraft?* Im Programmheft konkretisierte er seine Skepsis:

> [...] es *klingt oft so, als sei das Interesse an Klangfarben, die nicht die von akustischen Instrumenten simulieren, recht erschöpft. Sind die Ohren erschöpft, weil sie nicht differenziert genug »bedient« werden? Sind die Komponisten erschöpft, weil sie von Technik die Nase voll haben? Greifen deshalb Musiker lieber zu vorgegebenen Farben aus der Industriepalette? Sind wir überfordert, weil wir nicht definieren können, was uns vorschwebt? Hat unsere Phantasie nicht genügend Erfahrung, auf der sie aufbauen kann?*

Noch weiter ins Detail geht Goebel gleich zu Beginn seines Beitrags, den er mit fünf Thesen eröffnet. In der dritten These heißt es:

> *Schon in den späten 50er und in den 60er Jahren wurden die damals vorhandenen technischen Möglichkeiten musikalisch genutzt. Das musikalisch-akustische Potential dieser Techniken hat sich seit 20 Jahren nicht verändert; es ist aber auch heute noch nicht ansatzweise ausgeschöpft.*

Diese Sätze umschreiben, was einen Kongreß und eine Tagung zum Thema »Musik und Technik« auch und gerade 1995 interessant erscheinen lassen könnte: Der Blick auf bisher Erreichtes nicht im Sinne steriler Nostalgie, sondern mit dem Blick auf die Gegenwart und auf das in ihr noch nicht Erreichte.

Allen Autoren, die zum Gelingen dieses Bandes beigetragen haben, sei herzlich gedankt.

Rudolf Frisius

Gottfried Michael Koenig

Hat Technik die Musik von ihren Instrumenten befreit?[1]

Es ist jetzt 44 Jahre her, daß ich zum ersten Mal mit elektronischer Musik in Berührung kam. Nach zehnjähriger Tätigkeit im elektronischen Studio des WDR ging ich nach Holland, wo ich im Institut für Sonologie weitere fünf Jahre elektronische Werke komponierte, ehe ich meine Aufmerksamkeit anderen Gegenständen zuwandte. Mein letztes elektronisches Stück komponierte ich 1969, zehn Jahre später folgte noch ein Nachzügler mit Computerhilfe. Um über elektronische Musik zu sprechen, muß ich in die Vergangenheit zurückgehen, und Sie werden mir nachsehen, daß ich zuweilen aus Notizen zitiere, die ich mir im Laufe der Zeit gemacht habe.

Als ich begann, im elektronischen Studio des damaligen Nordwestdeutschen Rundfunks mitzuarbeiten, hoffte ich, dort meine musikalischen mit meinen technischen Interessen vereinen zu können. Ich ahnte nicht, wie sehr diese Hoffnung in Erfüllung gehen sollte. Vorgestellt hatte ich mir aufgrund von Sendungen des »Musikalischen Nachtprogramms« der vorangegangenen Jahre, daß im Studio durch technische Manipulation von Klängen die Grenzen des Orchesters als traditionellem Klangapparat erweitert werden könnten – eine angenehme Vorstellung für einen jungen Komponisten, der nach dem ästhetischen Unwesen der Nazis und eingedenk der Neuen Wiener Schule am entfernten Horizont einen Neuanfang erwartete. Ich hatte auch schon eine Partitur komponiert, die ich im Studio zu realisieren gedachte. Wie die Erweiterung des traditionellen Klangapparats vor sich gehen sollte, war mir noch nicht klar und auch aus der Partitur nicht ersichtlich. Bestimmend war vielmehr die Voraussicht, Neues in einer atelierhaften Atmosphäre ausprobieren zu können, statt auf ein Musikleben angewiesen zu sein, das ich mir eher konservativ vorstellte. Die Realität des Studios entsprach dann allerdings den Erwartungen nur teilweise, das Zusammentreffen von Musik und Technik blieb insofern aus, als zunächst nur Technik sichtbar war, mit Ausnahme zweier Spielinstrumente, Melochord und Trautonium, die aber nicht angerührt wurden. Sie standen da, wie man sie aus Meyer-Epplers Buch über elektrische Klangerzeugung[2] und natürlich vom Titelblatt einer Sondernummer der Technischen Hausmitteilungen des NWDR kennt – als Male einer ingenieurhaften Vorstellung von Musik und Klangkomposition. Im übrigen gab es nur Regietische, Tonbandmaschinen und Gestellwände mit Verstärkern und sogenannten Klinkenfeldern, an denen Schnüre hingen. Die mitgebrachte Partitur erwies sich bald als nutzlos und die Idee verfehlt, man könnte

---

[1] Die während des Vortrags vorgeführten Musikbeispiele wurden folgenden Kompositionen entnommen (CD in Klammern): Karlheinz Stockhausen, *Studie II* (Stockhausen 3, Selbstverlag), G.M. Koenig, *Klangfiguren II, Essay, Terminus 1, Terminus 2* (Acousmatrix 1/2, BVHAAST CD 9001/2)

[2] Werner Meyer-Eppler, *Elektrische Klangerzeugung*, Bonn 1949

an die herkömmliche Musik einfach einen Hebel ansetzen und sie mit einigen technischen Tricks dem Fortschritt anpassen. Es war unumgänglich, die Vorstellung, die akustische Gestalt der Musik verkörpere sich in ihren Instrumenten, fahrenzulassen und statt dessen die Bedingungen dieser akustischen Gestalt in den technischen Umständen des Studios, seinen Apparaten, aufzusuchen.

Ein schönes Beispiel für das Verhältnis von Apparat und Instrument bietet die *Studie II* von Karlheinz Stockhausen. Sie besteht aus Klängen, die ihrerseits, wie schon in seiner *Studie I*, aus Sinustönen zusammengesetzt wurden. Jeder Klang der *Studie II* wurde aus fünf äquidistanten Sinustönen zusammengesetzt, die einer Skala entnommen wurden; mit dieser Skala wurde der Tonhöhenraum in gleiche Intervalle geteilt. Fünf benachbarte Sinustöne liegen dann sozusagen in »enger Lage«, vergleichbar einem Sekundcluster auf dem Klavier. Wenn man die Töne spreizt, werden die Intervalle vervielfacht, vergleichbar Akkordschichtungen aus großen Sekunden, kleinen Terzen, großen Terzen oder Quarten. So liegen allen Klängen der Komposition wenige, leicht faßliche Prinzipien zugrunde: äquidistante Skala, fünf Teiltöne pro Klang, fünf Klangtypen durch Spreizung der Teiltöne. Alle auf diese Weise im gesamten Hörbereich erzeugbaren Klänge könnte man das Repertoire eines Instruments nennen, auf dem ein Musikstück vorgetragen oder wenigstens erzeugt werden könnte. Ein Instrument ist es nur insofern nicht, als es nicht in mechanischer Form, in der es »bespielt« werden könnte, vorliegt. Wenn man außerdem bedenkt, daß jeder Klang dieses Instruments beliebig laut oder leise, beliebig lang oder kurz sein kann, wird der Unterschied zu herkömmlichen Musikinstrumenten noch deutlicher. Diese nämlich sind fast durchweg auf einen kleinen Frequenzbereich beschränkt und verändern in diesem auch noch die Klangfarbe aufgrund sogenannter fester Formanten.

Die vielfachen Anwendungsmöglichkeiten einer solchen Anordnung werden noch durch die Technik der Tonbandmanipulation erweitert. Im Fall der *Studie II* war das die Verwendung eines Hallraumes, der in der elektronischen Musik seitdem häufig verwendet worden ist, um die raumlosen Generatorklänge in einen akustischen Raum zu versetzen, der den Hörgewohnheiten des Publikums besser entspricht. Nur bleibt der Hallraum in unserem Beispiel keine Zutat, kein Zugeständnis an das Wohlverhalten der Zuhörer, vielmehr wird er in die Definition des »Instruments« einbezogen; wer es nicht weiß, ahnt beim Hören der *Studie II* nicht einmal, daß ein Hallraum im Spiel ist. Das kommt daher, daß vom verhallten Klang, nachdem er auf Tonband aufgenommen worden war, der Anfang von der Länge des in den Hallraum hineingeschickten Originalklanges abgeschnitten wurde, so daß nur der Nachhall übrigblieb. Ein Nachhall ohne den Klang, der ihn verursachte, wird aber meist nicht als Hall erkannt, sondern klingt wie ein farbiges Rauschen – was er ja auch ist. Dieser Verfremdungseffekt wird noch verstärkt, wenn man den aufgenommen Nachhall rückwärts abspielt, also ein Crescendo hörbar macht, das der Definition des Nachhalls widerspricht. Stockhausen benutzt in seiner *Studie II* beide Formen, so daß man den Katalog der oben genannten Definitionen noch um die beiden Dynamikformen »steigend« und »fallend« erweitern könnte.

Das »Instrument« der *Studie II* ist damit universaler, flexibler, auch wandelbarer als ein Orchesterinstrument. Es bietet dem Komponisten, der sich hauptsächlich für dessen akustische Definition interessiert, mehr Möglichkeiten, weniger Beschränkungen. Dennoch ist, was ich hier – mangels eines passenden Begriffs – »Instrument« genannt habe (behelfsweise könnte man es ein »unspielbares Instrument« nennen), dem Musikinstrument jedoch insofern nicht unähnlich, als es wie dieses in seiner akustischen Erscheinungsform festgelegt ist. Die Klänge der *Studie II* sind so typisch wie die einer Flöte. Nichtsdestoweniger ist die *Studie II* ein Musikstück, das außerhalb des elektronischen Studios nicht hätte entstehen können – weder ohne seine technischen Mittel noch ohne seine musikästhetische Voraussetzung. Ich notierte mir damals im Hinblick auf die serielle Anordnung der Sinustöne zu Klängen und Klangfamilien: *Die fortschreitende Vereinzelung musikalischer Teilvorgänge, die Isolierung des Einzeltons, der Farbe, des rhythmischen Wertes, würde den Einzelton auf Tonhöhe, Dauer und Lautstärke reduzieren, wäre nicht eine auskomponierte Beziehung dieser Daten vorhanden. Wird die Proportion strukturierendes Prinzip, setzt das Musikinstrument ihm eine Grenze; es muß nämlich möglich sein, den Bereich zwischen den Extremwerten kontinuierlich auszufüllen. Außerdem wird gefordert, die Klangfarbe zu komponieren, d.h. sie ebenfalls stetig zu verändern. Das ist möglich mit elektrischen Meßgeräten. Die Klangfarbe kann aus ihren Elementen, den Obertönen, aufgebaut, die Dynamik mit Lautstärkereglern und Anzeigeinstrumenten nach dem Willen des Komponisten genau realisiert werden. Die Dauer eines Klanges wird in Bandlänge umgerechnet und mit der Schere geschnitten. Da diese Manipulationen einer Partitur folgen und die Meßwerte so zusammengesetzt werden, daß sie eine für das ganze Stück verbindliche Strukturvorstellung integrieren, verlieren sie ihren technischen Charakter, der irrelevant gegenüber dem Formwillen wird.*[3]

Wenn ich nicht irre, hat Th. W. Adorno die *Studie II* einmal ein »verkapptes Klavierstück« genannt. Will man sich dieser Beobachtung, die man auch an vielen anderen elektronischen Werken machen kann, anschließen, spricht für sie zunächst einmal die Uniformität des Klanges, die Identität des Instruments mit sich selbst. Obwohl die Behandlung dieses Instruments keineswegs klavieristisch ist, entsteht der Eindruck eines Instruments, das mit unbeschränkter Virtuosität im gesamten Hörbereich spielen kann. Zum zweiten ist etwa die Hälfte aller Klänge vom Typ Schlagklang: eindeutiger Einsatz mit nachfolgendem Abklingen. In der anderen Hälfte, bei der die Klangrichtung umgekehrt wurde, ist zwar der Einsatz meist unhörbar, aber da die übrigen Klangeigenschaften den ersteren entsprechen, lassen sie sich ihnen ohne weiteres einordnen. Für die Instrumentalmusik ist ja überhaupt typisch, daß ihre Klänge – wenn ich einmal so sagen darf – in erster Linie Noten sind, gekennzeichnet durch ihre Tonhöhe und ihren festen Platz im rhythmisch-metrischen Zusammenhang. Ihre Klangfarbe hatte zunächst keine eigene Funktion, bis sie polyphone Stimmen unterscheiden half, Formfunktionen artikulierte und sich

---

[3] G.M. Koenig, *Studiotechnik* (1954), in: ders.: *Ästhetische Praxis. Texte zur Musik*, 3 Bde., Saarbrücken 1991, I, S. 1

schließlich autonom setzte. Aber selbst dem entwickelten Orchestersatz liegt als Einheitsmoment noch eine Art Klavierauszug zugrunde, weil alle Instrumente nach dem Maß der menschlichen Anatomie gebaut sind. Dem bleibt auch die *Studie II* noch verhaftet.

Ein anderes Merkmal, das diesem Werk instrumentale Züge verleiht, ist seine Monochromie. Obwohl die Klangmittel der *Studie II* ausschließlich mit den technischen Mitteln eines Studios erreichbar sind, bleiben sie an der Formartikulation des Werkes unbeteiligt. Der Komponist hat bei dieser Komposition andere Absichten verfolgt, nämlich die Ineinssetzung von Melodik, Harmonik und Klangfarbe, die der Instrumentalmusik verschlossen ist. Insofern ist die *Studie II* im emphatischen Sinn eine Klangfarbenkomposition, deren »Palette« nur nicht zur Formartikulation verwendet wird, sondern als Ganzes präsent bleibt, solange das Stück dauert.

Dazu zwei Notizen aus den Jahren 1957 und 1961: *Einzig die elektronische Musik stößt in eine neue Klangwelt vor, nicht aber über den Weg neuer Spielinstrumente, sondern über ein Produktionsverfahren, das dem Orchester entgegengesetzt ist. »Instrumentation« scheint so »historisch« zu sein wie ihre Instrumente. [...] Wenn ich glaube, daß das pädagogische Problem im elektronischen Studio dort liegt, wo die Erfahrungen mit dem Orchester oder einzelnen seiner Instrumente ins Ungenügen umschlagen und den Wunsch provozieren, den Bann des Instruments elektronisch zu brechen, so daher, weil ich beobachten konnte, daß fast alle Komponisten zunächst versuchen, mit den elektrischen Studiogeräten neue Klangfarben herzustellen und sie dann in eine Partitur einzusetzen, die sich von einer Partitur für Orchester nur dadurch unterscheidet, daß mit feineren Unterscheidungen gearbeitet wurde. [...] Die allseitige Verknüpfung bis ins elementare Material hinein [...] läßt die Aufstellung einer Liste mit Klangfarben, die in die Partitur eingesetzt werden könnten, aber nicht mehr zu. Indem wir die Grenze der Instrumentalmusik überschreiten und die Differenzierung um einen einzigen Schritt weiterführen, erhalten wir ein Gebilde, das nicht mehr als invariantes der »Instrumentation« zur Verfügung steht.*[4]

Ein weitverbreitetes Mißverständnis besagt, daß elektronische Musik nur um der neuartigen Klänge willen gemacht werde. In Wahrheit kam der Anstoß von innerkompositorischen Problemen. Es wurden nicht neue Klangfarben gesucht, sondern man wollte auch die Klangfarbe noch komponieren, nachdem Tonhöhe, Tondauer und Tonstärke bereits ins serielle Konzept eingegangen waren. Da jede Klangfarbe aus Komponenten zusammengesetzt ist, mußte man die Komponenten einzeln produzieren und in beliebiger Form miteinander kombinieren können. Auf diese Weise entstanden natürlich neue Klangfarben; denn die innere Zusammensetzung der Farben der traditionellen Instrumente entsprach nicht den harmonischen und rhythmischen Prinzipien der neuen, zumal der seriellen Musik. [...] Der jeweilige Stand der elektronischen Musik ist also nicht zum geringsten durch Möglichkeiten und Verfahren der Klangerzeugung

---

[4] G.M. Koenig, *Studium im Studio* (1959), in: a.a.O., I, S. 98, 100

definiert, das heißt durch Transformation kompositorischer Forderungen in technische Prozesse. Der Entwicklung neuer Kunstformen läuft die Entwicklung technischer Produktionsweisen parallel, beide beeinflussen einander.[5]

Zur Realisation der *Studie II* waren nur ein Sinustongenerator und ein Hallraum erforderlich. Mit dem Generator wurden die Spektren zusammengestellt, mit dem Hallraum die endgültigen Klänge samt ihren Hüllkurven geformt. Es bedurfte nur weniger Apparate, um das für die *Studie II* typische »Instrument« zu konstruieren. Wenn mehr Apparate und kompliziertere Arbeitsgänge verlangt werden, wird die Definition der »Instrumente«, mit denen das Stück realisiert wird, schwieriger, etwa in meinen *Klangfiguren II*. – In Erweiterung der Stockhausenschen Konzeption der *Studie II*, wo alle Klänge der Partitur auf gleiche Weise im Hallraum erzeugt werden konnten, werden hier aus Tongemischen nur Grundmaterialien zusammengesetzt, die im Stück nur gelegentlich erscheinen; meist werden sie erst noch transformiert. Die einfachste Form der Ableitung ist die Zerlegung in Klanggruppen, die in der Reihenfolge vertauscht und durch Pausen getrennt werden können. – Die Frage nach dem »Instrument« sieht sich mehreren Antworten gegenüber: Entweder ist es die ursprüngliche, unzerlegte Klangfolge, oder es gibt jetzt so viele Instrumente, wie es Gruppen gibt, oder die Produktionsweise der Einzelklänge war hier das Instrument, auf dem unterschiedliche Folgen gespielt werden. – Eine andere Form der Ableitung wurde mit einem Ringmodulator erzielt, mit dem übrigens schon die Grundmaterialien hergestellt wurden. Je nachdem, ob zur Modulation Sinustöne, gefilterte Rauschen oder gefilterte Impulse verwendet werden, ergeben sich im Resultat der Modulation sinusartige Spektren, Rauschspektren oder impulshaft rhythmisierte Vorgänge. Wir hören dabei nicht einfach unterschiedliche Klänge, die sich von einem Substrat – einem klavierauszugähnlichen Kontext von Tonhöhen- und Zeitwerten – abziehen ließen, sondern unterschiedliche Sprachkontexte, die sich nicht aus der Klangfarbe allein erklären lassen. Vielmehr wird das von der Instrumentalmusik Abhebbare – die Instrumentation – hier in einen Klangfluß integriert, der die Kategorien verschmilzt.

Über den Übergang von Einzelklängen zur Klangbewegung sagte ich später in Bilthoven vor Kursteilnehmern: *Der Strukturbegriff in der elektronischen Musik hat zunehmend an Bedeutung gewonnen. Die ersten im Kölner Studio produzierten Stücke standen der Instrumentalmusik noch nahe. Die einzelnen Klänge waren deutlich voneinander abgesetzt, sie verkörperten jeweils stationäre Zustände. Dementsprechend lagen den Partituren Zeitpläne zugrunde, deren Zeitstellen von unterschiedlichen Klangfarben, Klängen verschiedener Tonhöhe, verschiedener Lautstärke und Dauer besetzt wurden.*

Die Tendenz zur kontinuierlichen Variabilität des Klanges ergriff zunächst die elementaren Parameter. Der dynamische kannte von vornherein die Hüllkurve. Tonhöhenglissandi wurden konstitutiv für ein Stück von Ligeti. Wechselnde Klangfarben entstanden durch Überblendungen verschiedener Klänge. Eine Impulsstruktur, wie eine der girlandenartigen Klangfolgen in meinen *Klangfiguren II*, vereinigt prototypisch die Merkmale einer

---

[5] G.M. Koenig, *Bilthoven 1961/62* (1961), in: a.a.O., I, S. 290

elektronischen Struktur: stationäre Zustände werden nicht hörbar; Geschwindigkeiten, Tonhöhen, Lautstärken wechseln ständig. [...] Dabei drängen sich neue Gesichtspunkte auf: Variabilität, Konstanz, Aperiodizität, Diskontinuität, Durchschnitt, Feldgröße.[6]

Im Umkreis der elektronischen Musik ist häufig die Frage der Interpretation diskutiert worden; man könnte *der Auffassung zuneigen, daß jede Musik, die nur durch die Aufführung zum Hörer dringt, nicht nur ausgeführt, sondern interpretiert werden muß; und sei es nur eine einmalige Interpretation.* Andererseits hat die Wiedergabe eines Tonbandes, für das der Komponist alleinverantwortlich zeichnet, auch seine Vorteile: *Das mechanische Ablaufen von Tonbändern wird zu einer Quelle der Gewißheit: was einmal zur Befriedigung des Komponisten auf das Tonband gelangte, wird unverrückbar festgehalten; der Autor muß nicht fürchten, daß, was in der Generalprobe noch klappte, bei der Aufführung schiefgeht. Der Komponist eines Instrumentalwerkes liefert sein Werk den Musikern aus; je mehr er bei der Komposition ihre Spielgewohnheiten berücksichtigte, je bessere Musiker er für die Aufführung fand, desto ruhiger kann er ihr entgegensehen. Wenn er aber den Kreis des Gewohnten überschreitet, wächst die Unsicherheit; sein Stück, noch unfertig, da die Partitur nicht von selber tönt, wird zum Klingen gebracht von solchen, die es nicht verstehen wollen oder nicht verstehen können; es wird falsch vollendet. Er muß das Werk hergeben und möchte es doch nicht von sich lassen. Anders in der elektronischen Musik. Das Werk ist als Ganzes und bis ins letzte Detail endgültig fixiert; gerade die Tatsache, daß zum Zweck der Aufführung das Tonband nur noch mechanisch abläuft, ermöglicht dem Komponisten die Loslösung von seinem Werk: es ist noch seins als Gemachtes, zugleich tritt er ihm gegenüber als einem Fertigen. Daß Konzerte mit elektronischer Musik in herkömmlichen Konzertsälen stattfanden, in denen die Musiker einfach gegen Lautsprecher ausgetauscht wurden, störte damals niemanden; die Komponisten mochten glauben, daß die Situation des Studios, das unbefangene und ungestörte Arbeiten mit technischen Hilfsmitteln, wie sie ohnehin unser ganzes Leben durchsetzen, auch der Situation des Hörers gerecht, daß auch er die Klänge des Stückes von der Vorrichtung entgegennehmen würde, von der sie, ihrer Natur nach, hervorgebracht werden müssen.*[7]

Es wurde mir auch beim Niederschreiben von Unterrichtsvorbereitungen für die Kurse in Bilthoven klar, daß der elektronisch erzeugte Klang – zumindest der Möglichkeit nach – in seinen Einzeldaten von kompositorischen Erwägungen bestimmt wird, die sich auch außerhalb seiner selbst noch in formalen Beziehungen äußern – was von einem Instrumentalklang nicht gesagt werden kann. *In der elektronischen Musik kann der in sich geschlossene Klang aus vielen Einzelteilen bestehen, deren Bestimmungsstücke im nächsten Klang sich ändern mögen. Auf diese Weise wird der einzelne Klang zum Datenspeicher, der seine Beziehungen in sich selber und zum folgenden Klang hat. Der Klang als geschlossene Einheit wird zum Mittel der Formbildung, jede*

---

[6] G.M. Koenig, *Bilthoven 1962/63* (1962), in: a.a.O., II, S. 103f.
[7] G.M. Koenig, *Interpretation in der elektronischen Musik* (1963), in: a.a.O., II, S. 132, 134

Klangeigenschaft (Tonhöhen-, Lautstärken-, Klangfarbenverlauf) wird zum formalen Ereignis. Die Instrumentalmusik komponiert »mit« Klängen, die elektronische komponiert Klänge.

Auf diese Weise ist der elektronisch erzeugte Klang Formteil zugleich und akustisch-musikalische »Einheit«, ein Quantum. Das Wechselspiel dieser Eigenschaften konstituiert die elektronische Formenlehre so gut wie ihre Ästhetik.

Die Zerlegung des musikalischen Klanges in seine »Parameter« – in der Instrumentalmusik mehr theoretisch gefordert als praktisch zu verwirklichen – wird in der elektronischen Musik real durch die Produktionsweise. Tonhöhe, Lautstärke, Dauer werden nun an unabhängigen Apparaten »eingestellt«. »Klangfarbe« indes als Resultat einer kompositorischen Verknüpfung der Parameter oder einzelner Teilklänge ist in der elektronischen Musik kein Parameter, sondern ihre »Dimension«, ein Bezugssystem gleich der zweidimensionalen Fläche in der Euklidischen Geometrie. Als solches Bezugssystem ist die »Farbe« dennoch nicht statisch. Ein elektronisches Werk könnte beschrieben werden als ein weißes Rauschen, aus dem die unerwünschten Bestandteile entfernt wurden. Es ließe sich sagen, in der Instrumentalmusik würde die Zeit, in der elektronischen Musik würde der »Klang« artikuliert. Denn »Klang« als gleichsam zeitloses Klingen eines bestimmten »Materials« ist der Instrumentalmusik fremd, einzelne Klänge werden [...] manuell produziert. Diese Klänge unterbrechen die lautlose Zeit. Fremd ist der elektronischen Musik der individuell geformte Klang; vielmehr befindet er sich vor Beginn des Werks gewissermaßen im Rohzustand, zeitlich unbegrenzt.

Die interne zeitliche Strukturierung des elektronischen Klanges geht jederzeit über in rhythmische Bildungen, andererseits in den strömenden, ungegliederten Fluß. In solchen Augenblicken treten die »klassischen« Eigenschaften hervor: rational zu erfassende Dauern- oder Tonhöhenverhältnisse, beobachtbare Situationen, vergleichbar dem angehaltenen Kinofilm. Solche Konstellationen müssen nicht notwendigerweise Assoziationen an Instrumentalmusik wachrufen, sind aber mit Vorsicht einzusetzen.

Insgesamt ist der elektronische Klang als das aufzufassen, was in der Instrumentalmusik hinsichtlich der Bedeutung, des Stellenwerts im syntaktischen Zusammenhang, gefordert wird: Teil und Ganzes in einem. Sein Element ist die Bewegung, die Fluktuation, der unmerkliche Übergang, die Variation schon innerhalb eines Teilchens, das als Ganzes erst der Variation harrt.[8]

Gewohnheitsmäßig reden wir auch in der elektronischen Musik von der Klang»farbe«, ohne recht sagen zu können, was »Farbe« eines Klanges denn sei. Man sollte vielleicht vom »Klang« und seiner inneren »Struktur« sprechen. Auch in der Instrumentalmusik bezeichnet man eigentlich nicht die Farbe eines Klanges sondern nur das »Instrument«, auf dem der Klang erzeugt wird. Das Timbre des Instruments ist tatsächlich das einzige Unterscheidungsmerkmal; von extremen Ausnahmen abgesehen, lassen sich melodische Modelle auf allen Streich-, Blas- und Schlaginstrumenten (mit bestimmter Tonhöhe) ausführen.

---

[8] G.M. Koenig, *Analytische Klangbeschreibung (Bilthoven 1963/64)* [1963], in: a.a.O., II, S. 208f.

Daher gibt es in der Instrumentalmusik auch so etwas wie einen »absoluten« Text, der nur Tonhöhen, Lautstärken und Dauern enthält, keine Klangbezeichnung. Klavierauszüge von Orchesterwerken zeugen davon; wollte man, anstelle der Klänge, die Rhythmik oder die Tonhöhenordnung fortlassen, wäre das Original nicht wiederzuerkennen. Im Laufe der Musikgeschichte fand allerdings eine zunehmende Fixierung auch des Klanges statt; er emanzipierte sich bis hin zur Schönbergschen Klangfarbenmelodie, an der die Bezeichnung »Melodie« aber zeigt, unter welch klassischen Aspekten der Klang noch verstanden wurde. – Auch heute noch gibt es Komponisten, die zunächst den absoluten Text entwerfen, um ihn anschließend zu »instrumentieren«; der Klang wird hier zum Medium der Darstellung, eine Art Interpretation noch vor der Aufführung.[9]

Es ist wiederholt von Apparaten die Rede gewesen, mit denen im Studio Klänge hergestellt werden. Man könnte vermuten, daß sie die Stelle von Musikinstrumenten eingenommen hätten. Fast wäre das mit Hilfe von Trautonium und Melochord geschehen, wenn diese im Studio verblieben wären, und es geschieht auch immer dann, wenn der Komponist mit einer charakteristischen Geräteschaltung charakteristische Klänge erzeugt, die dann zu einem pseudo-instrumentalen Kontext zusammengebaut werden. Man kann aber auch, statt mit den Apparaten eine elektronische Partitur zu instrumentieren, mit ihnen eine formale Strategie definieren. Eine sogenannte »Schaltung« (also eine Verkoppelung mehrerer Apparate) kann dann, statt einen isolierten Klang zu erzeugen, einen Strukturtyp symbolisieren, der alle Dimensionen des akustischen Vorgangs umfaßt, also Rhythmik, Gestik, Dynamik einschließt.

Die Betrachtung von Stockhausens *Studie II* hat gezeigt, wie ein »Instrument« zur Erzeugung von elektronischen Klängen und Strukturen in der Definition einer bestimmten Frequenzteilung samt einer Vorschrift bestehen kann, wie mehrere Frequenzen zu Tongemischen gebündelt und nach Verhallung entweder vorwärts oder rückwärts abgespielt werden sollen. In meiner Komposition *Essay* habe ich den Tonhöhenraum, der für das ganze Stück gilt, in wechselnde kleinere Bereiche unterteilt und den jeweils gewählten Bereich wiederum unterschiedlich gerastert. Dieses »Raster-Instrument« besaß folglich die Fähigkeit, verschiedene »Temperaturen« darzustellen und dadurch die Klangstrukturen zu charakterisieren. Das »Instrument« erzeugte also keine Klänge, sondern nur eine ihrer Vorbedingungen. Oder anders gesagt: Jede Klangstruktur kann theoretisch in jedem Raster abgespielt werden. Tatsächlich wird in jedem Raster meist eine andere Klangstruktur abgespielt, nur sind die Klangstrukturen wieder untereinander verwandt, weil sie aus gleichen Grundformen zusammengestellt sind. – Soweit diese verbalen Andeutungen dazu imstande sind, entsteht das Bild eines Kompositionsprozesses, der keine Unterscheidung von musikalischem Material und Instrumentation erlaubt. Die Art der Klanggestaltung erzeugt Detailformen, die dem Klang sozusagen einbeschrieben sind, während dort, wo mit Tonhöhen- und Zeitwerten »geschrieben«

---

[9] G.M. Koenig, *Analytische Klangbeschreibung (Bilthoven 1963/64)* [1963], in: a.a.O., II, S. 227

wird, der Übergang zur artikulierten Klangfarbe fließend ist. Statt zu sagen, die Technik habe die Musik von den Instrumenten befreit, müßte man eigentlich sagen, die Instrumente seien in die Musik hineingezwungen worden.

Im *Essay* habe ich versucht, die Spanne zwischen Einzelton und komplexem Klang auszufüllen. Zu diesem Zweck wurden Tonfolgen – Sinustöne, aber auch ganz schmal gefilterte Rauschen oder Impulse – durch Tonbandmanipulation in der Zeit gedehnt und gestaucht. Bei starker Dehnung hört die Tonfolge sich an wie eine merkwürdig instrumentierte Melodie, während bei starker Stauchung die zeitliche Artikulation gänzlich verloren gehen kann. Ich nannte diesen Farbeffekt »Bewegungsfarbe«; György Ligeti, der mir damals bei der Arbeit assistierte, sprach von einer Sukzessionsverwischung. Solche Klangwirkungen entstanden aus dem Versuch, die Organisationsform des Werkes auf alle seine Aspekte auszudehnen. *Den Beginn der elektronischen Musik kennzeichnete keineswegs der Wunsch, mit neuen Klängen zu experimentieren und mit ihnen das Konzertpublikum zu schockieren*, schrieb ich viele Jahre später in einer Betrachtung über das Institut für Sonologie. *Vielmehr drängten kompositionstheoretische Probleme auf eine Entscheidung, die mit den traditionellen Instrumenten nicht herbeizuführen war. Es galt nämlich, auch noch das akustische Substrat, den Klang, in eine komponierbare und erlebbare Beziehung zu den anderen musikalischen Dimensionen zu setzen. Zunächst versuchte man, verschiedene Klangfarben in Form einer Skala anzuordnen gleich den Skalen der Tonhöhen, Dauern oder Lautstärken. Später verstand man die Klangfarbe als das Zusammentreffen solcher Einzelwerte – nicht als ablösbare Eigenschaft, sondern als Resultante.* [...] *Daß die Klangwelt der elektronischen Musik von der des Orchesters so stark abweicht, hat seinen Grund darin, daß die bekannten Instrumentalfarben gleichsam vorfabrizierte Bauteile sind, die zu den verschiedensten Orchesterfarben zusammengesetzt werden können, und daß im elektronischen Studio die Klangfarben einzeln hergestellt werden – als wollte man für jeden Ton in der instrumentalen Musik ein eigenes Instrument bauen. Die Klangfarbe in elektronischen Werken braucht also auf bestehende Instrumente keine Rücksicht zu nehmen, braucht sich nicht einmal an ihnen zu orientieren, sondern kann Klangkategorien ausbilden, die den elektronischen Produktionsmitteln gerecht werden und in hohem Maß variabel sind. Instrumentation wird ersetzt durch Timbrifikation.*

Es ist freilich wahr, daß dem Klangfarbenrausch Grenzen gesetzt waren. Die technische Entwicklung war erst bei Generatoren angekommen, die wie Orchesterinstrumente distinkte Klänge erzeugen, Klänge also, die aus der Unendlichkeit der Zeit ein kleines Stück ausschneiden und es gegen das Schweigen ringsum durch eine »bestimmte« Tonhöhe, Farbe und Lautstärke abheben. Farben allein ergeben keinen musiksprachlichen Kontext; erst die Relationen zwischen Tonhöhen und Dauern rückten diese Musik in die Nähe der Hörkonventionen und damit zugleich in die Nähe der Instrumentalmusik. Das galt nicht als anstößig; wohl aber werden, wenn Zeit-Tonhöhen-Verhältnisse instrumental sind, auch die Klangfarben zu »Instrumenten« zurechtgehört.

Die Idee der Klangfarbe, wie sie in einigen Werken durchscheint, wurde noch nicht realisiert; nicht weil die Komponisten, die das serielle Prinzip erfanden, als wenig prinzipientreu sich erwiesen, wohl aber, weil der Eingriff in die Klangsubstanz, die den elektronischen Klang vom instrumentalen entfernte, nicht tief genug war. Auch die Vorstellung von Farbskalen bleibt noch in der instrumentalen Sphäre. Die Kontinuität des Farbübergangs wird nur zu realisieren sein in einer kontinuierlichen musikalischen Form, in einer Bewegung des musikalischen Gedankens, die die Mikrogestalt des Klanges, das Auf und Ab der Schwingungen, erfaßt und in ihr sich ausdrückt.[10]

Ein weiteres Beispiel für Klangkomposition ohne Instrumente orientiert sich an der Komposition *Terminus.* – Das Arsenal des elektronischen Studios besteht aus Klangquellen und Klangtransformatoren. Von einem Transformator wird erwartet, daß er den gegebenen Klang in voraussehbarer Weise verändert; es entstehen dadurch Ableitungen von Klängen. In der *Studie II* bestand die Ableitung in einer Partiturvorschrift, die den Komponisten veranlaßt, aus der Frequenztabelle eine bestimmte Fünfergruppe abzugreifen und dann manuell zu realisieren. In den *Klangfiguren* bestand sie in der mechanischen Zerlegung und Zusammenfügung von Klangfolgen mittels Bandschnitt. Erst die Ableitung mittels Ringmodulator nimmt ein mechanisierbares oder automatisierbares Verfahren in Anspruch. – Bei Ableitungen können wir parallele von seriellen Ableitungen unterscheiden. Parallele Ableitungen – B1, B2, B3 usw. – stammen vom gleichen Original A, serielle Ableitungen haben die Form A-B-C usw., indem jede Ableitung als Original für eine weitere benutzt wird. *Terminus* macht Gebrauch von einer Mischung aus parallelen und seriellen Ableitungen. Man kann sich leicht vorstellen, daß parallele Ableitungen untereinander verwandt sind wie Kinder gleicher Eltern. Bei seriellen Ableitungen findet jedesmal ein Generationswechsel statt. Serielle Ableitungen laufen daher eher Gefahr, ablesbare Verwandtschaftsbeziehungen (Ähnlichkeiten) zu verlieren. Ableitungsformen kann man in der Instrumentalmusik bei Variationen beobachten. Typisch für die elektronische Musik ist aber, daß die Ableitungen nicht eine melodisch-harmonische Substanz betreffen, sondern tief in die Klangstruktur eingreifen, die man bisher mit Instrumentation assoziierte. Dadurch verbergen sich in den maschinellen Arbeitsgängen im Studio Kompositionsprozesse, vor allem die Darstellung struktureller Beziehungen[11].

In *Terminus* wurde die Herstellung solcher Beziehungen, die beim Hören in der Wahrnehmung der Form resultieren, in die Herstellung des Klangmaterials vorverlegt, indem ich versuchte, *die »Handarbeit« – darunter verstehe ich die Aufnahme und Montage von Einzelklängen – soweit wie möglich zugunsten mechanischer Produktionsabläufe zu reduzieren. Ganz vermeiden lassen sie sich nicht, wenn man an die zeitliche Artikulation hohe Forderungen stellt, ohne von Eingriffen in »Echtzeit« Gebrauch machen zu wollen. Mit diesem Ziel vor Augen begann ich, mit glissandierenden Sinustönen zu experimentieren; sie*

---

[10] G.M. Koenig, *Elektronische Musik in Utrecht* (1967), in: a.a.O., II, S. 395f.

[11] Siehe auch Rudolf Frisius, *Zum Notationsproblem in der elektronischen Musik*, in: *Interface* 7/2–3 (Sept. 1978)

wurden transponiert und amplitudenmoduliert, bis das wellenförmige Auf und Ab in Tonhöhe und Dynamik eine gewisse Komplexität erreicht hatte. An dieser Stelle nahm ich die Schere, schnitt Bandstücke aus den erzielten Klängen und setzte sie zu einem einfachen Modell zusammen. Daran schloß sich ein mechanisches Ableitungsverfahren: jede Ableitung (durch Filterung, Modulation, Zerhackung oder Verhallung) wurde als Ausgangsmaterial für eine weitere Ableitung verwendet. Auf diese Weise entstanden »Generationen« mit Verwandtschaftsgraden, die sich desto mehr verlieren, je weiter die Generationen auseinander liegen. Dem Kompositionsprinzip des Werkes liegt keine Großform zugrunde, die mit Einzelklängen gefüllt wird; es besteht ausschließlich im systematischen Ableiten von Materialstrukturen, die aufgrund des mechanischen Verfahrens strukturell miteinander verwandt sind; Nachbarschaftsbeziehungen sind nicht gesetzt, entstehen aber in dem Augenblick, wo die abgeleiteten Materialien nacheinander – oder gleichzeitig – vorgeführt werden. Damit stellt sich das Formproblem in sehr vermittelter Gestalt; denn die möglichen Formteile (vorgefertigte Ableitungen, deren Anzahl noch beliebig erweitert werden könnte) hängen durch ihre produktionstechnische Vorgeschichte eng miteinander zusammen, ohne daß eine teleologische Beziehung zwischen ihnen bestünde. Es lag daher nahe, sie in einer Reihenfolge zu präsentieren, die die bestehenden Verwandtschaftsbeziehungen in den Dienst einer sich in die Zeit entfaltenden Großform setzt.[12] – Schließlich setzte ich weitere Transformationsmittel des Studios ein, um die verbliebene Kontinuität des Klangmaterials noch weiter aufzulösen und die Frage zu beantworten, ob die im Klangmaterial angelegte Kohärenz diese Eingriffe überleben würde.

Ich möchte abschließend noch einmal vor dem Mißverständnis warnen, die Manipulationen im Studio beträfen bloß ein Datenmaterial, etwa die Frage, wie ein serieller Komponist Reihen und Permutationen manipuliert. Was ich hier darzustellen versucht habe, um die im Thema geäußerte Fragestellung zu illustrieren, betrifft mit dem Eingriff in die Struktur musikalischer Daten zugleich einen Eingriff in ihre akustische Darstellung: die Vermittlung subkutaner Vorgänge durch ihre Ausprägung an der akustischen Oberfläche. Während man in der Instrumentalmusik, wie gezwungen auch immer, Komposition von Instrumentation unterscheiden kann, wird dieser Unterschied in der von Technik unterstützten Welt der elektronischen und Computermusik virtuell aufgehoben. Man kann gewissermaßen unter Umgehung von Musikinstrumenten komponieren, indem sich die kompositorischen Aktionen unmittelbar im Medium der magnetisch fixierten Schallwellen manifestieren. Das öffnet dem Komponieren neue Dimensionen, so daß man versucht sein könnte, der Befreiung der Musik die des Komponisten an die Seite zu stellen.

---

[12] G.M. Koenig, *Zu Terminus* (1990), in: ders.: *Ästhetische Praxis. Texte zur Musik*, 3 Bde., Saarbrücken 1991, II, S. 404f.

Rudolf Frisius

Musik und Technik: Veränderungen des Hörens – Veränderungen im Musikleben

Pierre Schaeffer in memoriam

Veränderungen des Hörens – Unsichtbare Musik

Es gibt Fragen, die gerade deswegen besonders dringlich sind, weil sie viel zu selten gestellt werden. Wenn heute, im letzten Jahrzehnt des 20. Jahrhunderts, die Frage nach Veränderungen und aktueller Bedeutung des Hörens in diesem Jahrhundert gestellt wird, dann spricht manches dafür, daß damit eine solche latent-dringliche Frage aufgekommen ist: Heute gibt es eine kaum noch verarbeitbare Vielfalt von Hörereignissen und Hörsituationen – eine Vielfalt, wie sie in früheren Zeiten undenkbar gewesen wäre. Verfahren der Konservierung, der Reproduktion und Vervielfältigung, der Übertragung und weltweiten Verbreitung, der möglichst originalgetreuen oder der weitgehend verfremdeten technischen Wiedergabe von Hörereignissen haben die Hörerfahrung – zumindest potentiell – in kaum zu überschätzendem Ausmaß erweitert. Inwieweit allerdings die hiermit eröffneten Möglichkeiten tatsächlich genutzt werden, ist eine andere, übrigens schwer zu beantwortende Frage.

Die Vielfalt dessen, was es heute in aller Welt zu hören gibt, könnte man für vollkommen unübersichtlich, wenn nicht gar unübersehbar halten. Eine solche Aussage wäre wohl plausibel, aber andererseits in ihrer Diktion auch verräterisch: »Unübersichtlich« oder »unübersehbar« kann man Hörereignisse eigentlich nur dann nennen, wenn man sie mit dem falschen Maßstab mißt – wenn man Hörbares nach Kriterien des Sichtbaren beurteilt: Was wir hören, können wir in vielen Fällen nicht angemessen bewältigen, so daß wir unsere rätselhaften Sinneswahrnehmungen nur inkommensurabel beschreiben können – mit Begriffen und Darstellungsweisen, die dem Bereich der Sehwahrnehmung entstammen. Wir sind es gewöhnt, viele Ereignisse leichter mit dem Auge zu identifizieren als mit dem Ohr – und vieles, was wir hören, glauben wir nur insoweit uns bewußtmachen zu können, als es mit Sichtbarem verbunden ist oder sich in Sichtbares übertragen läßt. An beides haben wir uns nicht zuletzt unter dem Einfluß einer viele Jahrhunderte umfassenden abendländischen Literatur- und Musiktradition gewöhnt: Als das Wesentliche einer sprachlichen oder musikalischen Äußerung galt im traditionellen Verständnis das, was sich in Schrift oder Notation fixieren ließ. Dies war verständlich in früheren Zeiten, als sprachliche Mitteilungen und Musik nur auf schriftlichem Weg die engen Grenzen der Live-Übermittlung überwinden und sich über diese hinaus verbreiten konnten. Im 20. Jahrhundert aber, im »Zeitalter der technischen Reproduzierbarkeit« (W. Benjamin) und Produzierbarkeit von Klängen, die sich weltweit verbreiten lassen – in dieser Zeit sind die alten Maßstäbe fragwürdig geworden. Wer mit geeigneten technischen Geräten und Tonträgern umgeht, bekommt vieles zu hören, was er nicht gleichzeitig sehen kann; vieles, was er hört, läßt sich nicht ohne weiteres schriftlich so fixieren, daß es ein Hörer oder gar ein am ursprünglichen Geschehen unbeteiligter Leser später – nach dem Leseeindruck – wieder angemessen rekonstruieren könnte. Der Musiker oder Musikfreund erfährt dies, wenn er über Lautsprecher Musik hört, die unabhängig davon erklingt, ob zum Zeitpunkt der Wiedergabe irgendwelche Musiker singen oder spielen: »Unsichtbare Musik« – Musik, die sich beim Erklingen von realen Aufführungssituationen losgelöst hat. (In einfachen Fällen kann dies die Wiedergabe einer zeitverschobenen Übertragung oder einer Studioproduktion von live gespielter Musik sein; in komplizierteren Fällen, bei technisch produzierter Musik, kann es sich aber auch um Klangwirkungen handeln, deren Erreichung in einer Live-Aufführung unmöglich ist.)

»Unsichtbare Musik« kann dann entstehen, wenn man etwas hört, aber dabei keine Interpreten sieht, die das Gehörte in Live-Aktionen hervorbringen. (Diese Musik wird dann ihrem Begriff um so besser gerecht, je weiter ihre Klänge sich von den Möglichkeiten der Live-Darbietung entfernen.) »Unsichtbare Musik« in einem spezielleren Sinne kann aber auch dann entstehen, wenn Klänge zu hören sind, die sich nicht in einer musikalisch ohne weiteres »lesbaren« Weise visualisieren lassen. (»Unsichtbare Musik« in diesem Sinne wird ihrem Begriff um so besser gerecht, je weiter sie sich von bereits bekannten Möglichkeiten der musikalischen Notation entfernt.)

»Unsichtbare Musik« jenseits der traditionellen Live-Darbietung – »Unsichtbare Musik« jenseits der traditionellen Notation: Beide Möglichkeiten können unabhängig voneinander, aber auch miteinander kombiniert vorkommen. Im einen wie im anderen Fall kann deutlich werden, daß der Eigenwert des Hörens – unabhängig von seiner Kopplung mit Sichtbarem – vergrößert wird. Dies ließe sich so interpretieren, daß die Musik zu ihrer eigentlichen Bestimmung als Hörkunst zurückfindet; daß sie sich von Bindungen an Sichtbares löst, die ihr eigentlich wesensfremd sein müßten. Diese Bindungen aber haben sich in vielen Jahrhunderten der abendländischen Musiktradition so stark verfestigt, daß sie von vielen Hörern leicht mit einer »zweiten Natur« der Musik verwechselt werden. Noch heute – nach einer mehrere Jahrzehnte umfassenden Entwicklung der technisch produzierten Musik – fällt es vielen Hörern, Interpreten und sogar auch Komponisten schwer, sich Musik vorzustellen jenseits der Modalitäten einerseits einer (mehr oder weniger konventionellen) Konzertaufführung, andererseits einer (mehr oder weniger traditionellen) Notation. Wer hier wie dort nach neuen Wegen sucht, könnte deswegen auf die Idee verfallen, statt des bisherigen, für viele allzu traditionsbelasteten Begriffs »Musik« einen anderen, umfassenderen Begriff zu verwenden: den Begriff »Akustische Kunst«.

Neue Strukturen des Musiklebens – Akustische Kunst

Der Begriff »Akustische Kunst« ließe sich interpretieren in positiver Komplementarität zum negativ abgrenzenden Begriff »Unsichtbare Musik«. Während der negative Begriff (»Unsichtbare Musik«) auf die Musik zielt, konzentriert sich der positive Begriff (»Akustische Kunst«) auf das Hören. Dabei zeigt sich eine terminologische Schwäche (die allerdings im bisherigen allgemeinen Sprachgebrauch nicht in Erscheinung getreten ist): »Akustisch« ist hier – im Zusammenhang mit Kunst – nicht so zu verstehen, daß Hörphänomene naturwissenschaftlich erklärt würden oder daß von der phänomenologischen Realität der sinnlichen Wahrnehmung abstrahiert werden sollte. Wenn man dies vollkommen unmißverständlich klarmachen wollte, müßte man den Begriff »Auditive Kunst« verwenden, der sich allerdings bisher nicht eingebürgert hat. Wenn die Bezeichnung »akustisch« im Zusammenhang mit Kunst im Sinne von »auditiv« verstanden wird, dann kann man sagen, daß der Begriff »Akustische Kunst« sich dazu eignet, in positiver Weise zu bezeichnen, was der Terminus »Unsichtbare Musik« nur in negativer Weise angibt: Es geht darum, die Hörerfahrung in ihrem Eigenwert wieder zu entdecken – losgelöst vor allem von Seherfahrungen, die Gehörtes nur allzu leicht überlagern und verdecken.

Man könnte die Frage aufwerfen, warum die Wiederaufwertung der Hörerfahrung gegenüber der Seherfahrung denn so wichtig sei; ob es denn tatsächlich einen Rückstand des Hörens gegenüber dem Sehen gebe, der kompensiert werden müßte. – Wenn man versucht, auf diese Frage heute eine angemessene Antwort zu finden, dann sollte man dabei berücksichtigen, daß das Verhältnis zwischen Sehen und Hören in wesentlichen Aspekten von Faktoren der technischen Entwicklung geprägt ist: Der Vergleich verschiedener Künste im »Zeitalter der technischen Reproduzierbarkeit«, insbesondere der Vergleich ihrer entwicklungsgeschichtlichen Faktoren, macht deutlich, daß die »Hör-Künste« und die »Seh-Künste« sich asynchron entwickelt haben: Fotografie und Stummfilm, die Künste der stehenden und bewegten Bilder, hatten von Anfang an einen beträchtlichen Entwicklungsvorsprung vor Erfindung und Verbreitung der Klangreproduktion (der Erfindung des Phonographen durch Thomas Alva Edison im Jahre 1877) und der Klangmontage (als deren wichtigste künstlerische Manifestation wir heute Walther Ruttmanns 1930 entstandenes Hörstück *Weekend* ansehen können). So ergaben sich Phasenverschiebungen zwischen der »technisch reproduzierbaren Seh-Kunst« und der »technisch reproduzierbaren Hör-Kunst«: Schon im 19. Jahrhundert wurde den Menschen der Umgang mit Fotografien selbstverständlich, und schon in den ersten Jahrzehnten des 20. Jahrhunderts lernten sie, die Sprache der bewegten Bilder und ihrer Montagen zu verstehen. Im Bereich des Hörens aber ließen sich vergleichbare Erfahrungen auf breiterer Basis erst seit den späten 40er Jahren machen, nachdem Pierre Schaeffer 1948 mit den Etüden seines *Concert de bruits*, seines *Geräusch-Konzertes*, die ersten ausschließlich im Studio produzierten und künstlerisch gestalteten Klangstrukturen, die ersten die gesamte Hörwahrnehmung definitiv und dauerhaft verändernden, rein

»auditiven« Äquivalente zum (um mehrere Jahrzehnte älteren) rein »visuellen« Stummfilm geschaffen hatte. (Walther Ruttmanns bereits 1930 entstandene Klangmontage *Weekend* war ein damals kurzzeitig beachteter, aber in den folgenden Jahren rasch wieder in Vergessenheit geratener, im Grunde folgenloser Ausnahmefall – nicht zuletzt auch deswegen, weil das Stück jahrzehntelang verschollen blieb und seine bemerkenswerten Innovationen in der Zwischenzeit von anderen ein zweites Mal erfunden werden mußten.)

Der zeitliche Vorsprung der »Kunst der montierten Bilder« vor der »Kunst der montierten Klänge« hat dazu geführt, daß das Hören längere Zeit auf älteren Entwicklungsstufen stehengeblieben ist, die in der Seherfahrung längst als anachronistisch erkannt und überwunden worden waren. Was erstmals in den Klangmontagen Ruttmanns künstlerisch überzeugenden Ausdruck gefunden hatte, wurde erst später, seit der Erfindung der musique concrète, auf breiterer Basis bekannt, so daß es seit den 50er Jahren möglich wurde, weit verbreitete traditionelle Hörgewohnheiten wesentlich zu verändern. Dieser Entwicklungsrückstand der »technisch reproduzierten Hör-Kunst« wirkte sich vor allem im Bereich der Filmmusik aus: Auch nach der Erfindung des Tonfilms blieb die Filmmusik stark geprägt von Ablaufmustern der traditionellen Live-Musik, die sich aus der (häufig am Klavier improvisierten) Live-Begleitung von Stummfilmen entwickelt hatte. Die Rückständigkeit der Tonfilmmusik im technischen und übrigens – in der Fixierung auf spätromantische Stilkonventionen – auch im ästhetischen Sinne zeigte sich besonders deutlich in der Verbindung traditioneller musikalischer Klischees mit traditionellen narrativen Strukturen des vertonten Films. Alternative, weiter in die Zukunft weisende Lösungen, wie sie Ruttmann in seinen Klangmontagen gelungen waren, führten erst Jahrzehnte später zur Bildung und Entwicklung einer neuen Kunstgattung, in der die Grenzen zwischen verschiedenen Bereichen der künstlerisch geprägten Hörerfahrung, vor allem zwischen Musik und Hörspiel, überwunden werden sollten: zur Akustischen Kunst.

Die Entwicklung der Akustischen Kunst hat zur Ausbildung neuer Strukturen des Musiklebens geführt – so wie, einige Jahrzehnte zuvor, die Erfindung des Films zur Etablierung einer eigenständigen, vom Theater unabhängigen Kinokultur geführt hatte. Vieles spricht allerdings dafür, daß die ästhetische und kulturorganisatorische Lösung des Kinos vom Theater rascher und wirksamer gelungen ist als die Lösung der Akustischen Kunst aus den tradierten Bereichen der Literatur, des Hörspiels und der Musik und aus den ihnen entsprechenden Vermittlungsformen.

Akustische Kunst, in der – im Gegensatz zur traditionellen Tonkunst – Sprache, Geräusch und Musik im herkömmlichen Sinne weitgehend gleichberechtigt sind, arbeitet mit einem Material, auf das aus der Tradition bekannte Abgrenzungen sich häufig nicht mehr anwenden lassen – insbesondere die Abgrenzung zwischen Literatur und Musik. Schon Walther Ruttmanns *Weekend* ist weder ein traditionelles Hörspiel noch ein traditionelles Musikstück. Eine Aufführung würde sowohl im Theater als auch im

Konzertsaal deplaziert wirken; an beiden Orten würde es dem Publikum ungewöhnlich erscheinen, daß man zwar Klänge hört, daß aber keine mit der Klangerzeugung verbundenen Vorgänge zu sehen sind. Die Klänge erscheinen herausgelöst aus realen Erfahrungszusammenhängen, bei denen Hör- und Seh-Wahrnehmung meistens untrennbar miteinander verbunden sind – als isolierte Hör-Ereignisse, d.h. als Gegenstücke zu isolierten Seh-Ereignissen, wie sie seit der Erfindung des Stummfilms unsere Wahrnehmung so einschneidend verändert haben. Um so auffälliger ist es, daß – wie es scheint – die Veränderungen des Sehens durch den »Seh-Film« so viel weiter gegangen sind als die Veränderungen des Hörens durch den »Hör-Film«. Walther Ruttmann hat in den Klangmontagen seines Hörstückes *Weekend* ähnliche Techniken angewendet wie einige Jahre zuvor in den Bildmontagen seines Stummfilms *Berlin. Die Sinfonie der Großstadt*. Bei der Realisation des Stummfilms aber arbeitete Ruttmann in der Tradition einer langfristig und weltweit sich entwickelnden Montage-Ästhetik, die bis in weite Bereiche der populären Rezeption hineingewirkt hat und die, jenseits von Konzertsaal und Theater, auch längst in den Kinos ihre eigenen kulturellen Institutionen und Organisationsformen gefunden hatte. Ganz anders war die Situation jedoch bei der Realisation des Hörstückes (man könnte auch sagen: des »Hörfilms« oder des »Blindfilms«, wobei die nur wenig bekannten oder völlig ungebräuchlichen Begriffe für die weitgehend unbekannte Sache sprechen). Die Produktion *Weekend* entstand gleichsam als Abfallprodukt der Entwicklung des Tonfilms, als Tonfilm ohne Bilder. Die montierten Klänge konnten gerade deswegen so wirkungsvoll in Erscheinung treten, weil sie nicht der übermächtigen Konkurrenz der montierten Bilder ausgesetzt waren. Im Kino aber, wo das Publikum sich längst an montierte Bilder gewöhnt hatte, hatten bildlose Klangmontagen offensichtlich keine Chance. Dies zeigte sich an den frühen Klangmontagen Ruttmanns, und es zeigte sich später auch in der Entwicklungsgeschichte der konkreten und elektroakustischen Musik, deren Produktionen, anders als Ruttmanns *Weekend,* seit den 50er Jahren starke Beachtung fanden, wobei ihnen – damals und später – allerdings die populären Foren des Films ebenso wie des Fernsehens weitgehend unzugänglich blieben.

Der jahrzehntelange Entwicklungsvorsprung der technisch produzierten, montierten und verarbeiteten Bilder vor den technisch produzierten, montierten und verarbeiteten Klängen ist im letzten Jahrzehnt des 20. Jahrhunderts noch immer nicht vollständig aufgeholt. Als neue Techniken der Montage und der Verarbeitung von Klängen sich seit den 50er Jahren durchzusetzen begannen, war für breite Publikumsschichten der Zeitpunkt für einschneidende Veränderungen der Hör-Wahrnehmung anscheinend längst verpaßt: Seit den 30er Jahren, seit der Einführung des Tonfilms, war es aussichtslos, Hör-Kinos zu etablieren, weil das Publikum sich mit bildlosen Klängen damals nicht mehr zufriedengeben wollte. Noch schwieriger war die Situation seit den 50er Jahren: Die Entwicklung der technisch produzierten Hörkunst erfolgte damals in wichtigen Bereichen völlig losgelöst von aktuellen Entwicklungstendenzen im Bereich des Films – und zwar nicht nur unter ästhetischen, sondern auch unter institutionellen Aspekten: Nur in wenigen Ausnahmefällen arbeiteten die Pioniere der experimentellen Klangkunst mit experimentellen Filmemachern zusammen. Dies ergab sich als Konsequenz daraus, daß seit den 30er Jahren unternommene Versuche etwa von Edgard Varèse, akustisch-musikalische Experimentalstudios in Zusammenarbeit mit der Filmindustrie zu gründen, gescheitert waren. Auch im Radio ergaben sich damals keine Möglichkeiten für die längerfristige Entwicklung einer experimentellen, mit technischen Mitteln arbeitenden Hörkunst. Nur vereinzelt und für kürzere Zeit gab es Ansätze hierfür, etwa bei Orson Welles (der bald seine radiophonen Aktivitäten aufgeben und den Schwerpunkt seiner Arbeit seit den frühen 40er Jahren auf die Produktion von Filmen verlagern mußte) und bei John Cage (der, fast gleichzeitig mit Orson Welles, erkennen mußte, daß ihm das Radio keinen Spielraum zur Weiterentwicklung seiner experimentellen Klangkunst bieten konnte, und der sich deswegen stärker auf experimentelle Musik im Konzertsaal, seit den 50er und 60er Jahren außerdem auch auf musikübergreifende Happening- und Multimedia-Projekte konzentrierte).

Nachdem erste Versuche der institutionellen Etablierung einer experimentellen Hörkunst in den späten 30er und frühen 40er Jahren in den Vereinigten Staaten zunächst gescheitert waren, hatte einige Jahre später Pierre Schaeffer im französischen Rundfunk mehr Erfolg. Vielleicht läßt dieser Erfolg sich daraus erklären, daß Schaeffer, anders als etwa Varèse und Cage, nicht von außen in die Institution des Radios hereinkommen mußte, sondern daß er das Radio von innen heraus, aus seiner praktischen Erfahrung als Rundfunkingenieur, genauestens kannte – und zwar nicht nur in seinen technischen und ästhetischen Möglichkeiten, sondern auch in den institutionellen und politischen Rahmenbedingungen der Arbeit in dieser Institution. Von ausschlaggebender Bedeutung war dabei, daß Schaeffer in den 40er Jahren seine experimentelle Radio- und Hörspielarbeit in der französischen »Résistance« begonnen hatte. Seine neue Radiokunst wurde zunächst im Untergrund produziert, als Vorbereitung für eine neue Radiopraxis im befreiten Frankreich. Als im August 1944 die Zeit für die Befreiung von Paris gekommen war, trat Schaeffer dort an die Öffentlichkeit als Pionier und Organisator des Rundfunks im befreiten Frankreich. Die wichtige politische Rolle, die er damals bei der Neukonstitution des Rundfunks spielte, sicherte ihm auch in den folgenden Jahrzehnten maßgeblichen Einfluß in dieser Institution – einen Einfluß, der ihm auch Spielraum für die Erarbeitung der ersten Produktionen der von ihm erfundenen musique concrète und für die Etablierung eines auf diese Musikart spezialisierten Spezialstudios gab. So ist Schaeffer zu einem der wichtigsten Pioniere nicht nur des experimentellen Hörspiels, sondern auch der experimentellen Musik geworden; heute könnte man ihn in der ersten Reihe der Pioniere der Akustischen Kunst nennen.

Seit den späten 40er Jahren ist in Frankreich das Radio zum privilegierten Medium der technisch geprägten experimentellen Hörkunst geworden. Die Uraufführung der ersten Produktionen der konkreten Musik beispielsweise erfolgte 1948 im Rahmen nicht eines Konzertes, sondern einer Rundfunksendung. Auch in den folgenden Jahren blieb das Radio das wichtigste Medium zur Produktion und Verbreitung elektroakustischer Musik. Dies gilt nicht nur für das Pariser Studio, sondern auch für die einige Jahre später gegründeten experimentellen Rundfunkstudios in Köln, Mailand, Warschau und Tokio. Die enge institutionelle Anbindung verschiedener Experimentalstudios an den Hörfunk hat dazu geführt, daß die Entwicklung einer »reinen«, von musikübergreifenden Funktionen und Präsentationsformen weitgehend abgelösten Hörkunst im Vordergrund stand. Diese Isolierung wurde in wichtigen Studios – vor allem im 1953 in Köln gegründeten Elektronischen Studio des NWDR, des späteren WDR – nicht nur als unvermeidliches Übel hingenommen, sondern ausdrücklich angestrebt: im Interesse einer radikalen, autonomen und von äußeren funktionellen Zwängen so weit wie möglich abgelösten Ästhetik der Avantgardemusik. Funktionelle elektroakustische Musik (etwa als Begleitmusik in Radiosendungen verschiedener Art und in Hörspielen, in Theaterstücken, Filmen oder Fernsehsendungen) wurde in nicht wenigen Studios vollständig tabuisiert oder allenfalls als unumgänglicher Kompromiß an institutionelle oder finanzielle Sachzwänge akzeptiert. Im Pariser Studio, das von Anfang an stärker in die allgemeine Radiopraxis (vor allem auch in die ebenfalls von Schaeffer maßgeblich inspirierte experimentelle Hörspielpraxis) integriert gewesen war, war diese avantgarde-ästhetische Isolierung noch am wenigsten zu spüren, da – vor allem bis in die frühen 50er Jahre hinein – Pierre Schaeffer sich ausdrücklich und bei vielen Gelegenheiten darum bemüht hatte, die im Rundfunk entstandenen Produktionen auch außerhalb von Radiosendungen zu präsentieren, z. B. in Vorträgen und Konzerten, als Begleitmusik in Radiosendungen, Theaterstücken, Balletten und Filmen. Seit den späten 50er und frühen 60er Jahren, in einer Zeit der Rekonstituierung des Studios und der mit ihm verbundenen Forschungsgruppe, hat Schaeffer überdies versucht, die institutionelle Einbindung seiner experimentellen Arbeit den veränderten Rahmenbedingungen des Rundfunks anzupassen, insbesondere der institutionellen Integration von Hörfunk und Fernsehen. Schaeffer versuchte die Gründung einer Forschungsgruppe, die sich nicht nur um elektroakustische Klang- und Musikproduktionen kümmern sollte, sondern vor allem auch um experimentelle audiovisuelle Produktionen. Entscheidendes Gewicht sollte dabei darauf gelegt werden, daß die technische Faktur der experimentellen Klänge sich von Standards der konventionellen Filmmusik löste und ein den modernen Produktionsbedingungen des Films adäquates Niveau erreichte. Unter diesen Prämissen haben im Pariser Studio – aufbauend auf Erfahrungen der 50er Jahre, insbesondere auf experimentellen Filmmusiken von Pierre Schaeffer und Pierre Henry – seit den frühen 60er Jahren verschiedene profilierte Komponisten wichtige Beiträge zur experimentellen Neubestimmung des Verhältnisses zwischen Klang und Bild geleistet – u. a. Iannis Xenakis, Ivo Malec, François Bayle und Bernard Parmegiani. Letzterer, der sowohl die experimentellen Bilder als auch die experimentellen Klänge selbst produzierte, spielte hierbei eine besonders wichtige Rolle. Die genannten Komponisten realisierten audiovisuelle Produktionen zu einer Zeit, als auch anderwärts Grenzüberschreitungen zwischen verschiedenen Künsten an Bedeutung gewannen, beispielsweise in Arbeiten von John Cage und Josef Anton Riedl. Gleichwohl bleibt festzustellen, daß im Gesamtzusammenhang der musikalischen Entwicklung zu dieser Zeit interdisziplinäre Tendenzen nur vorübergehend eine wichtige Rolle gespielt haben. Weder in Schaeffers audiovisueller Forschungs- und Produktionsgruppe noch in audiovisuellen Projekten des Cage-Kreises kam es so weit, daß musikübergreifende Ansätze die Programmangebote, die Organisationsstrukturen, die Rezeptions- und Kommunikationsverhältnisse im kulturellen Leben grundlegend verändert hätten. Im Gegenteil: Spätestens seit den 70er Jahren verstärkten sich wieder die Tendenzen einer Abschottung der verschiedenen Künste gegeneinander – sei es auch in der Weise, daß in ihrer Verbindung die kooperative Gleichberechtigung einer hierarchischen Abstufung Platz machte, in der eine Kunst mindestens eine andere für ihre Zwecke vereinnahmte und sich so der Frage aussetzte, ob sie sich nicht dadurch wiederum isolierte (allerdings möglicherweise auf höherer Ebene).

Spätestens seit den 70er Jahren entwickelten sich paradoxe Konfrontationen einer neu belebten musikalischen Autonomie-Ästhetik mit musikübergreifenden Aspekten, die sich nicht selten engstens an das anlehnten, was in den innermusikalischen Strukturen ohnehin schon angelegt war – etwa in Formelkompositionen und in der multiformalen Musik von Karlheinz Stockhausen, wo sich zentrale Aspekte der visuellen bzw. musiktheatralischen Präsentation in engster Parallelisierung zur musikalischen Struktur ergeben; nicht als ihre eigenständige kontrapunktische Ergänzung, sondern gleichsam als dialektischer Umschlag einer genauestens geplanten musikalischen Struktur in detailliert vorgestellte Bedeutungszusammenhänge. Dabei wird die traditionelle Hierarchie zwischen dramaturgischer Konzeption und musikalischer Struktur gleichsam auf den Kopf gestellt: Das theatralische Geschehen ergibt sich aus der musikalischen Struktur, nicht umgekehrt. Die Musik geht dabei in ihrem strukturellen Kern von Ansätzen der seriell generalisierten Zwölftonmusik aus – von Tonstrukturen, die bis in den Geräuschbereich hinein ausgeweitet werden; von Tonstrukturen, die eine instrumentale Ausführung zulassen, die sich aber auch in Techniken der elektroakustischen Klangproduktion ausarbeiten lassen. Der Primat dieser Tonstrukturen – eine Konsequenz des seit den 50er Jahren entwickelten seriellen Einheitsdenkens, das sich auf alle musikalischen Aspekte, vielleicht sogar darüber hinaus, auswirken sollte und das damals für die ersten Produktionen elektronischer Musik, vor allem bei Stockhausen, von ausschlaggebender Bedeutung war – dieser Primat hat dazu geführt, daß sich in Stockhausens Formelkonstruktionen musikalisches Theater artikuliert als Visualisierung und inhaltliche Konkretisierung von musikalischen Strukturen, die sich ihrerseits ergeben aus der Erweiterung und Verallgemeinerung von Grundansätzen der traditionellen Tonkunst, aus der Verwandlung von Zwölftonstrukturen in mehrdimensionale und polyphone Reihen- bzw. Formelstrukturen.

Aufschlußreich ist, daß in den bisher uraufgeführten Opern des 1977 begonnen siebenteiligen Zyklus *Licht* live agierende Instrumentalisten und Sänger, d.h. die Hauptpersonen im Verständnis der traditionellen Opernpraxis (unter Umständen auch in live-elektronischen Präsentationsformen) meistens eine mindestens ebenso wichtige oder sogar noch wichtigere Rolle spielen als technisch (vor)produzierte Klänge. Von Bedeutung ist auch, daß Stockhausen, zumindest seit etwa Mitte der 80er Jahre, zwar den technisch produzierten Klängen verstärkte Bedeutung eingeräumt hat, daß aber andererseits technisch produzierte Bilder und Filme in seinen ausführlichen Konstruktionsplanungen keine konstitutive Rolle spielen. Die Möglichkeiten einer kohärenten Erneuerung des Musiktheaters aus dem Geiste sowohl der technisch produzierten Bilder als auch der technisch produzierten Klänge erscheinen insoweit eingeschränkt. Die Idee einer Erneuerung autonomer Hörkunst kann sich in diesem Zusammenhang am ehesten dann ergeben, wenn Stockhausen etwa bei einzelnen, auf elektronische Musik konzentrierten Abschnitten (z. B. im 2. Akt seiner Oper *Dienstag aus Licht*) in speziellen konzertanten Versionen auf die visuelle Inszenierung verzichtet und sie in einer reinen Lautsprecherfassung (ohne live agierende Interpreten) als »unsichtbare Musik« aufführt. In diesem Falle kann Musik ihre Würde gerade dadurch gewinnen, daß sie auf den Versuch verzichtet, andere künstlerische Bereiche, insbesondere den Bereich der szenischen Darstellung, zu beherrschen.

Vieles spricht dafür, im Entwicklungszusammenhang der technisch geprägten Hörkunst des 20. Jahrhunderts den 50er Jahren eine besonders wichtige Bedeutung zuzuerkennen, vor allem im Bereich der Musik. Wohl niemals sonst haben so viele und so unterschiedliche Komponisten sich aktiv engagiert im Bereich der elektroakustischen Musik – zum Beispiel Edgard Varèse, Olivier Messiaen und John Cage; Pierre Schaeffer und Pierre Henry; Herbert Eimert und Gottfried Michael Koenig; Pierre Boulez und Karlheinz Stockhausen; Bruno Maderna und Luciano Berio, später auch Luigi Nono; György Ligeti und Mauricio Kagel; Iannis Xenakis, Luc Ferrari, François Bayle und Bernard Parmegiani. Unter den Genannten gab es Künstler, die sich nur vorübergehend auf das elektroakustische Studio konzentrierten und später wieder verstärkt der Instrumentalmusik zuwandten (z. B. Pierre Boulez – der sich erst seit den 70er Jahren mit der Gründung des IRCAM wieder verstärkt für elektroakustische Musik interessierte, vor allem im Bereich der Live-Elektronik – und György Ligeti). Andere bemühten sich, in ihrem Schaffen eine gewisse Balance zwischen vokal-instrumentalen Partituren und elektroakustischen Studioproduktionen herzustellen, z. B. Karlheinz Stockhausen und Iannis Xenakis. Andere haben für eine gewisse Zeit intensiv im Studio gearbeitet und sich später darum bemüht, das dort Erfahrene weiterzuentwickeln und auf andere Bereiche der musikalischen Produktions- und Aufführungspraxis zu übertragen. Im Bereich der Live-Elektronik versuchten dies beispielsweise seit den frühen 60er Jahren John Cage und, etwas später unter ganz anderen kompositorischen Prämissen beginnend, Karlheinz Stockhausen. Mauricio Kagel hat Erfahrungen aus dem elektronischen Studio während der 60er Jahre in den experimentellen Musikfilm und seit den späten 60er Jahren in das Neue Hörspiel eingebracht. Nur wenige Komponisten gingen so weit, daß sie sich (weitgehend oder vollständig) auf die elektroakustische Studioproduktion konzentrierten und dementsprechend von der vokal-instrumentalen Komposition zurückzogen – beispielsweise Pierre Henry und die meisten Komponisten in der von Pierre Schaeffer begründeten Forschungs- und Produktionsgruppe GRM. Zu diesen Komponisten, die das Notenschreiben eingeschränkt oder gänzlich aufgegeben hatten, gesellten sich (in einigen Fällen schon seit den 50er Jahren) auch Schriftsteller, die vom Schreibtisch in das elektroakustische Produktionsstudio umgezogen waren. Experimentelle Literaten und experimentelle Komponisten begegneten sich in Bereichen des Niemandslandes zwischen Literatur und Musik. Heute kann man diese – unter Anwendung eines später gefundenen Begriffes – der »Akustischen Kunst« zuordnen. Einige dieser Künstler haben sich mit experimenteller Radioarbeit beschäftigt, beispielsweise Hans G Helms, Ernst Jandl, Gerhard Rühm, Franz Mon und Ferdinand Kriwet, die seit den späten 60er Jahren, teilweise aufbauend auf noch älteren Ansätzen, exemplarische Produktionen im Bereich des Neuen Hörspiels realisiert haben, für den sich auch profilierte Komponisten wie Mauricio Kagel und Luc Ferrari oder, seit den 70er bzw. 80er Jahren, John Cage und Pierre Henry interessiert haben. Experimentelle Literatur und experimentelle Musik begegneten sich unter übergreifenden Aspekten des Neuen Hörspiels und der Akustischen Kunst. Besonders der letztere Begriff kann deutlich machen, daß es dabei vor allem um eine Rückbesinnung auf die Eigenständigkeit der Hörwahrnehmung ging – um die konkrete sinnliche Erfahrung des Klanglichen, nicht nur um deren Normierung an Anforderungen eines im voraus aufgeschriebenen literarischen oder musikalischen Textes. Die Aufmerksamkeit verlagert sich in experimenteller Literatur vom Text auf die klingende Sprache (einschließlich ihrer akustischen Inszenierung durch Geräusche und Musik), in experimenteller Musik von der Notation auf das klingende Resultat. Die Herkunft der Materialien wird dabei insoweit unwesentlich, als sie in technischer Konservierung, Produktion oder Verarbeitung zu hören sind. Dies kann auch die in traditionellen Zusammenhängen weitgehend eindeutige Abgrenzung zwischen Sprache und Musik in Frage stellen, da technisch transformierte Sprachaufnahmen sich dem sprachfernen musikalischen Klang nähern können, während andererseits sprachferne Klänge durch die Modulation mit Stimmlauten und Sprachklängen (zum Beispiel mit Hilfe eines Vocoders) auch der Sprache angenähert werden können.

Die Akustische Kunst hat selbst im letzten Jahrzehnt des 20. Jahrhunderts allenfalls erst in Teilbereichen ihr eigenes Medium gefunden. Wenn sie sich als Zusammenfassung und Erweiterung avancierter Tendenzen der Hörspielentwicklung (einschließlich der Entwicklung des Neuen Hörspiels) darstellt, dann orientiert sie sich insofern auch am privilegierten Ort der Produktion und Verbreitung des Hörspiels, am Radio. Andererseits spricht vieles auch dafür, daß Akustische Kunst, die durch ihre technischen Produktionsbedingungen definiert ist, trotzdem auch unabhängig von einem Rundfunkstudio produziert und verbreitet werden kann – z. B. produziert in einem privaten, rundfunkfernen, dem Autor oder Realisator verfügbaren Studio, verbreitet über kommerzielle Tonträger. Es gibt auch Tendenzen, die Akustische Kunst aus exklusiven Bindungen an die Vorproduktion im Studio zu lösen – sie so zu gestalten, daß ein vollständiges Stück oder zumindest einige seiner Klangschichten auch live wiedergegeben werden können. In diesem Falle können sich Annäherungen an Aufführungspraktiken ergeben, wie sie in der elektroakustischen Musik seit den 60er Jahren durch die Live-Elektronik bekanntgeworden sind.

Einstweilen hat die Akustische Kunst ihren Marsch durch die Institutionen noch nicht abgeschlossen. Präsentiert wird sie in Radiosendungen oder auf Tonträgern, in Lautsprecherkonzerten oder in Performances mit mehr oder weniger großen Live-Anteilen, als Werk oder als Klanginstallation. Der Konfrontation mit Sichtbarem kann sie ausweichen, sie kann sich ihr aber auch stellen (sei es in der Kopplung mit sichtbaren Live-Ereignissen oder mit vorproduzierten Bildern, Filmen oder optischen Effekten).

Die Akustische Kunst könnte Spielräume anbieten für den Versuch, der Hörerfahrung wieder zu ihrem Recht zu verhelfen, indem Gehörtes das Sichtbare entweder ersetzt oder gleichwertig kontrapunktiert. Die Hörkunst des 20. Jahrhunderts stand lange Zeit im Zeichen der Dissonanz und des Geräusches, der Emanzipation von überkommenen und fragwürdig gewordenen sprachlichen, musikalischen und musikübergreifenden Konventionen. Zu hoffen wäre, daß im Zeichen der Akustischen Kunst endlich auch eine weitere Emanzipation gelingt, die seit langem überfällig ist: die Emanzipation des Hörens.

Musikhören und Musikleben in Konkurrenzsituationen zwischen Hören und Sehen

a) Musik im Zeitalter des Audio-Clips

Im November 1990 fand in Montreal das Festival »musiques actuelles / New Music America« statt. In Verbindung mit diesem Festival ist eine CD erschienen, die den Titel *Electro-Clips* führt. Der Untertitel teilt in drei Sprachen mit, worum es sich handelt – in Englisch, Französisch und Spanisch. Angekündigt werden 25 elektroakustische Schnappschüsse – »instantanés électroacoustiques«, »electro-acoustic snapshots«, »instantánes electroacusticas«. Im Booklet der CD wird das Unternehmen näher beschrieben – als große künstlerische Herausforderung, die die elektroakustische Musik nötige, über ihre eigenen Grenzen hinauszugehen. 25 Komponisten aus Kanada, aus den Vereinigten Staaten und Mexiko waren eingeladen, kurze Miniaturen für diese CD zu komponieren. Begründet und kommentiert wurde dies mit Worten, die auf neue Aspekte des Hörens und auf neue Positionsbestimmungen im Musikleben und in dessen kulturellem Kontext anspielen. Es heißt dort:

Inwiefern ist diese Schallplatte aktuell? Wenn man ein Werk mit der Form des Schlagers (mit einer Dauer von drei Minuten) und mit dem Konzept des »Videoclips« zusammenbringt, dann macht man die Elektroakustik wieder aktuell, indem man sie aus dem traditionellen Konzertsaal herausholt und sie in die Medienwelt des Clips und der Momentaufnahme bringt [...] , ohne ihr den künstlerischen Wert zu nehmen, den man ihr heute zuerkennt.

Dem Booklet liegen 25 durchnumerierte Fotos bei, auf deren Rückseiten sich Komponisten- und Werkinformationen zu den entsprechenden Audioclips befinden. Der Hörer (bzw. Betrachter) wird aufgefordert, verschiedene Abfolgen von Fotos und Clips auszuprobieren.

Die 1960 in Montreal geborene Komponistin Roxanne Turcotte hat zu dieser CD das Drei-Minuten-Stück *Minisérie* beigesteuert. In ihrem Kommentar heißt es:

Drei kleine Szenen ohne Wörter, ohne Bilder. Die Klangumgebung einer Verfolgungsjagd, die über verschiedene Zusammenhänge in die Welt Hitchcocks führt, zu den farbigen Gewürzen eines Spielberg; eine cinematographische Konstruktion für die Ohren und [...] für die Imagination. Durchtränkt vom Horror, erzählt diese Klanggeschichte eine makabre story in einem eher humoristischen Ton, markiert von den raschen Wechseln der Ebenen einer Musik in drei Dimensionen.

Aus diesem Kommentar läßt sich ablesen, wie stark in manchen Bereichen der aktuellen technisch geprägten Musikentwicklung die fast hoffnungslose Konkurrenz der technisch geprägten Klangkunst und der technisch geprägten Bilderwelt des Films empfunden wird. Die Musik versucht, der Filmkunst nachzueifern; moderne Filme und Videoclips setzen Standards, denen technisch produzierte Musik mit »Audio-Clips« nacheifert. In der Konkurrenz zwischen Hören und Sehen hat es die Musik – vor allem die »unsichtbare«, allein für den Lautsprecher bestimmte Musik – bisweilen sehr schwer.

Das Verhältnis zwischen Musik und Technik, das sich in der Musikentwicklung des 20. Jahrhunderts wesentlich verändert hat, ist auch in den letzten Jahren dieses Jahrhunderts noch mit erheblichen Schwierigkeiten belastet. Vor allem im Bereich der sogenannten »ernsten« Musik – der trotz der integrativen Möglichkeiten der Medien nach wie vor eine Sonderstellung behalten hat – ist oft zu beobachten, daß wichtige neue Produktionen um so schwerer einen angemessenen Platz im Musikleben finden, je intensiver und konsequenter sie von modernen technischen Möglichkeiten Gebrauch machen. Während sich die Kunst der technisch produzierten Bilder bereits in den ersten Jahrzehnten des 20. Jahrhunderts kulturell etabliert hat, ist der Kunst der technisch produzierten Klänge, der vergleichbare technische Möglichkeiten (vor allem der Montage) erst Jahrzehnte später zur Verfügung standen, Entsprechendes in der zweiten Hälfte dieses Jahrhunderts allenfalls teilweise gelungen. Ihren Platz im Radio hat die technisch produzierte Musik in vielen Ländern gefunden, ihren Platz im Fernsehen aber nicht. In einem Zeitalter, für das der Primat des Sehens vor dem Hören auch in den Massenmedien offensichtlich geworden ist, konnten auch medienbewußte Komponisten diese Situation nicht mehr ändern, sondern sie allenfalls noch kritisch dokumentieren.

Mauricio Kagel, der seit den 50er und 60er Jahren wichtige technisch produzierte Kunst nicht nur der Klänge, sondern auch der Bilder und Klänge geschaffen hat, schrieb und realisierte 1974 ein Stück, das die paradoxe Situation des Komponisten und Hörers von Akustischer Kunst im Spannungsfeld der Medien beleuchtet – insbesondere im Spannungsfeld von Radio und Fernsehen; ein Hörstück, für das er nicht nur die Töne der Musik vorschrieb, sondern auch die Sprechtexte und sogar die situationsbezogenen Geräusche – letztere beispielsweise mit folgenden Worten:

– *Gellender Schrei.*
– *Lachen.*
  Sofort anschließend lautes Klatschen einer Faust, die in die andere Handfläche schlägt
– *Körper prallt mit aller Wucht gegen Zellentür*
– *Kurzes Gebrüll*
– *Holzpritsche bricht krachend zusammen*
– *Holzlatte schlägt auf Kopf, unwillkürlicher Schrei*
– *Leises Aufstöhnen*
– *(Steinboden:) Zwei Hände tasten und gleiten vorsichtig*
– *Körper schlägt auf den Boden auf*
– *Überraschender Schrei*
– *Leises Stöhnen*
– *Kehle wird langsam zugedrückt:*
  Darsteller versucht vergeblich, Luft zu bekommen
– *Gittertür wird gerüttelt*
– *(Innen:) Schuß eines Colts (überlautes Knallen)*
– *Gittertür wird gerüttelt*
– *Schüsse schlagen in die Pritsche ein*
– *Körper wirft sich auf den Boden, rollt*
– *Verzweifeltes Husten, keuchend und würgend*
– *Colt wird gespannt*
– *Erbärmliches Husten*
  Trockener Schuß (mit Dämpfer)
  Husten[1]

---

[1] Zitat nach den Hörbeispielen der separierten Geräuschspur und des entsprechenden Hörspielausschnitts, nach: Rudolf Frisius, *Notation und Komposition*, Stuttgart 1980, *Materialheft*, S. 11; Begleitinformation hierzu: *Kommentarband*, S. 36f., S. 112f.; Hörbeispiele: LP-Doppelalbum, LP 1, S. 2, Beispiele 11.1a (Geräusche, 1'52''), 11.1b (Hörspielausschnitt, 1'56'').

Im Einleitungstext des Hörspiels schreibt Kagel hierzu:
Die genaue Dauer jedes Ereignisses wird nicht ausdrücklich vermerkt, da die Geräusche, zumeist kurz, akustische Interpunktionen darstellen sollen (Trennen, Betonen, Steigern, Beenden usw.)

Für die Realisation [...] ist die Mitwirkung eines Geräuschemachers, der gewohnt ist, nach dem Bild zu synchronisieren, erforderlich. So kann das Material jene typische Prägnanz erreichen, die es dem Liebhaber von Westernfilmen ermöglicht, den »echten, harten Sound« wieder zu erkennen, auch wenn der Fernsehapparat im Nebenzimmer steht. Um einen authentischen Text zu produzieren, kann der Geräuschkanal durch den Lautsprecher eines Fernsehgerätes im Studio wiedergegeben und dies über Mikrophon gleichzeitig aufgenommen werden.[2]

Die Geräusche sind so zusammengestellt, daß die Klischees ihrer Konstelltionen auch als »unsichtbare Klänge«, als Hörspielgeräusche, Handlungsklischees von Westernfilmen evozieren können. So wird die Konzeption dieses Stückes deutlich, das Kagel als *Film-Hörspiel* bezeichnet: Sein Titel heißt *Soundtrack*. Das Titelwort bezeichnet – wie Kagel es einmal (auf einem Seminar der Darmstädter Ferienkurse im Jahre 1976) ausgedrückt hat – das, was vom Film übrigbleibt, wenn man ihm die Bilder wegnimmt. Hier geht es also darum, daß die im Fernsehen allgegenwärtige Dominanz der Bilder konterkariert wird, indem diese einfach fortfallen und nur das Hörbare über den Radioapparat wiedergegeben und der Fernsehfilm zum Radiohörspiel amputiert wird. Im fertigen Hörspiel verbindet Kagel die Geräuschspur mit Sprechtexten und Musik – wobei die Sprache mehr, die Musik weniger bringt, als der Westernkenner erwartet: Kagel hat die Westerndialoge auf wenige holzschnittartig knappe Sätze verkürzt, zum Ausgleich dafür aber andere Sprache hinzugefügt – nämlich Sätze der Familienmitglieder, die im Fernsehzimmer den Western anschauen. Auf üppige Westernmusik verzichtet Kagel vollständig, so daß der bildlose Film auch noch in einem zweiten zentralen Bereich amputiert erscheint. Statt dessen ist etüdenhaftes Klavierspiel zu hören – das Spiel des Sohnes, der in Nebenzimmer üben muß (der aber immer wieder abbricht und in das Fernsehzimmer herüberzukommen versucht). Kagel gibt hierzu Anweisungen, die die Assoziation des realen Vorganges zugleich bekräftigen und dementieren:

Ein Pianist (= Sohn, stumme Rolle) übt fast unaufhörlich auf dem Klavier.
Drei Arten von Pausen unterbrechen das Klangkontinuum:
– Die Klavierübungen werden abgebrochen,
  die Tür zum Wohnzimmer aufgemacht;
  leise Schritte nähern sich.

---

[2] Mauricio Kagel, *Das Buch der Hörspiele*, Frankfurt/M. 1982, S. 151f. Die dort auf S. 154ff. abgedruckte Transkription der WDR-Realisation unterscheidet sich von der ursprünglichen, aleatorisch variablen Textvorlage z.B. auch in den Angaben zur Geräuschregie.

> – Laute Schritte nähern sich der Wohnzimmertür.
> Sobald sich diese öffnet, wird das Klavier lauter, erst anschließend verstummt es.
> – Abrupte Unterbrechung des Klavierspiels.
> (Weder Schritte noch das Öffnen der Tür
> sind vor oder nach der plötzlichen Pause zu hören.)[3]

So verbinden sich Klänge aus dem Fernseher und Klänge aus der Wohnung nicht nur im Bereich gesprochener Sprache, sondern auch im Bereich des Geräusches. Die Musik wird in diesem Zusammenhang zum störenden Lärm, der unwillig produziert und unwillig rezipiert wird: Der Sohn möchte eigentlich lieber den Western anschauen als Klavier spielen, und die anderen Familienmitglieder werden durch sein Spiel beim Fernsehen gestört.

Der doppelt amputierte Film ist ein Hörstück, in dem verschiedene Ereignisse und Klangschichten nach der Logik der Verwandlung des kumulierten Sinnlosen ins Klischee kombiniert sind: Vom Western sind nur standardisierte Geräusche und einige Dialogfetzen übriggeblieben. Kagel erzählte, daß trotzdem nach der Ursendung des Hörspiels (am 13. Juni 1975) Hörerbriefe kamen, in denen die integrale Übertragung des hier angeblich verstümmelten Westernfilms im Fernsehen gefordert wurde – eines Films also, den es gar nicht gibt. Man könnte versucht sein, hieraus abzuleiten, daß es genügen könnte, Geräuschklischees aneinanderzureihen, damit Hörer einen solchen Film in ihrer Phantasie sehen. Dies wäre ein paradoxer Umschlag der Wirkung des Abgenutzten, die so immerhin durch Übersteigerung ein gewisses Maß an Phantasie freisetzen würde.

Die Klischeewirkung des scheinbar sinnlos Aufgereihten zeigt sich nicht nur in der Geräuschspur des Hörspiels, sondern auch in den Texten und in der Musik: Den Familienmitgliedern sind einzelne monologische Sätze zugeteilt, die erst im Verlauf der Inszenierung zu (Pseudo-)Dialogen ineinandergeschoben werden sollen; der Klavierpart besteht aus Figurationen von Akkorden, die für sich stehen und auf verschiedene Weisen miteinander kombiniert werden können. Hier artikuliert sich Aleatorik als Mittel der Medienkritik – als Darstellung von Sprache, deren kommunikative Möglichkeiten offensichtlich verstümmelt sind, und von auf willkürliche Muster isolierter tonaler Akkorde reduzierter Musik.

Mauricio Kagels Fernseh-Hörspiel *Soundtrack* reduziert die technisch vermittelte Musik, das Klavierspiel aus dem Lautsprecher, zur altmodischen, chancenlosen Alternative gegen das Fernsehen – und dies, obwohl selbst die sanften vagierenden Sextakkorde »sinnvoller« erscheinen könnten als die gedankenlos brutalen Geräusche und Redensarten, die aus dem Fernseher oder Wohnzimmer kommen. Bezeichnend ist, daß der Musiker seine Fernsehkritik hier nicht im Fernsehen selbst artikulieren kann, sondern »nur« im Radio, dem ihm viel besser zugänglichen Medium. Mauricio Kagel, der in den 60er Jahren wegweisende Beiträge zu völlig neuen Konzeptionen des Fernseh-Musikfilms geliefert hatte, leistete progressive

---

[3] Mauricio Kagel, a.a.O., S. 152

Medienarbeit in den 70er und 80er Jahren vor allem im Radio, in seinen Hörspielen. (Seit dieser Zeit sind auch Fernsehproduktionen in seiner Arbeit nicht selten, z. B. im Falle der 1976 uraufgeführten *Kantrimusik* – eher einfallsreich gefilmte Musikaufführungen als ästhetisch eigenständige Musikfilme.) Im Falle Kagels zeigt sich besonders deutlich, daß es gerade die exponiertesten Vertreter einer musikalischen Medienkunst, die über die Grenzen des bisherigen Musikverständnisses hinausstrebt, oft besonders schwer haben: Über das Radio erreichen ihre Arbeiten günstigenfalls einen relativ kleinen Kreis intensiv Interessierter, in das Programmangebot der audiovisuellen Medien Kino oder Fernsehen lassen sie sich oft nur schwer integrieren.

b) Musik als Hörfilm

Die Isolation der Medienmusik von integralen Zusammenhängen der audiovisuellen Medienkunst ist um so befremdlicher, als viele Medienmusiker stark von der Ästhetik des Films beeinflußt sind – und trotzdem in ihrer eigenen Arbeit über die Isolation des Akustischen nur schwer hinauskommen. Dies zeigt sich nicht zuletzt auch in Klangproduktionen, die den jahrzehntelangen Vorsprung der Filmkunst offen gestehen und gleichwohl aufzuholen versuchen.

Pierre Henry – der 1927 geborene »konkrete« Musiker, der sich schon in jungen Jahren intensiv für Filmkunst und Filmmusik interessierte – hat 1984 ein Hörspiel realisiert, dessen Klangmontagen nach seinen eigenen Worten von Bildmontagen eines berühmten Stummfilms inspiriert sind: *Berlin. Die Sinfonie der Großstadt* von Walther Ruttmann. Erst nachträglich hat Henry versucht, die Sequenzen seines Hörstückes – mit einigen Abwandlungen und Umstellungen – Ruttmanns Film zu unterlegen (wobei zum Beispiel aus der Eisenbahnsequenz, die eigentlich im Inneren des Hörspiels steht, die Eröffnungsmusik zu Ruttmanns Filmeinleitung wurde, zur Eisenbahnfahrt nach Berlin). Henry, der seit den 50er Jahren eine große Anzahl von Filmmusiken realisiert hat (und der aus seinem umfangreichen filmmusikalischen Œuvre 1995 eine Hörspielproduktion für das Studio Akustische Kunst des WDR entwickelte), ist anläßlich der Produktion seines Hörspiels *La Ville. Die Stadt* gewissermaßen nachträglich zum Komponisten eines weiteren Films geworden, wobei seine Sequenzen gegenüber den Details der Bildfolge selbständig bleiben (in ähnlicher Weise, wie es Josef Anton Riedl in diversen Filmmusiken seit den frühen 60er Jahren praktiziert). Bei Riedl ebenso wie bei Henry zeigen sich Ansätze, der Filmmusik im Kontext autonomer Medienmusik größeres Gewicht zu verleihen – in später Befolgung von theoretischen Postulaten an den Tonfilm, die verschiedene Theoretiker und Praktiker schon in den 20er Jahren aufstellten.

c) Medienkunst live

Henrys Verfahrensweisen lassen sich in vielen Fällen als Übertragung von Techniken des Stummfilms auf die Klangproduktion erklären – insbesondere von Techniken der Montage, teilweise auch der Mischung. Dadurch wird Henrys Klangkunst zum Gegenmodell einer Musikauffassung, in der die traditionelle Live-Musikpraxis immer noch eine entscheidende Rolle spielt. So wird Henry zum Antipoden eines anderen berühmten Medienkünstlers: John Cage.

Seit den 30er Jahren ist John Cage auf anderen Wegen zur Medienkunst gekommen als, ein Jahrzehnt später beginnend, Pierre Henry. Cage ging es um eine universelle Geräusch- und Klangkunst, für deren Verwirklichung ihn technische Medien vorrangig als Mittel zum Zweck interessierten – weniger als eigenständiger Erfahrungsbereich, der den Künstler von vorneherein zur radikalen Revision aller seiner bisherigen Vorstellungen zwänge. Anders als bei Henry sind auch die Medienkompositionen von Cage stets noch in erster Linie Partituren für Interpreten – nicht im Studio entstandene, vom Komponisten selbst ohne externe Vorgaben hergestellte Produktionen. Zu den Interpreten konnte allerdings auch Cage selbst gehören, beispielsweise in den 30er und 40er Jahren als Mitglied seines Geräuschorchesters oder im folgenden Jahrzehnt als Realisator der 1952 als Montageanweisung geschriebenen Tonbandpartitur *Williams Mix* oder, in gleicher Funktion, 1958 als Realisator der graphisch notierten (auch mit instrumentalen Klangmitteln realisierbaren) Komposition *Fontana Mix*.

d) Medienkomposition als Filmmusik

Der entscheidende Unterschied zwischen John Cage und Pierre Henry besteht darin, daß Henry, anders als Cage, immer primär als Produzent seiner eigenen Klänge, Klangverarbeitungen und Klangmontagen tätig wird – und eben dies erklärt, daß Henry, wiederum anders als Cage, eine große Affinität zum Film erkennen läßt, besonders zum Stummfilm.

Ansätze filmisch inspirierter Lautsprechermusik, wie sie sich bereits 1984 in *La Ville – Die Stadt* im Rahmen eines Hörstückes finden (das dann erst nachträglich zur Filmmusik umgearbeitet wurde), hat Pierre Henry 1991 in einer Produktion weitergeführt, die von vornherein als Begleitmusik zu einem Stummfilm konzipiert war: *Der Kameramann* von Dziga Vertov, eine Produktion aus dem Jahre 1929. In seiner Musik zu diesem Film begleitet Pierre Henry Bilder der späten 20er Jahre mit Klängen, die an manchen Stellen fiktiv-exotisch klingen, an anderen Stellen die Aura populärer Medienmusik der frühen 90er Jahre wachrufen.

In Pierre Henrys Klangmontagen und Klangmischungen artikuliert sich Medienmusik als Kunst der befreiten Klänge – als Konsequenz von Entwicklungen der technisch produzierten Hörkunst, die schon Jahrzehnte früher eingesetzt hatten.

e) Historische Tondokumente und Medienkunst –
Beispiele zur Entwicklungsgeschichte

Die älteste Klangaufzeichnung der Geschichte stammt aus dem Jahre 1877: Thomas Alva Edison feiert die Erfindung seines Phonographen, indem er sich selbst aufnimmt. Er singt das populäre Lied *Mary Had A Little Lamb*, und dann lacht er [4].

Schon in dieser Aufnahme lassen sich drei verschiedene Dimensionen erkennen: Sprache (der gesungene Text) – Musik (das Lied) – Geräusch (das Lachen). Beim Hören der Aufnahme sind alle drei Dimensionen gleich wichtig, und damit ergibt sich eine grundsätzlich andere Situation als in aufgeschriebener Sprache oder in aufgeschriebener Musik, wo ein begleitendes Lachen allenfalls durch knappe und nur approximative Zusatzbezeichnungen angegeben werden könnte. Wenn solche Aufnahmen mehrmals abgehört werden, kann der Hörer genauer auf Merkmale achten, die er im vergänglichen Live-Hörerlebnis vielleicht nicht angemessen berücksichtigt: auf den Klang einer Stimme, auf Besonderheiten der Geräuschfärbung oder der musikalischen Artikulation und auf anderes mehr. Deutlich wird schon an diesem einfachen Beispiel, daß technisch produzierte Klänge neue Hörperspektiven eröffnen – und zwar Perspektiven eines »reduzierten Hörens«, das konservierte Klänge unabhängig von den visuellen Begleitumständen ihrer Entstehung wahrnimmt. So erschließen sich:
- konservierte Geräusche in ihrem klanglichen Eigenleben, weitgehend abgelöst von mit ihnen verbundenen realen Vorgängen;
- konservierte Stimmen und Sprachlaute in ihren nonverbal-klanglichen Besonderheiten, auch jenseits des in der Schrift Fixierbaren;
- fixierte Musik in Feinheiten der Interpretation, die die Notation nicht zu fixieren vermag.

Solange sich Klänge auf technischem Wege nur reproduzieren, aber nicht produzieren ließen, mochten diese Veränderungen eher den Hörer betreffen als den schaffenden Künstler. Noch viele Jahrzehnte mußten vergehen, bevor sich direkt für technische Medien bestimmte Klangkunst durchsetzte: Kunst für Stimmen und Sprachlaute auch jenseits eines geschriebenen Textes – Klangkunst auch jenseits der überlieferten Notation – Kunst, für deren technische und ästhetische Grundvoraussetzungen es unerheblich blieb, ob Geräusche, Sprache oder Musik aufgenommen und später reproduziert wurden; integrative Akustische Kunst also, in der etwa die herkömmlichen Abgrenzungen zwischen Literatur und Musik fragwürdig geworden sind. Auffällig ist allerdings, daß die historischen Spuren dieser Klangkunst im öffentlichen Bewußtsein heute weit weniger verankert sind als Dokumente aus der Geschichte von Fotografie oder Stummfilm. Fotos oder Filmszenen von wichtigen Personen und Ereignissen der neueren Geschichte sind besser bekannt als entsprechende Tonaufnahmen.

---

[4] Schallplattenveröffentlichung dieser Aufnahme in: *Das Programm des Jahrhunderts*, Polydor 2371667

Fotografie und Film haben sich offensichtlich so entwickelt, daß schon frühzeitig deutlich wurde, wie weit sie hinausgehen konnten über die angebliche Verdopplung einer vorgeblichen Realität: Die Bilder entfalteten ihr Eigenleben – und wahrgenommen wurden nicht nur die abgebildeten Gegenstände, sondern auch Besonderheiten der Art und Weise, in der sie mit Hilfe technischer Geräte gesehen und dargestellt wurden. In der Akustischen Kunst (bzw. in ihren Vorformen) blieben solche Besonderheiten lange Zeit unbeachtet: Es dominierte das Interesse für das Aufgenommene, aber nicht für die Klangregie der Aufnahme. Wesentliche Veränderungen dieser Situation ergaben sich erst in den 20er Jahren, als für das neue Medium Radio künstlerisch ambitionierte Hörstücke und Hörspiele entstanden – Produktionen, die uns in etlichen, auch wichtigen Fällen heute nur noch in Rekonstruktionen oder Neuinszenierungen aus späterer Zeit zugänglich sind.

Techniker ebenso wie Regisseure waren jahrzehntelang mit der Situation konfrontiert, daß Hörbares und Sichtbares sich nur getrennt voneinander aufnehmen und reproduzieren ließen, also unter dem Einfluß der Technik Hör- und Sehwahrnehmung zunächst rigoros voneinander isoliert wurden. Im Stummfilm, in der Kunst der unhörbaren Bilder und Bildfolgen, wurde dies durch die Filmmusik kompensiert – durch improvisierte oder komponierte Musik, die zur Begleitung der technisch produzierten Bilder live wiedergegeben wurde. Schon damals, in den Anfangszeiten der Filmmusik, wurde das Publikum daran gewöhnt, moderne, von den Techniken des Schnitts und der Montage geprägte Seherfahrungen mit Hörerfahrungen einer traditionellen Live-Musikwiedergabe zu kombinieren. Moderne Sehgewohnheiten verbanden sich mit weiterhin konventionellen Hörgewohnheiten. Seit Jahrzehnten erwartet niemand mehr, daß Filme der traditionellen Theaterdramaturgie folgen, daß sie dem Betrachter die Illusion des Live-Erlebnisses vortäuschen. In der Musik aber – besonders in der sogenannten »ernsten« Musik – gibt es noch in den 90er Jahren viele Hörer, die zumindest die Illusion eines Live-Erlebnisses erwarten; die lieber konventionelle Musikdarbietungen erleben, als sich mit der Tatsache abfinden zu wollen, daß differenzierte Medienmusik sich nicht einfach mit den begrenzten Möglichkeiten der Live-Interpretation begnügen kann. Der historische Rückstand der Hörgewohnheiten gegenüber den Sehgewohnheiten beträgt für viele Hörer mehr als ein halbes Jahrhundert. Auf ihn dürfte sich auch Pierre Henry bezogen haben, wenn er noch in den 80er und frühen 90er Jahren Musik komponierte, die von Stummfilmen der 20er Jahre inspiriert oder sogar als deren Begleitmusik konzipiert ist.

In der Hörspieldramaturgie der 20er und frühen 30er Jahre setzten sich Tendenzen durch, die in der Folgezeit auch den Tonfilm prägen sollten: Das Klangliche bleibt sekundär, es wird den Erfordernissen einer erzählenden Dramaturgie untergeordnet – zum Beispiel so, daß unsichtbare Geräusche, unsichtbare Stimmen und unsichtbare Musik als Dekor einer Geschichte eingeführt werden, in der tatsächlich nichts zu sehen ist. (Zum Beispiel:

Mehrere Personen befinden sich in den Gängen eines Bergwerkes. Plötzlich gibt es eine Explosion, und das Licht fällt aus. Man hört Stimmen aus der Nähe und fernen Gesang.)

Szenarien aus der Frühzeit des Hörspiels, die in späterer Zeit nicht selten mit moderneren Möglichkeiten der Aufnahmetechnik und Regie nachgestellt wurden, haben die Verwendung unsichtbarer Klänge einerseits dramaturgisch motiviert, andererseits aber auch der illusionistischen Vorspiegelung von Live-Erlebnissen angenähert und insofern traditionalistisch abgeschwächt. Die total verfinsterte »innere Bühne« des Bergwerksschachtes war dabei ein nur selten praktikabler Extremfall; plausibler war es beispielsweise, »unsichtbare Klänge« aus der Bezugsposition eines geschlossenen Raumes darzustellen, in den von außen Geräusche hereindringen.

In dem 1930 produzierten Hörspiel *Straßenmann* von Hermann Kesser gibt es eine Treppenhausszene: Man hört mehrmals hintereinander Schritte im Treppenhaus, unterbrochen jeweils von Dialogen: In verschiedenen Wohnungen soll Geld einkassiert werden; man hört Äußerungen derjenigen, die das Geld eintreiben und derjenigen, die bezahlen sollen. So entwickelt sich eine in Episoden gegliederte, live gespielte Szene in der dramaturgischen Vortäuschung einer Montagestruktur (bei der gleichsam Szenen an Wohnungstüren verschiedener Etagen aneinandermontiert werden). Hier geht es um den Wechsel nicht nur verschiedener Sätze, sondern vor allem auch verschiedener Stimmen. Der letztere Aspekt, der Aspekt der Stimmregie, entzieht sich der literarischen Fixierung, aber er ist für die Wirkung dieser Szene entscheidend. Die Szene überschreitet die dramaturgischen Grenzen der traditionellen Funkerzählung, und sie konzentriert sich auf die technisch vermittelten Klänge einzelner Stimmen – unverwechselbar, wie die Gesichter von Filmschauspielern. Dies ist ein herausragendes Beispiel medienspezifischer Stimmregie, dem sich nicht ohne weiteres ein Äquivalent medienspezifischer Musikregie an die Seite stellen läßt.

Die radiophonische Musikregie der 20er und frühen 30er Jahre blieb weitgehend traditionellen dramaturgischen und musikalischen Vorstellungen verhaftet – selbst in den musikalischen Nummern, die Paul Hindemith und Kurt Weill für Bertolt Brechts *Lindberghflug* komponierten. Mehr noch: Die Benutzung moderner Massenmedien für regressive Ideologien hat spätestens in den frühen 30er Jahren auch die Musik in ihren Bann gezogen: Im 1933 entstandenen Hörspiel *Eine preußische Komödie* von Paul Rehberg gibt es eine Szene, in der die Musikregie gleichsam die sogenannte Machtergreifung am 30. Januar 1933 im Studio simuliert: Die Beschwörung des Geistes von Langemarck mündet im Deutschlandlied – ganz ähnlich, wie die Radioreportage über Hitlers Einzug in die Reichskanzlei (und, daran anknüpfend, die von Goebbels später inszenierten Wochenschauen dieses Jahres, deren krönender Abschluß das Deutschlandlied bildete – wie das ideologisch pervertierte Gegenstück zum Schlußchoral einer Bach-Kantate). Musik übernimmt im Zeitalter der Massenmedien nicht selten die Funktion der rückwärts gewandten Live-Illusion. Tendenzen der Öffnung zum Geräusch, wie sie seit den ersten Jahrzehnten des Jahrhunderts in der

Avantgardemusik eine wichtige Rolle spielten, wurden in der medienspezifischen Massenmusik allenfalls ansatzweise aufgegriffen – beispielsweise in einigen Musiksequenzen Kurt Meisels zu Sergej M. Eisensteins *Potemkin*-Film. Im Medienalltag aber rechnete man Geräusche nicht zur Musik, sondern zum pseudorealistischen Dekor einer pseudo-realistischen Handlung. So findet man Sirenen, mit denen Edgard Varèse in Kompositionen der 20er und frühen 30er Jahre experimentierte, fast gleichzeitig als akustische Requisiten eines erzählenden Hörspiels, in *SOS Rao rao foyn* von Friedrich Wolf. Wie ungewohnt und schwierig Verfahren einer weniger konventionellen Geräuschregie auch in der Folgezeit noch blieben, zeigt sich einerseits in dem sensationellen Überraschungserfolg von Orson Welles' *Krieg der Welten*, andererseits – nur wenige Jahre später – im Scheitern des ersten Hörspielexperiments von John Cage. Am 13. August 1979, nach dem Abschluß einer nunmehr gelungenen Hörspielproduktion, des *Roaratorio*, berichtete Cage Klaus Schöning, seinem Auftraggeber im Hörspielstudio des WDR, über die negativen Erfahrungen des Jahres 1942:

Ja, das Stück hieß »The City Wears a Slouch Hat« von Kenneth Patchen, und ich hatte vor, die Geräusche, die in dem Stück vorkamen, herauszusuchen und eine Musik, die aus diesen Geräuschen bestehen sollte, zu komponieren. Aber ich hatte keinen Erfolg in diesem Fall. Es war wohl noch zu kompliziert für die damalige Zeit. Die Technologie, die wir damals hatten, ließ es noch nicht zu, wir hatten keine 16-Spur-Maschinen, wir hatten überhaupt noch keine Tonbandgeräte zu dieser Zeit. Das kam später, Ende der vierziger Jahre.[5]

So blieb es dabei, daß, abgesehen von einigen anderen medienspezifischen Arbeiten von John Cage, die Musik in der Mediengeschichte der frühen 40er Jahre eine eher konventionelle Rolle spielte – sei es als radiophon verzerrtes Weihnachtslied *Stille Nacht*, das der reichsdeutsche Rundfunk Weihnachten 1942 an allen Fronten, auch in Stalingrad, anstimmen ließ; sei es, fast zwei Jahre später, als Gesang der Marseillaise bei der Befreiung von Paris im August 1944. In einer Dokumentaraufnahme aus dieser Zeit ist ein Gespräch zwischen dem Radiopionier Pierre Schaeffer und dem Schriftsteller Paul Eluard zu hören, von außen ergänzt durch den Jubel der Massen und dem Gesang der Marseillaise auf der Straße – Sprache, Geräusche und Musik in einer Hörspielszene, die nicht inszeniert, sondern das Resultat live mitgeschnittener Zeitgeschichte ist [6].

---

[5] John Cage, *Roaratorio. Ein irischer Circus über Finnegans Wake*, hg. von Klaus Schöning, Königstein/Ts. 1982; darin: Laughtears (Gespräch John Cage/Klaus Schöning), S. 92

[6] Schallplattenveröffentlichung dieser historischen Aufnahme in: *Dix ans d'essais radiophoniques du studio au club d'essai 1942-1952*. Schallplatte 5: *Maschines à Memoire*, 2. *Les Temps Héroiques*. Eine veränderte, teilweise verkürzte Neuausgabe dieser Edition auf CD erschien (in Koproduktion Phonurgia Nova/INA mit GRM) unter dem Label PN 0461/5.

Aus den Kriegsjahren ist uns eine singuläre Hörspielszene erhalten, die Zeitgeschichte im experimentellen Klang einfängt: In *La coquille à Planètes* (*Die Planetenmuschel*) von Pierre Schaeffer finden sich an einer Stelle akustische Reminiszenen an den Luft- und Bodenkrieg jener Jahre. Hier artikuliert sich eine künstlerische Gestaltung aktueller geschichtlicher Erfahrung – kurze Zeit, bevor die Lösung der hier dargestellten Konflikte in realen Tondokumenten zum Ausdruck kommen sollte.

Während des Zweiten Weltkrieges, zur Zeit des Vichy-Regimes und der deutschen Besetzung Frankreichs, hat Pierre Schaeffer in Beaune ein radiophones Versuchsstudio aufgebaut, und er hat in dieser Zeit vorgearbeitet für die Radioarbeit des für die Zukunft erhofften befreiten Frankreich. 1944, bei der Befreiung von Paris, hat sich Pierre Schaeffer mit praktischer Radioarbeit an entscheidender Stelle engagiert. Dadurch gewann er auch für die Zukunft maßgeblichen Einfluß, der ihm später auch Freiräume sicherte, dort die musique concrète zu etablieren; einen Einfluß, den in den 30er Jahren Edgard Varèse in den USA nicht hatte erringen können, so daß er, anders als Schaeffer, zunächst kein Studio bekam, um seine experimentelle Musik und Medienkunst zu realisieren. Varèse mußte bis 1954 warten, bis Schaeffer ihn in sein Pariser Studio einlud und ihn dort, zusammen mit Pierre Henry, die Tonbandinterpolationen seiner *Déserts* realisieren ließ.

Das Hörspiel ebenso wie die musique concrète (in wichtigen Bereichen auch die Elektronische Musik) entstanden und entwickelten sich als Produkte moderner medienspezifischer Radioarbeit. So läßt sich erklären, daß es in beiden Bereichen besonders prägnante Beispiele für die Auseinandersetzung mit der politischen Realität gibt, wie und insoweit sie von akustischen Medien eingefangen werden kann. Zusammenhänge der neuen Medienkunst beispielsweise mit traumatischen Erfahrungen aus der Zeit des Zweiten Weltkrieges sind besonders deutlich bei Schaeffer zu erkennen – nicht nur in Produktionen aus den Kriegsjahren, sondern auch aus der Rückschau späterer Jahre, etwa am Anfang der (gemeinsam mit Pierre Henry realisierten) *Sinfonie pour un homme seul* (*Sinfonie für einen einsamen Menschen*), wenn pochende Geräusche und Rufe zu hören sind, die nach Schaeffers eigenen Worten an Anfangssignale einer alten Theatervorstellung erinnern können, aber auch an den nächtlichen Terror der Gestapo.

Medienmusik und Medienkunst sind Dokumente nicht nur der Zeitgeschichte, sondern auch der Mediengeschichte. Darauf hat auch Pierre Schaeffer hingewiesen. Nach seinen Worten entstand die musique concrète *aus der Erweiterung jener dramatischen Kunst für Blinde, des Hörspiels nämlich, das ebenfalls im Rundfunk entstanden war*[7].

Karlheinz Stockhausen, der 1952 einige Zeit in Schaeffers Studio gearbeitet hatte und anschließend zum wichtigsten konzeptionalen Pionier der Elektronischen Musik wurde, hat für die Entwicklung einer medienspezifischen neuen Radiomusik andere Vorstellungen ausformuliert – in klarerer Distanzierung zur musikübergreifenden Gattung des Hörspiels, in um so

---

[7] Pierre Schaeffer, *Musique concrète*, Stuttgart 1974, S. 24

stärkerer Akzentuierung funkspezifischer Produktionsbedingungen. Auch er hat sich allerdings auf die Legitimation der elektroakustischen Musik als Medienkunst berufen. 1958 schrieb er in seinem Text *Elektronische und instrumentale Musik*:

Wo wird elektronische Musik produziert? Das erste Studio wurde im Kölner Rundfunk gegründet. Das ist bezeichnend; denn die heutigen akustischen Kommunikationsmittel, über die wir verfügen – und die vielleicht auch über uns verfügen – sind in der Hauptsache Rundfunk, Tonband und Schallplatte. Tonband, Schallplatte und Rundfunk haben das Verhältnis von Musik und Hörer tiefgreifend geändert. Die meiste Musik wird am Lautsprecher gehört.

Und was haben Schallplatten- und Rundfunkproduzenten bisher getan? Sie reproduzierten; reproduzierten eine Musik, die in vergangener Zeit für Konzertsaal und Opernhaus geschrieben wurde, gerade als ob der Film sich nur damit begnügt hätte, die alten Theaterstücke zu photographieren. Obgleich nun der Rundfunk eine solche Konservenfabrik geworden war, geschah etwas Unerwartetes: Elektronische Musik kam ins Spiel; eine Musik, die ganz funktionell aus den spezifischen Gegebenheiten des Rundfunks hervorging. Die Hörer am Lautsprecher werden früher oder später verstehen, daß es sinnvoll ist, wenn aus dem Lautsprecher Musik kommt, die man nur am Lautsprecher und nirgendwo sonst empfangen kann.[8]

Heute, fast vier Jahrzehnte nach Stockhausens Prophezeiung, gibt es immer noch gewichtige Gründe zum Zweifel daran, ob sie sich tatsächlich erfüllt hat. Als radiophone Musik par excellence hat sich die Elektronische Musik immer noch nicht durchgesetzt: Womöglich hat Stockhausen die Möglichkeiten der raschen Realisierung avancierter Medienkunst damals überschätzt – im Radio ebenso wie im Fernsehen, für dessen künftige Praxis er damals prophezeite, daß *man die Kamera, dem Mikrophon des Rundfunks entsprechend, nur noch für aktuelle Live-Reportagen oder überhaupt nicht verwendet und statt dessen fernseheigene, elektronisch-optische Kompositionen sendet*[9].

Stockhausen dachte damals an Medienkünste der synthetischen Klänge und der synthetischen Bilder. Aus der Erfahrung bekannte Bilder und Klänge hielt er für nicht weniger veraltet als traditionelle Praktiken der Live-Aufführung im Konzertsaal. – Inzwischen ist allerdings deutlich geworden, daß Stockhausen selbst diese rigorose Position in seiner eigenen kompositorischen Praxis modifiziert hat. Niemals hat er aufgehört, live aufzuführende Instrumentalmusik für den Konzertsaal zu schreiben. Überdies hat er – spätestens seit dem 1956 aufgeführten *Gesang der Jünglinge* – auch mit dem Mikrophon aufgenommene Klänge in seiner Tonbandmusik akzeptiert. Mehr noch: Seit der 1960 uraufgeführten Komposition *Kontakte* ist es in

---

[8] Karlheinz Stockhausen, *Texte zur elektronischen und instrumentalen Musik*, Bd. 1, Köln 1963, S. 146

[9] Ebd., S. 147

Stockhausens Tonbandmusik fast zur Regel geworden, daß sie im Konzertsaal unter der (meist fakultativen) Mitwirkung von Live-Interpreten aufgeführt wird. Stockhausen hat aber schon frühzeitig versucht, traditionelle, vom Notentext für Live-Interpreten ausgehende Kompositionsweisen und Aufführungspraktiken in seine Arbeit zu integrieren. Wenigstens in dieser Hinsicht ließ er auch in den 60er Jahren noch Affinitäten zu seinem Antipoden John Cage erkennen: Stockhausen ebenso wie Cage versuchten, die elektroakustischen Techniken aus der Exklusivität des Studios herauszulösen und einzubinden in das Erfahrungsfeld der Live-Aufführung, sogar der Aufführung im traditionellen Konzertsaal. So wurde der Schock der bis dahin »unsichtbaren« Lautsprechermusik wenigstens teilweise gemildert, und diese wurde wiederum der traditionellen Instrumentalmusik angenähert, wobei auch aus der Vergangenheit bekannte Rollenaufteilungen zwischen Komponist und Interpret wieder ganz oder teilweise in Kraft gesetzt werden konnten.

Unter den Werken, die Cage und Stockhausen in den 60er Jahren realisierten, verstärkten sich Tendenzen der interpretatorischen Freiheit bis in Extremsituationen hinein: Nur vereinzelt zeigten sich damals auch entgegengesetzte Entwicklungen – z.B. bei der Einbeziehung fixierter Konserven traditioneller Musik in eine (in Ausschnitten auf zwei Mitschnitt-Schallplatten festgehaltene) Realisation der *Variations IV* von John Cage und den auf Tonband fixierten Verarbeitungen verschiedener Nationalhymnen, Sprachaufnahmen und Geräusche in Stockhausens *Hymnen*.

Mit der Rückkehr zur vorgegeben Musik kündigte sich eine Trendwende an: Sowohl Cage als auch Stockhausen kehrten Ende der 60er, Anfang der 70er Jahre weitgehend zur traditionellen Notenschrift zurück, während sich das Verhältnis zwischen Komponist und Interpret weiterhin veränderte und sich traditionellen Rollenverteilungen noch stärker annäherte. Beide Komponisten interessierten sich in den 70er Jahren auch verstärkt für Musik mit herkömmlichen vokal-instrumentalen Klangmitteln. Selbst in Stockhausens elektronischem Hauptwerk der 70er Jahre, *Sirius*, ist die Tonbandpartie so gestaltet, daß die Tonhöhenverläufe von Sängern und Instrumentalisten weitgehend mitgespielt und mitgesungen werden können.

Die Annäherung der Medienmusik nicht nur an traditionelle Aufführungspraktiken, sondern auch an die traditionelle Notation, wie sie Stockhausen seit den 70er Jahren als Konsequenz seiner Konzeption der Formelkomposition betrieb, mag in der Entwicklung der Medienmusik eine Extremsituation darstellen – zumal Stockhausen selbst in seinen Medienkompositionen immer wieder in Bereiche vorstößt, die sich der traditionellen Notation entziehen. Trotzdem läßt sich feststellen, daß seit den 70er Jahren, als sich neue Techniken in der Elektroakustischen Musik durchzusetzen begannen, gleichwohl kompositorische und ästhetische Rückwege gesucht wurden – vor allem Wege der Instrumentalisierung technisch produzierter Musik, auch der Annäherung technisch produzierter Klänge an populäre Assoziationsfelder der Natur, der technischen Welt oder galaktischer Phantasiewelten. Tendenzen der Semantisierung der elektroakustischen Musik zeigten sich in den 70er Jahren nicht nur in Stockhausens *Sirius*, sondern auch – mit anderen Inhalten – bei Iannis Xenakis: in *La Légende d'Eer* als galaktische Musik, in *Pour la Paix* als sprachlich-musikalisches Manifest gegen den Krieg. Damit änderte Xenakis strikte Positionen der formalisierten Tonbandmusik, wie er sie zuvor besonders in elektroakustischen Produktionen der späten 50er Jahre bezogen hatte. – Auch bei Jean-Claude Risset finden sich – besonders in den politisch unruhigen späten 60er Jahren – Tendenzen einer Semantisierung experimenteller Klangstrukturen. In der *Computersuite Little Boy* verwendet Jean-Claude Risset Endlosglissandi als Klangsymbol des Atombombenabwurfs, des physischen und psychischen Sturzes ins Bodenlose.

Das Verhältnis zwischen Musik und Technik bleibt vielschichtig und schwierig – sei es in vollständig fixierten Studioproduktionen, sei es in Kompositionen mit Live-Elementen, auch in Verbindungsformen fixierter und live aufzuführender Strukturen, sei es in analogen, sei es in digitalen Techniken, sei es in abstrakten, sei es in die tägliche Erfahrung dokumentierenden oder verwandelnden Klangwelten.

Neue Fragestellungen für das musikalische Hören ergeben sich aus Anregungen einer Musik, die ihren definierten Platz im Musikleben bis heute noch nicht gefunden hat. Die technisch bedingte Isolierung von Gesichts- und Gehörsinn und die vordergründigen Versuche, beide Sinne auf unterschiedlichen Stufen der Differenzierung und Entwicklung gleichwohl vordergründig zusammenzubringen, haben beträchtliche Schwierigkeiten provoziert. All dies hat dazu beigetragen, daß die technisch produzierte Musik einen angemessenen Platz in dem von Technik beherrschten Musikleben bis heute noch nicht gefunden hat – weder in den Medien noch in einzelnen Aufführungen, noch auf größeren Festivals.

Die Schwierigkeiten, neue technische Möglichkeiten zur Weiterentwicklung der musikalischen Wahrnehmungsfähigkeit zu nutzen, sind offenkundig. Neue technische Möglichkeiten sind nicht selten schon vorhanden, bevor der Musiker nach ihnen gesucht hat. Zu hoffen bleibt, daß neue Prinzipien der musikalischen Gestaltung, neue Erfahrungsbereiche der musikalischen Wahrnehmung und neue Strukturen des Musiklebens sich künftig in ihren Entwicklungstendenzen nicht voneinander entfernen, sondern aufeinander zubewegen.

Pioniere der Medienmusik

In den letzten Jahren des 20. Jahrhunderts beginnt deutlich zu werden, daß viele exponierte Komponisten dieses Saeculums dazu beigetragen haben, die anstehenden Probleme zu erkennen und voranzutreiben:
- Edgard Varèse hat differenzierte Mischformen hochartifizieller und spontaneistischer Klangestaltung und Klangverbindung entwickelt, die auch Komponisten späterer Generationen nachhaltig beeindruckten, z.B. Iannis Xenakis und – in ganz anderer Weise – Wolfgang Rihm.

- John Cage hat Ansätze der Geräusche- und Medienkunst entwickelt, die bis zur (durch Zufallsverfahren vorstrukturierten) kompositorischen Unbestimmtheit und zur völligen Neubestimmung des Verhältnisses zwischen Komponist, Interpret und Hörer führen.
- Pierre Boulez und – völlig anders – der späte Luigi Nono, haben sich, nach ersten Erfahrungen mit vorproduzierter Tonbandmusik, später zu instrumental-elektroakustischen Mischformen und zu live-elektronischen Erweiterungsformen der traditionellen Musikpraxis umorientiert.
- Pierre Schaeffer, Pierre Henry, François Bayle und andere Exponenten der musique concrète sind Schöpfer von Verfahren der experimentellen Klangforschung, von vielfältigen Montage- und Mischtechniken einer universellen Klangkunst, die nicht von festen traditionellen Parametern ausgeht, sondern von inneren Differenzierungen und Bewegungsformen komplexer Klänge.
- Karlheinz Stockhausen und Gottfried Michael Koenig haben versucht, in serieller elektronischer Musik die traditionelle Instrumentalmusik zunächst im Hegelschen Sinne aufzuheben, was Stockhausen in der Folgezeit auf die Suche nach Verbindungsmöglichkeiten zwischen tradierten und neuen Kompositions- und Aufführungsfomen brachte, während Koenig den umgekehrten Weg einer verstärkten Formulierung wählte und auf diesem zur Computermusik gelangte (zunächst vorwiegend in mit dem Computer nach Kompositionsprogrammen berechneten Partituren instrumentaler Musik; von hier aus Schritt für Schritt sich annähernd an die Formalisierung der Transformation und Generation synthetischer Klänge). – Die Möglichkeiten einer aus dem seriellen Musikdenken hervorgehenden Computermusik haben auch jüngere Komponisten beeinflußt, z.B. Clarenz Barlow in der Live-Version und in der synthetischen Version seines Klavierstückes *Cogluotobüs ismetessi*.
- Iannis Xenakis hat mit verschiedenen Ansätzen seiner formalisierten Musik, vor allem in seiner elektroakustischen Musik, radikale Antithesen zum traditionellen Musikdenken entwickelt.
- Vertreter der musikübergreifenden Medienkunst von Walther Ruttmann bis Ferdinand Kriwet haben sich entschlossen, die Klangmaterialien und Vermittlungsformen der Musik auch in musikübergreifenden Zusammenhängen zu entdecken, zu organisieren und zu entwickeln. Ihr Denken gibt in dieser Hinsicht grenzüberschreitende, polyästhetische und polymediale Impulse, so wie sie in anderer Weise auch Musiker wie z.B. John Cage, Pierre Henry und Josef Anton Riedl vermitteln.
- Jean-Claude Risset findet in vielseitigen Verwendungsmöglichkeiten des Computers Verbindungs- und Vermittlungsformen zwischen instrumentalen und studiotechnisch geprägten Kompositionsverfahren, zwischen live gespielten und technisch vorgeprägten Klängen, zwischen instrumetaler Aktion und verschiedenen Möglichkeiten ihrer interaktiven Weiterentwicklung, zwischen konkreten und elektronischen Klängen.

Veränderungen des Hörens und des Musiklebens durch die Medienmusik

Die technisch produzierte Medienkunst beleuchtet zentrale Probleme des Hörens, insbesondere:
- Das Problem des Verhältnisses zwischen Form und Struktur – zwischen dem sinnlich wahrzunehmenden Hörergebnis einer Musik und der Gesamtheit der technischen bzw. kompositionstechnischen Prozesse, die dieses Resultat hervorgebracht haben.
- Das Problem des Verhältnisses zwischen abstrakten und konkreten Höreindrücken, vereinfacht gesagt: zwischen Musik-Hören im engeren Sinne und Hörspiel-Hören.
- Das Problem des Verhältnisses zwischen (pseudo-)realistisch, konventionell abbildenden, die vorgegebene Realität verändernden (verfremdenden) und neue Realitäten setzenden Klängen.

Neue Strukturen des Musiklebens, in denen auch die angesprochenen und andere Probleme des Hörens einen neuen Stellenwert gewinnen könnten, haben sich bis heute noch nicht endgültig durchgesetzt. Ihre Notwendigkeit wird um so deutlicher, je stärker die Musik sich von den tradierten Modellen der Live-Interpretation löst. Noch immer ist nicht klar entschieden, ob die technisch vermittelte Kunst weiterhin ein Schattendasein im traditionellen Musikleben fristet oder sich eigene Orte suchen kann und soll, so wie der Film sie in Kino und Fernsehen, abseits der Theater, längst gefunden hat.

Die Frage nach der Zukunft der technisch produzierten Musik ist auch eine Frage nach neuen Formen des Umgangs mit Musik – des Hörens und Machens, des Reflektierens und Vermittelns, der Wahrnehmung der Weiterentwicklung und der Entdeckung neuer Möglichkeiten.

Diedrich Diedrichsen

Technologie und Popmusik

Was ist Pop?

Wenn man den Begriff »Popmusik« auf die Popularmusik der letzten 50 Jahre beschränkt, was ich aus verschiedenen Gründen plausibel finde, wird man feststellen können, daß Technik oder Technologie nicht nur bestimmte Epochen kennzeichnen oder metonymisch der Popmusik zugeordnet werden kann oder muß, sondern direkt zum konstitutiven Element wird. Popmusik ist – zunächst – Lied plus Elektrizität plus Konsumismus. Je mehr aus der Elektrizität eine elektronische Technologie wird, desto mehr verschwindet das Lied als zentrale Struktur, und neue Strukturen, die mehr und mehr andere kulturelle Bereiche aufsaugen und einbeziehen, treten an seine Stelle. In dem gleichen 50jährigen Zeitraum verändert sich auch die ökonomisch-kulturpolitische Ausgangslage.

Sound und Effekt

Die landläufige Vorstellung besagt, daß – zumindest in den Anfangstagen – die Rolle der Elektrizität in der Popmusik keine andere Funktion hatte, als der Verstärkung der Lautstärke zu dienen. Bilder früherer Rockmusiker zeigen allenfalls Mikrophone, die den Gesang verstärken. E-Gitarren, Baß und Schlagzeug scheinen unverstärkt zu spielen, eventuelle Bläser sowieso. Lediglich im damals noch nicht zum Mainstream gehörenden schwarzen Rhythm and Blues am Rande der Popmusik gibt es komplett elektrisch verstärkte Bands mit Hammondorgeln, E-Bässen und ersten kompletten Bühnen-PAs. Berichte von Rhythm 'n' Blues-Konzerten aus Jazz- und Blues-Clubs sprechen indes eher von komischen Sounds als von enormer Lautstärke. Die Jazzmusik der 50er Jahre war ohnehin schon viel lauter geworden. Die Bereitschaft, Klangunsauberkeiten für expressive, aber unsauber-lärmige Sounds in Kauf zu nehmen, ist seit den growling Saxophonsounds der frühen 50er Jahre auch beim Rhythm and Blues gewachsen; andererseits wurden auch die präziseren Big Bands immer größer und lauter. Die elektrisch verstärkten Instrumente, die ja zum größten Teil schon in der Vorkriegszeit entwickelt worden waren, folgten eher der ersten Richtung: Mitschwingende, absichtlich oder zufällig entstandene Nebengeräusche, Vibrationen und Rauschen wurden allein durch die Verstärkung Bestandteil der Musik. Sie schufen die Grundlage für das, was ich im folgenden den »Sound« nennen werde. Ein Grundrauschen und nur ungenau zu beschreibende, schwer rekonstruierbare Soundumgebungen gehörten zur Rock- bzw. Rhythm 'n' Blues-Musik der ersten Stunde, besonders zu den Live-Aufführungen. Die elektrische Verstärkung – ohnehin eingeführt, um die neuen Sounds etwa der Hammondorgel hörbar zu machen oder der

Gitarre gegenüber der Big Band eine Chance zu geben – war auch für Special Effects zu gebrauchen: für Gags und Markenzeichen, die entweder für Novelty-Records entscheidend waren oder als Erkennungszeichen eines Künstlers (oder einer Gattung) eine Rolle spielten. Ich werde diesen Typus »Effekt« nennen.

Der technische und technoide Effekt (als Totem subkultureller Stämme):
Vom Novelty-Effekt zum Totem-Effekt

Seit den 50er Jahren sind diese zwei Formen, Elektrizität einzusetzen, entscheidend für den Gebrauch von Popmusik in Jugend- und Gegenkulturen geworden. Ich möchte diese beiden Typologien gegenüberstellen, um schließlich zu zeigen, wie sie in der Gegenwart aufeinander bezogen sind, einander überlagern und miteinander verschmolzen sind.

Der erste Typus entspricht in etwa dem bis dato unbekannten Ton der Hammondorgel und ist am Anfang durchaus verwandt mit den von bekannten, konventionellen Instrumenten erzeugten Markenzeichen-Geräuschen bestimmter Bands und Stile – dem jauligen Sound früher E-Gitarren im Chicago-Blues oder etwa dem Schluckauf-Gesang im Rockabilly. Es ist ein einzelner, isolierbarer Effekt, der für eine Gattung und/oder einen Künstler steht. Sein natürliches Einzugsgebiet ist der Novelty-Hit – eine normalerweise verachtete Gattung der Popmusik, die die Funktion dieses Effekts besonders deutlich macht. Novelty-Hit nennt man einen Song, der aufgrund einer äußerlichen Eigenartigkeit bzw. Vortragsform (absurde Weltraumgeräusche, lispelnder Sänger, exzentrisch angezogene Künstler, seltsame biographische Attribute etc.) kurzfristig Berühmtheit erlangt und dessen Interpret meistens auch nach einem kurzen Erfolg wieder verschwindet. Bekannte Beispiele für die Fülle von Novelty-Hits, die Modetänze, sogenannte »Dance Crazes«, oder gar Produkte lancieren sollten, sind Screamin Jay Hawkins' Auftritte mit Schlangen, die singende Nonne Sœur Sourir, Napoleon XIV mit *They're Comin' To Take Me Away, Ha-Ha*, das gepfiffene *I Was Kaiser Bill's Batman* und *Alley Hoop*. Als Ausnahme sei *The Laughing Gnome* genannt, ein Novelty-Song, der eine Karriere begründete: die von Davie Bowie (auch wenn ihr erst ein anderer Novelty-Song, *Space Oddity*, richtig auf die Beine half). Ein Novelty-Effekt kann ein Außenweltzitat sein wie das Motorrad-Anlassergeräusch auf *Leader Of The Pack* von den Shangri-Las oder eine technische Neuerung wie die gephaseten Stotter-Vocals auf *Crimson And Clover* von Tommy James & The Shondells. Doch in den seltensten Fällen werden Novelty-Platten ernstgenommen; ganz selten kann ein Künstler eine Karriere mit einem Novelty-Hit beginnen. Möglich und für uns von Interesse ist aber, daß ein Novelty-Effekt als solcher Karriere macht und zum Erkennungszeichen einer Gattung wird.

Der Novelty-Effekt ist wegen seiner freistehenden Singularität besonders gut geeignet, semantisiert zu werden. Im Gegensatz zu anderen musikalischen Elementen steht er in keinem Zusammenhang; er schwebt über dem Kontext, der ihm eine Grammatik aufzwingen würde, und er kann relativ frei definiert werden. Das macht ihn geeignet zur Parole, zum Zeichen einer Gruppe oder eines jugend- oder gegenkulturellen Stammes. Er hat dabei eine ausschließende wie eine einschließende Funktion: Er stigmatisiert einen Song und erklärt Zugehörigkeit. Es bedarf einer gewissen Zeit und kultureller Amnesie ebenso wie einer Veränderung der Lebensbedingungen der Gruppe, die einen Effekt adoptiert hat, um diesem seine ursprüngliche Bedeutung wieder zu nehmen. – Ein einfaches Beispiel: Verzerrte Gitarren standen früher grundsätzlich für jugendliche Aggressivität; heute ist dies nur noch in wenigen Fällen so. Instrumentalpassagen in Songs waren in den 60er Jahren schon ein Indiz von Aggressivität und bzw. oder Regellosigkeit und Tabubruch – auch davon ist nichts übriggeblieben. Andererseits ist ein überblasenes Saxophon oder eine von Wahwah verfremdete Violine bis heute mainstreamfähig. Umgekehrt kann Musik ohne solche Erkennungszeichen kaum als gegenkulturelle und tribalistische Musik funktionieren: Sie hat immer nur die Wahl zwischen Mehrheitskonsens und »reiner Musik«.

Es ist natürlich schwer zu beweisen, daß, und zu begründen, wie ein solcher Effekt zum Totem eines gegenkulturellen Stammes oder auch nur einer Clique wird. Man kann endlos popsoziologische Empirie anführen, die nichts beweist; oder auch zeichentheoretische Modelle, die leider austauschbar sind; oder auch auf eine vermeintliche Objektivität des technischen Fortschritts rekurrieren; oder so den Erfolg eines Effekts als Zeichen im Nachhinein natürlich immer damit begründen, daß der fragliche Effekt eben nicht ein konkurrenzkampfbedingtes Unterscheidungsmerkmal im kommerziellen Musikwettbewerb gewesen sei, sondern Symptom entweder einer neuen Musizierweise oder einer neuen Musiktechnologie oder beides; der objektive Weltgeist und sein Sortieren der popmusikalischen Phänomene in ephemer-kapitalistische und stabil-technologische hätte eben gesprochen. Dem wäre aber entgegenzuhalten, daß viele der untergegangenen einmaligen Novelty-Effekte als solche zu betrachten wären und daß umgekehrt das Phänomen, von dem ich hier spreche – Effekt als Erkennungszeichen –, auch dann, wenn es eindeutig ein Effekt einer neuen Musizierweise oder Technologie war, in Popmusiken eben immer wieder ostentativ als Gag und Neuheit im kapitalistisch-kulturindustriellen konkurrenzkampfbedingten Sinne eingesetzt wurde und auch nur Markenzeichen werden konnte, indem die jeweils neue musikalische oder elektronische Technik sehr eng ausgelegt und eingesetzt wurde. Eher spricht vieles dafür, daß die besonders verschärften und durch keinerlei kulturelle Konventionen abgedämpften Konkurrenzkampf-Verhältnisse in kleinen Klitschen und in den Anfangstagen der größeren Schallplattenindustrie unfreiwillig für das schnellere und effektivere Durchsetzen von bis dato nur auf den Straßen funktionierenden gegenkulturellen oder jugendkulturellen Parolen sorgten.

Wenn wir aber genre-konstituierende Effekte aufzählen, fällt auf, daß sich nicht einmal alle mit Musizierweisen oder -technologien erklären lassen, sondern ebensooft entweder nur technoid waren oder eher mit den spezifischen Interfaces eines bestimmten Gerätes zu tun hatten als mit der Technologie, die dieses einsetzte. Die Hick-Up-Vocals des Rockabilly;

Waffen und Explosionen in Fifties-Rock'n'Roll (*50 Megatons*); der trockene Gitarrensound der Surf-Instrumentals; der spezifische Fuzzsound der Bikers-Musik; die E-Pianos bei Mod-Bands wie den Small Faces; die Hammondorgel mit verschiedenen Untererkennungssounds; exzessives Ausnutzen des Stereoeffekts seit den späten 60er Jahren, etwa bei J. Hendrix; der Moog-Synthesizer mit dem stufenlosen Fingerregler (etwa bei Emerson, Lake and Palmer und anderen um 1971); das »komische Geräusch« bei den 13th Floor Elevators in *You're Gonna Miss Me* (elektrisch verstärkte Maultrommel oder doch nur Baß?); Feedback bei MC 5 und den Stooges; die Drum-Machine im frühen New Wave (Cabaret Voltaire, erste LP); der Fairlight-Synthesizer beim sogenannten Synthi-Pop (Human League, Heaven 17, Depeche Mode); das Scratch-Geräusch beim HipHop; die Echoeffekte bei bestimmten Reggae-Spielarten (Dub) etc.: Alle diese Effekte haben aber gemeinsam, daß sie nicht nur Popmusikrichtungen kenntlich machen, sondern daß sie deren Anhängerschaft als Totem dienen – als ein Signal des Eingeweihtseins, das, oft auch wegen seiner Unscheinbarkeit, von anderen nicht wahrgenommen werden konnte, schon gar nicht von auf den konventionellen Anteil der Musik konditionierten Hörern. Von mir durchgeführten nichtwissenschaftlichen Untersuchungen zufolge erinnern sich aber Anhänger von Popmusik der letzten dreißig, vierzig Jahre, wenn sie an Epochen und deren Musik zurückdenken, weniger an bestimmte Melodien als an bestimmte Geräusche: an jene zu diesem Zeitpunkt neuartigen Sounds, Spezialeffekte etc. Selbst weniger spektakuläre Effekte – zum Beispiel ein bestimmter Hall-Effekt auf Pete Townshends Gitarre (*I Can See For Miles*) – erweisen sich immer wieder als die entscheidenden, erinnerten und mit besonderem Genuß verbundenen Momente von Popmusik.

Endergebnisse von Steigerungen, Klimaxe: Das Symptom der Ekstase

Ähnliches gilt für Endergebnisse, Klimaxe, Schlußpunkte von Improvisationen, die im reinen Lärm enden: in Feedbackorgien, Spacesounds etc. Viele spezifische Sounds elektrisch verstärkter Instrumente waren reserviert für Endstadien, Auflösungserscheinungen, Ekstasen am Ende langer Stücke oder Konzerte. Doch vor diese Momente und Effekte hat in der konventionellen Popmusik die protestantische Arbeitsethik eine Moral des Erarbeitens, Erspielens gesetzt. Man darf den vollendeten Genuß nicht abgreifen, wenn man nicht durch Melodie, Text, Songdramaturgie etc. arbeitenderweise hindurchgeschritten ist. Doch hatten diese besonderen Momente schon immer einen ähnlichen, auch ähnlich totemistischen Status, wie ihn der technische oder technoide Effekt und wie ihn heute Samples haben (siehe unten). Es gilt aber zwischen diesen Endergebnissen als Erkennungszeichen und den technischen oder technoiden Effekten zu unterscheiden, auch wenn für diese Endergebnisse Technologie, insbesondere dezidiert und erkennbar neue Technologie auch eine entscheidende Rolle spielt. Die Endergebnisse sind aber erstens weniger eindeutig semantisiert als die Effekte: Sagen letztere ziemlich genau aus, zu welcher Gruppierung die Anhänger gehören oder gehören wollen und welche Position diese in der Hierarchie der Modernitäten einnimmt, so sprechen erstere von Ekstasen und Erlösungen, die zwar nur für eine Gruppe gedacht sind, aber auch allgemeiner als solche verstanden werden können. Sie verweisen auf mehr als nur auf die Gruppe selbst. Zweitens ist dieses Sprechen weniger als Zeichen-Bedeutungs-Beziehung aufgebaut denn als physischer Genuß, der nicht allein von Bedeutungsträgern, sondern auch von physischen Effekten extremer Verstärkung und Verzerrung ausgelöst wird. Die Endergebnisse haben also eine Tendenz zur Nichtsprachlichkeit und Begriffslosigkeit.

Lautstärke, Anästhesie, Noise und Sound – Von der Fuzzbox zu Glenn Branca

Neben Effekten und Endergebnissen gibt es eine dritte und vielleicht prinzipiell anders zu deutende Wirkungsweise von Technik und Technologie in der Popmusik. Wie erwähnt, bringt schon Lautstärke an sich einen Effekt hervor. Absichtliche und unabsichtliche Dauereffekte, deren berühmtester, das Feedback, schon bald ins Repertoire der beabsichtigten Effekte integriert wurde, begleiten jede Veranstaltung, Aufführung und Reproduktion von Popmusik seit spätestens den 60er Jahren und führen den Begriff »Sound« in die Liste der Parameter von Popmusik ein.

Ein guter Sound ist irgendwann nicht mehr die möglichst originalgetreue Wiedergabe einer musikalischen Performance, sondern eine eigene Disziplin, für die sich jeweils live und im Studio entsprechende Spezialisten herausbilden: Produzenten, Engineere und andere, die den Tonmeister verdrängen und/oder neu definieren. Phil Spector füllte als erster den Beriff »Produzent« so aus, wie man ihn heute noch versteht: als eine Mischung aus Arrangeur, Betreuer und Mentor, Techniker (obwohl das eigentlich der Engineer ist) und Regisseur. Die Kreation, die ihn berühmt machte, ist der »Wall of Sound«: der Versuch, eine relativ kleine Studioband so orchesterhaft voluminös wie möglich klingen zu lassen und dafür die Konturen der einzelnen Instrumente und Stimmen zu opfern. – Shadow Morton ist einer seiner spektakulärsten frühen Nachfolger, der so unterschiedliche Bands wie Shangri-Las, Vanilla Fudge und die New York Dolls allein vom Sound her definiert. Die Addierbarkeit von Spuren im Studio kommt nach der Verstärkbarkeit und Elektrizität als Möglichkeit hinzu. John Lennon hat für *Good Morning, Good Morning* auf der LP *Sergeant Pepper's Lonely Hearts Club Band* die Idee gehabt, Tierstimmen zu verwenden. Die Stimmen der Tiere sollten so angeordnet sein, daß jedem Tier ein weiteres folgte, von dem es in der Natur gefressen werden konnte. Sound engineering ermöglichte also die konzeptuelle und abstrakte Distanz, die auch der sogenannten E-Musik einige Jahrzehnte früher von der Elektronik ermöglicht wurde; sie führte aber zu anderen Ergebnissen.

Seit der Sound als isolierter, manipulier- und gestaltbarer Parameter vorlag, also spätestens seit den mittleren 60er Jahren, entstanden avancierte Soundkompositionen: nicht nur bei den reichen privilegierten Benutzern neuester Studios – also den Beatles, den Byrds und den in dieser Hinsicht noch erfindungsreicheren Beach Boys, den wahrscheinlich virtuosesten Collagen-Künstlern der ganzen Popgeschichte –, sondern auch bei psychedelischen Außenseitern und Avantgardisten: Der Begriff des Klangteppichs wurde umgesetzt; reine Geräusch- und Soundpieces kamen bei Bands wie White Noise, den Silver Apples, Tonto´s Expanding Head Band, Red Crayola, United States Of America und anderen auf, später vor allem in Deutschland bei Bands wie Can, Neu, Cluster etc. Sound war ein spezifisch popmusikalisches Element geworden wie der verweisende Effekt und das physisch-ekstatische Erlebnis: die Fläche, wenn man die anderen beiden als Punkt und Linie denken will – allerdings immerzu in einem durch die ständige soziale Prägung und Kontrolle semantischen Kontext. Gerade auch der Sound verwies auf soziale und Szene-Übereinkünfte und war an Funktionen gebunden. Hier spielten insbesondere gegen Ende der 60er Jahre – wie auch heute wieder – Halluzinogene eine entscheidende Rolle. Drogen bestimmten die Funktion; aber auch dann, wenn Drogen nicht im Spiel waren, wurde analog zur Drogenparty die Sound- und Noiseplatte immer im Kontext einer bestimmten Benutzung gedacht. Bevor durch Techno und HipHop immer mehr atonale Elemente in normale Popmusik eingingen, ist als folgenreiche Adaption der Soundkompositionsidee in den 80er Jahren vielleicht noch die von Glenn Branca zunächst gemeinsam mit Sonic Youth entwickelte und später von diesen allein weitergeführte Idee zu nennen, die Möglichkeiten der elektrischen Gitarre durch Verstimmungen und Obertöne über die alte Solo- oder Begleitrolle hinweg zu erweitern – Techniken, die mittlerweile bei Benutzern elektrischer Gitarren zu Standards geworden sind.

Aktuelle Fälle

Betrachten wir nun unsere drei Elemente – Effekt, Geräusch, Sound – unter heutigen Bedingungen. Die Entsprechung zum Effekt ist heute sicher das freigestellte, ausgestellte Sample. Dies hat allerdings eine Vorgeschichte speziell bei der afroamerikanischen Popmusik. Das Endergebnisgeräusch ist heute auch anders erreichbar – ohne dahinführende Improvisation, Steigerung und Dramatik; und schließlich ist der Sound heutzutage, wo es die Songform kaum noch gibt, vom eigenständigen, isolierbaren Parameter zum integrativen, konstitutiven Paradigma von Popmusik geworden.

Das Sample im HipHop

Hier ist zunächst ein kleiner Exkurs zur Verwendungsweise von Samples im HipHop nötig: HipHop entsteht in den 70er Jahren aus Überleitungstechniken. Der Rap ist die in den Mittelpunkt gerückte Conférence der frühen schwarzen Radiodiskjockeys bzw. ihrer weißen Imitatoren. Beat ist nichts anderes als aneinandergereihte Breaks. Breaks sind die kurzen Instrumentalpassagen, die die frühen HipHop-DJs mit Hilfe von zwei Plattenspielern aus überwiegend vokalen Soul- und Funk-Platten heraussmischten, indem sie jeweils abwechselnd links und dann rechts die entsprechenden Takte spielten – und, während der zweite Plattenspieler lief, die Platte auf dem ersten wieder an den Beginn der Passage zurückdrehten. Die drum herum berühmt gewordenen Kunststückchen wie das Scratching sind nur dekoratives Material, das aus dieser ersten Umwidmung der Maschine Plattenspieler entstanden ist. Hier muß man einfügen, daß es dekonstruktive Praktiken im Umgang mit dafür vorgesehenen Maschinen in der schwarzen Popmusik schon vorher gab – etwa bei der Dub-Produktion in Jamaika, wo aus dem additiven Vierspurstudio ein Filter bereits fertiger Vokalplatten wurde, die man so wieder zu Instrumentalplatten machte, die dann das Hintergrundmaterial für einen Toaster – das jamaikanische Äquivalent des Rapper – hergaben. Der umgewidmete Plattenspieler enthielt auch eine relativ neue Technik: Der ohne Riemenantrieb funktionierende Technics-Plattenspieler, der speziell für Diskotheken entwickelt wurde, um das sanfte Übergleiten von einem Stück zum anderen zu ermöglichen, war auch der einzige, der sich ständig ohne Verzögerung anhalten und neu starten ließ – die Grundvoraussetzung für Scratchen und Mischen. Man sieht: Solche Einsätze gegen die Gebrauchsanleitung gehören auch zur Technikgeschichte der Popmusik.

Ein Wort noch zu den Breaks: Dies waren meist sehr rhythmische Schlagzeug- oder Gitarreneinlagen aus Funk-Platten. Der Funk der frühen 70er Jahre hatte lange Instrumentalpassagen, die aber weniger den solistischen Selbstdarstellungen eines einzelnen Instrumentalisten dienten als vielmehr der Entwicklung des Groove als Musizierweise ohne Dramaturgie und prinzipiell ohne Anfang und Ende; ohne Thema, zu dem man zurückkehren mußte und ohne mitzählbare Chorusse wie beim Jazz. Im Laufe der 70er Jahre kehrten aber mehr und mehr Funk-Bands zum liedhaften Musizieren zurück, unterwarfen sich, nicht zuletzt unter kommerziellem Druck, der Songform. Der Funk-Groove war nur noch in Zwischenpassagen, eben den Breaks, vorhanden. Die frühen HipHop-DJs lösten also quasi die Breaks wieder aus dem Gefängnis der Songform heraus, um mit Hilfe ihrer Schallplattenkunst die ursprüngliche Form des repetitiven Funk-Grooves zu rekonstruieren. Es war also keine lupenreine Innovation alteuropäischer Genies, sondern hier arbeiteten Unterhaltungskünstler, die den Bedürfnissen und Wünschen ihres Publikums nach langen, ausladenden Funk-Passagen mit allen nur erdenklichen Tricks nachkommen wollten.

Sieben oder acht Jahre später bekommt die Möglichkeit digitaler Speicherung und Abrufbarkeit von Tönen ein Gesicht. Hauptsächlich für Billigproduktionen designt man die handlichen und äußerst preiswerten AKAI-Sampler. Sie und ihre teureren Geschwister Marke Fairlight etc. sollten eigentlich das Problem lösen, daß die damals handelsüblichen Drum-Computer und Sequenzer zu »technisch« und unmenschlich klangen. Mit einem AKAI konnte man einen oder mehrere Schlagzeugschläge eines freistehenden Schlagzeug-Breaks eines Drummers (sei es Buddy Rich oder John Bonham) sampeln, auf ein Keyboard speichern und von einem Keyboard wieder abrufen bzw. von einem Sequenzer sequenzieren lassen und so, maschinell genau, ein menschlich-genial-fehlbares

Schlagwerk ablaufen lassen. Spätere Sequenzer-Modelle hatten auch die Möglichkeit des Humanizing: Per Zufallsgenerator wurden minimale menschliche Abweichungen programmierbar. Im HipHop erlebte der AKAI eine völlig andere Benutzung. Wurde das DJ-Dauer-Funk-Break-Programm für Platten entweder von Musikern nachgespielt oder später (etwa ab 1982/83) zu Sequenzerbeats gerappt, so änderte Sampling die Musizierweise im Sinne der ursprünglichen Absicht: Jetzt war es möglich, wieder einzelne Breaks aus grandiosen Platten digital abzufotografieren und nach Belieben zu loopen: Der Sampler machte erst auf virtuoser Ebene möglich, was HipHop von Anfang an wollte. Musikjournalisten begeisterte an diesen fortan der »New School of HipHop« zugerechneten Platten vor allem die Virtuosität, mit der alle Arten von Umweltgeräuschen, Straßenlärm, Reden, Radiospots etc. eingesampelt wurden. Das erinnerte an Collage, an Ideen des Futurismus, und es schmeichelte der patronisierenden Fraktion von Musikjournalisten, die immer dann besonders glücklich sind, wenn die sogenannte populäre Musik Jahre später irgendeine Idee der klassischen Avantgarde auf Massenebene realisiert. Doch hatten diese Leute in der Regel schlecht hingehört: Was sie für zufällige Umweltgeräusche, eingesampelte Radiopieces, Zufallslärm etc. hielten, waren äußerst sorgsam ausgewählte Soundbites: Es ging nicht um die Zerstörung ursprünglicher Sinnproduktion der Medien durch Zerreißen des Zusammenhangs, und es sprach in der Regel nicht irgendwer, sondern meistens Malcolm X oder Minister Louis B. Farrakhan. Die Umweltgeräusche waren fast immer Polizeisirenen, Straßendebatten über Ghetto-Issues, gezielt ausgewählte Fernsehserien, deren Bedeutung dem inneren Kreis des afroamerikanischen Zielpublikums durchaus klar war. Es handelte sich also nicht um aus wahrnehmungstheoretischen oder anderweitig nachholend-avantgardistischen Gründen vorgenommene Sinnzertrümmerungen, Provokationen oder Irritationen, sondern um Sinnstifung und -konstruktion.

Ein weiterer Punkt ist der Status der Breaks und Breakbeats, die als geloopte Samples das rhythmische Rückgrat der New School of HipHop ausmachten. Ihre Sekundarität war nicht etwa Makel, sondern Vorteil. Wenn man einen Break von einer zerkratzten Platte heruntergesampelt hatte, versuchte man nicht, die Kratzer wegzufiltern, sondern – im Gegenteil – man stellte sie als patinaartige Zeichen von legitimer »Anciennität« (wie es bei Bourdieu immer heißt) in den Vordergrund. Oft wurden bei eingespielten, nicht gesampelten Grooves Schallplattenkratzergeräusche künstlich hinzugefügt. Schon zu Zeiten der alten DJ-Battles in den Parks der Bronx und Brooklyns war der beste DJ nicht unbedingt der fingerfertigste, sondern der, der die seltensten Stücke in seinen Crates stehen hatte. Die bis heute unbestrittene Vaterfigur aller New-Yorker Diskjockeys, DJ Afrika Bambaataa, hat selten selber Platten aufgelegt, sondern sich stets mehr als Archivar und Bibliothekar der Black Nation begriffen. Im Hintergrund stehend verwaltete er während einer Party seine riesige mobile Plattensammlung, während seine Assistenten im Vordergrund mit irgendwelchen DJ-Kunststückchen brillierten.

Die wahre Funktion der Samples bestand also darin, daß sie den Musiker und seine Hörer als Kenner schwarzer Musik der 60er und 70er Jahre auswiesen. Sie stifteten eine Einheit der stärker unterdrückten, weniger bekannten und »schwärzeren« der schwarzen Musiken jener Epoche. Später kam Jazz dazu: Gang Starr sampelten auf ihrer ersten Platte als erste Gruppe offen Jazzplatten; De La Soul hatten noch deutlicher als andere die Gesampeltheit ihrer Musik – zwischen Steely Dan und den Detroit Emeralds – bekannt, zum Thema gemacht und damit gespielt. Ihre erste Platte enthielt sogar ein Quiz zur Sekundarität ihrer Musik. Gang Starr sprachen im Rap zu ihrem Stück *Jazz Music* wiederholt und entschieden von »our fathers music«. De La Soul schwärmten von den Plattensammlungen ihrer Eltern; Diamon D vergleicht die Macht der Knarre mit der Macht der Plattensammlung, die er in Crates mit sich herumschleppt. Immer wieder wurde in Interviews und Selbstdarstellungen auf den Vater verwiesen, der zwar oft nicht mehr im Hause wohnte und auch sonst kein Vorbild war, der aber die Plattensammlungen angehäuft hatte, die den Grundstock der Samples des jeweiligen Künstlers ausmachten. Der allgemeinen Erreichbarkeit von Quellen für Samples wurde also eine zweifache Grenze entgegengesetzt: eine Ethik der persönlichen, familiengeschichtlichen Verwickeltheit in die Herkunft des Samples und eine nationalistisch-tribalistische, afroamerikanische Kulturidentität, über und gegen die man alles Mögliche sagen kann, nur nicht daß irgend jemand genau das als Effekt von Digitalisierung vorausgesehen hätte. Gestritten wird also, trotz technisch relativ gleicher Chancen für alle, innerhalb und außerhalb der Szene, um Legitimität und Zugangsberechtigung. Genau in dem Moment, wo jeder könnte, erscheint es sinnvoll, daß nicht mehr jeder darf. Man könnte argumentieren, daß der Black Nationalism aus anderen Gründen eine Renaissance hatte; das ist sicher richtig. Nur hatte er zum einen eine Renaissance, das heißt, er konnte nur über einen Vergangenheitsbezug (vorwiegend auf die 60er und 70er Jahre) wiederhergestellt werden. Diesen Bezug aber lieferte HipHop die ganze Zeit, und zwar auf verschiedenen Ebenen. Zum anderen hätte er sicher eine andere Gestalt angenommen, weniger die Straße und die Jugendlichen erreicht, geringere Erfolge erzielt, wenn er sich in exklusiv schwarzen Medien mitgeteilt hätte. Dadurch, daß er sich über HipHop – der Musik, die jahrelang die einzige zur Verfügung stehende, avancierteste Tanzmusik war – mitteilte, konnte er sehr viel wirksamer werden.

Solche Elemente von Staatengründung, bezogen auf das Archiv (z.B. die Plattensammlung), sprechen ja nicht nur gerade gegen die allgemeine und unbeschränkte Zugänglichkeit des Materials für den Computer, sondern darüber hinaus auch gegen alles, was man, scheinbar normal, mit Tanzmusik verbindet – zumal mit einer globalen, einer, die Kommunikation über Segregationsschranken hinweg stiftet. Die »nationalistisch«-abgrenzende Botschaft wäre beschränkt auf die Insider – auf die, die die Samples als Samples hören und nicht als den zum Groove gewordenen Loop, der sie geworden sind. Zusätzliche Elemente – wie ein afrozentrischer Dresscode, die offen zur Schau getragene Identifikation mit nationalistischen

Organisationen – sind die Erkennungszeichen der Bewegung, die sich in ihrem Zentralorgan »The Source« immer wieder »The HipHop-Nation« nennt und auch sonst mit Nationenmetaphern nicht geizt. Einerseits ist natürlich auch die Tanzveranstaltung, wenn sie als Jam, als Block-Party auftritt, tribalistisch gegen Nichteingeweihte abgeschottet; aber natürlich nicht, wenn sie sich weltweit über MTV und andere Kanäle in optischen und akustischen Signalen verbreitet. Und interessanterweise kommt von diesen Signalen keines so deutlich und unmißverstanden in anderen Weltgegenden an wie die tribalistische Organisationsform, die Prinzipien von Legitimität und Ausschluß, wie sie auf der Kenntnis der richtigen Platten basieren, die zum Gründen von stammförmigen Nationen und nationförmigen Stämmen führen. Weder die spezifisch schwarz-nationalistischen Inhalte noch die oft problematische Position islamischer Black Nationalists zu Frauen, Schwulen etc. wird übernommen; nur der Gestus des Tribe kommt als Code an. Dieser ist – wie so viele jugendkulturelle Codes – zunächst umkämpft und offen, aber in den meisten Ecken Europas (Deutschland, Frankreich, Italien) zumindest zunächst eher von einer linken, großstädtischen Kultur aufgenommen und mit Inhalten versorgt worden. Der Einsatz des Sampling bei tribalistischen Organisationsformen, die man natürlich auch in anderen jugendkulturellen Szenen findet, wird auch dadurch so leicht übernommen und verstärkt wiederholt, weil nun nicht nur die Kenntnis, sondern auch das Besitzen oder zumindest Verfügen über bestimmte Platten zum Kriterium des Dazugehörens wird. Die nach der Einführung von CDs kurz gefallenen Preise für Altvinyl sind bei bestimmten sampelfähigen Genres wieder in die Höhe geschnellt. Das verschärft tribalistische Modell – dabei ist, wer (neben anderen Eigenschaften) die amtliche Plattensammlung hat, also geistiges Eigentum im harten Sinne – läßt sich leichter als alle anderen Besonderheiten dieser sehr spezifisch geprägten und hochcodierten Tanzmusik übertragen und bestimmt alle weiteren Aspekte der HipHop-Kultur weltweit – egal, ob es sich um islamistische Türkenboys in Hamburg-Wilhelmsburg oder universalistisch-linksradikale Deutsch-Italiener in Berlin handelt.

Eine weitere Funktion der Festlegung des Tribe-Inhalts über die eigene oder Vaters Plattensammlung – letzteres ist natürlich ein Unterschied zwischen Afroamerika und Europa (hier ist man auf Väter nicht so stolz in dem Maße, in dem sie sichtbarer und anwesender und nicht Rollende Steine sind) – ist die Stiftung eines Bezugspunktes für die neuen Formen von Black Nationalism. Anders als verängstigte europäische und amerikanische Mainstream-Kulturwächter glauben, sind es ja nicht die verschwörungstheoretischen, metaphysischen Ideen etwa der Nation of Islam selbst, die irgend jemanden bewegen, Black Nationalist zu werden; sondern es ist die Plausibilität einer Kulturgeschichte, die aber erst über Sampling und das darüber hergestellte und definierte Archiv afroamerikanischer Musikgeschichte der letzten 20 Jahre möglich wird; diese Geschichte ist für Leute attrakti v, die selbst täglich mit dem eigentümlichen Status afroamerikanischer Musik in den USA zu tun haben: daß also der Groove des Funk – der natürlich mitnichten wirklich relevant für alle Afroamerikaner ist –

in all seinen unterschiedlichen Erscheinungsformen als Inhalt eines Black Nationalism für innerstädtische, hauptsächlich männliche Jugendliche besser funktioniert als Ahnenreihen, Afrozentrismus, Afrodiasporismus, weil er eine alltäglich evident unterschiedene Kulturtechnik ist. Diese hat darüber hinaus den Vorteil, die wenigen Nichtschwarzen, mit denen man aus individuellen Gründen doch etwas zu tun haben will, in die HipHop-Nation mit aufnehmen zu können.

Sampling hat also – und das wäre der thesenhafte Abschluß dieses längeren Exkurses – zum einen ermöglicht, eine verschärfte Form von auf Kulturbesitz basierendem Tribalismus entstehen zu lassen, der sich weltweit kommunizieren läßt; und dies hat dem revivalhaft unklar herumwabernden neuen Black Nationalism einen sinnlich konkreten Inhalt gegeben, der sich nun mit allen weiteren Inhalten verknüpfen kann – denn er ist der Groove mit seiner urdemokratischen, endlosen Andockfähigkeit.

Dies mag wie ein sehr spezieller Fall von Sampling und dem Einsatz bestimmter Schlüsselgeräusche und -zitate klingen; es kann aber tatsächlich als modellhaft nicht nur für die Imitatoren von afroamerikanischem HipHop in anderen Weltgegenden gelten, sondern auch für andere Musiken: vom Hitparadentechno bis zu gewissen Formen von Underground-Rock hat man es mit diesen Verweistechniken und diesem Mechanismus der Sinnkonstruktion zu tun – auch dann, wenn die Übernahme oft unbewußt vollzogen wird.

»Marmelade ohne Brot«

Kommen wir nun zu den »Endergebnis« genannten Höhepunkten von elektrisch verstärkten Rockmusiken – zu besonderen Instrumentalpassagen, den »geilen Sounds«, den flächigen, verzerrten Noisepassagen, die lange Stücke – quasi als Belohnung – abschließen. Natürlich eigneten sich diese Momente auch ideal für Sampeln und weite Teile von Techno-Musik – auch dann, wenn da meist anders gesampelt wird, wenn auf präprogrammierte Sounds der jeweiligen Keyboards zurückgegriffen wird oder wenn professionelle Sample-CDs genutzt werden, weil es nämlich keine Geschichte gibt oder weil keine Geschichte bekannt ist, auf die man durch »lesbare« oder referentielle Samples verweisen könnte; dennoch kann man weite Teile von Techno genau als das Eintreffen dieses moralfreien antiprotestantischen Elysiums der »geilen Sounds« beschreiben, das das Korsett der Songform und der Terror der Instrumentalbeherrschung bisher verweigert hatten. Noch deutlicher läßt sich das anhand einer bestimmten Spezies von Gitarrenbands zeigen, die seit den mittleren 80er Jahren – also präzise seit der Zeit, als man die Auswirkung von Sampling im HipHop erstmals auf breiter Front hören konnte – anfingen, bestimmte als ekstatisch, final, extrem etc. codierte Sounds aus ihren üblichen Zusammenhängen herauszupräparieren und für sich stehend zu zelebrieren – oder in Nachbarschaft mit nur einem anderen Sound oder auf der Basis einer ansonsten unbeteiligt und cool gespielten Melodie.

Diese Arbeitsweise haben wir bei *Spex* seinerzeit immer »Marmelade ohne Butter und Brot« genannt. Die für den kindlichen Genuß überflüssigen Trägersubstanzen des Frühstücks werden einfach weggelassen, und statt dessen wird der reine, im Frühstücksbrot-Paradigma durch trübe Graubrotkauerei zu verdienende Aufstrich genossen. Selbstverständlich kann man diese Verweigerung der Arbeit, diesen technisch geförderten Hedonismus feiern und loben. Er schlägt wie eine Droge dem Faktor Zeit ein Schnippchen; er stellt Verhältnisse unmittelbar her, die ja im übrigen nicht nur als erarbeitet codiert sind, sondern ohne Erarbeitungsparadigma kaum entstanden wären.

Auf der anderen Seite ähnelt diese Vorgehensweise natürlich nur zu sehr anderen hedonistischen Praktiken, die die Freizeit- und Erlebnisindustrie uns beschert, die, neben der hedonistischen Dimension einer Befreiung von Arbeitsethik, den Nachteil haben, daß die User vollkommen von der Produktionsseite zugunsten einer Scheinkontrolle am Computer ausgeschlossen werden. In dem Maße, in dem die Leute die Klimax, die Katharsis, das Finale abrufen, statt es hervorzubringen, werden sie auf zweierlei Weise zu Opfern präfabrizierter Modelle und Sounds. Zum einen, indem sie durch Benutzung solcher Sounds und vorgefertigter Organisationsmodelle in den entsprechenden Programmen die Möglichkeit sozial bestimmter, prozessualer, gesellschaftsanaloger und spontaner Organisation aus der Hand geben; zum anderen, indem die neucodierten Sounds immer leichter vom Gegner zu entwenden sind und so das sozial-szenespezifische Festlegen und Umwidmen von Bedeutung erschwert wird.

Die Definition bestimmter Sounds als besonders erlösend und genußreich verdanken diese ja immer prozessualen Vorformen, die sie dort hervorgebracht haben. Beim Übergang von der Jazzimprovisation zur Rockimprovisation ist tatsächlich eine gute Kollektivität oft an eine protestantische Arbeitsethik und schwäbische Rocksongbauer-Mentalität gefallen, verkörpert etwa durch den Typ des ehrlich schwitzenden Gitarrenfacharbeiters Marke Eric Clapton. Doch war auch in der Rockimprovisation noch etwas von der utopisch gemeinten Kollektivität etwa des Charles Mingus Ensembles zu spüren, das überhaupt nur die Legitimität der Codierung bestimmter Geräusche als ekstatisch sichern konnte. In dem Moment, wo die Erinnerung an diese Prozessualität und die damit verbundene Widerstandsfähigkeit gegen das Hijacken von Codes von der falschen Seite verlorengeht, wird auch der Marmeladengenuß schal; es ist eine ewig süße verhängte Soma-Marmelade, die niemandem mehr schmeckt.

Rückkehr der Band – Soziale Kontrolle

Es gab noch eine andere Konsequenz aus der Isolierbarkeit und Manipulierbarkeit kleinerer Einheiten von Popsongs. Einem geflügelten Wort zufolge ist die kleinste Einheit der Popmusik nicht der Ton, sondern der Verweis. Popmusik war schon immer durchsemantisiert und sprachanalog. (Insofern hat das letztjährige Motto der Donaueschinger Musiktage Popmusik in seinem zweiten Teil tatsächlich erfolgreich herausdefiniert, die in seinem ersten Teil immer präsenter wird: »Poesie der Abstraktion – Musik jenseits von Sprachähnlichkeit«). Gleichzeitig war Popmusik dies immer in einer gebrochenen Weise: Sprache und Ausdruck. Sie war immer von einer prinzipiellen Skepsis gegen ihre Ausdrucksmittel geprägt, von der der Authentizitätsfetischismus des Gitarrenarbeiter-Rock nur die andere Seite der Medaille ist. Das, was seit den ersten Popsängern wie John Lennon, Ray Davies, Bob Dylan etc. gilt, ist, daß kleine dünne, ohne elektrische Verstärkung chancenlose Stimmchen sich erheben und mächtig von sich eingenommen sind. Das ist die Urszene der Gebrochenheit: Ich kann eigentlich gar nicht singen, nur der Verstärker kann es aus mir herausholen.

Diese Gebrochenheit und die Durchsemantisiertheit, die sich ja trotzdem eines Zeichenträgers bediente, der sinnliche und technisch unkontrollierbare Eigendynamiken aufwies, hat gute Popmusiker immer über das informiert sein lassen, was man den Status der einzelnen Zeichen innerhalb eines Songs nennen könnte: Man konnte zwischen solchen Zeichen unterscheiden, die als technischer Effekt von reinem Genuß sprachen oder totemistische, szenedefinierende Funktion hatten, oder den oft unnötigen und durch das Material nicht zwingend einsichtigen Song- oder Textform zugehörigen Zeichen bis hin zu vorgesehenen Zufälligkeiten ohne vorhersehbare Bedeutung. Das alles war vom »Paradigma der Verabredung« strukturell zusammengefaßt, das die Band in ihrer Form als Beatband darstellt: Junge Leute, die nichts besonders gut können, können aber eines: das, was sie tun, gleichzeitig tun, auf Verabredung. Diese Form ist am ehesten vergleichbar mit einer stabilen kulturellen Form wie dem Groove, und sie wäre genauso in der Lage, Zeichen verschiedenen Status aufzunehmen und nebeneinander auszuhalten. Das gilt auch im Zeitalter des Samplers – obwohl ja das bloße Gerät nahelegt, daß es Kollektivität nun nicht mehr zu geben braucht, weil sie sich perfekt simulieren läßt. Genau an diesem Punkt aber haben Musiker aller Arten erkannt, daß dies nicht funktioniert. Die »Marmelade-ohne-Brot-Musik« war zwar radikal hedonistisch, aber auch monadenhaft; sie sprach von recht einsamen Ekstasen, weil sie nur noch einen Status kannte.

Vom Techno bis zur Gitarrenavantgarde arbeiten Leute in Bands, die noch oder wieder mehr als die Hälfte ihres Material am Sampler generieren und organisieren; sie garantieren wieder, was einzelne zwar theoretisch auch erreichen könnten, aber meistens nicht mehr wollen: Statusvielfalt – und damit Verhältnisse, in denen sich zeigt, daß das Sample in Bandformen wie auch im Paradigma des Groove nur eine unter vielen Möglichkeiten, zeichenhafte Klänge zu organisieren, darstellt. Es gehört, wie anderes auch, unter soziale Kontrolle – und dies hat HipHop ziemlich vorbildlich organisiert. Daß die soziale Kontrolle auch von Netzwerken aller Art ausgeübt werden kann, ist für immer mehr Musiker selbstverständlich. In Berlin haben Deutschlands führende Post-Techno-Musiker längst die entsprechenden virtuellen Orte belegt.

Neue Territorien?

Heutzutage haben – je nach der sozialen Sphäre, für die eine Musik bestimmt ist und von der sie hervorgebracht wird – viele hierarchisierenden Strukturen Schaden genommen und sind ersetzt worden. Das hat zur Folge, daß zur Zeit alles möglich erscheint und ausprobiert wird – teilweise tatsächlich neues Territorium absteckend. Das gilt vor allem für die aus elektronischen Tanzmusiken herausgewachsenen Arbeitsweisen, die mit denselben Methoden weitermachen, ohne sich von der Tanz- (oder alternativ: Drogen- oder Chill-Out-) Funktion weiter einschränken lassen zu wollen. Das gilt zum anderen für all diejenigen, die trotz widerstrebender, gegenläufiger Dynamiken das Besondere der Songform, die Text-Musik-Beziehung, aufrechterhalten. Daß zusätzlich auch technisch immer mehr und ökonomisch immer weniger möglich ist, wird diese Arbeitsweise auch im Hinblick auf das Verhältnis zu neuen Technologien prägen. Sie scheinen, wie auch in vielen anderen Bereichen, vor allem auch dazu da zu sein, ökonomische Krisen zu kompensieren.

Klaus Schöning

Die Technik – ein Instrument der Akustischen Kunst

Die Geschichte der Akustischen Kunst ist auch die Geschichte der Instrumentalisierung der elektroakustischen Technik. Das Instrumentarium dieser Technik ist konstitutiv für das Konzept Akustische Kunst und seine Ästhetik. Wird sich dieser Prozeß umkehren? Wird die Technik die Akustische Kunst in Zukunft instrumentalisieren?

Die Technik erscheint als ein neutrales Medium, als ein Handwerkszeug, ein Instrument zu unterschiedlichstem Gebrauch. Jedes Medium jedoch, jedes Handwerkszeug, einmal berührt, übt eine eigene Funktion aus, setzt sich durch, markiert seine Existenz: »The medium is the message«.

Jede künstlerische Aktion ist mit dem Einsetzen von Instrumenten verbunden. Die Kenntnis des Instruments ist nützlich für seinen Gebrauch. Die Funktionen der Instrumente sind vielfältig. Vielfältiger als in den Akademien und Konservatorien unterrichtet, als in den Lehrbüchern und bald auch auf CD-ROM beschrieben.

Ich habe Aufnahmegeräte und Tonbandmaterial stets auch als Musikinstrumente betrachtet, sagte Mauricio Kagel 1994 bei unserem letzten Studiogespräch.

Dabei bin ich, ähnlich wie bei konventionellen Instrumenten, voll des Respekts und zugleich ziemlich respektlos. Ich glaube, daß man einen hohen Grad an Komplizität mit der Technik erreichen muß. Komplize heißt hier, immer bereit sein, nach Umwegen zu suchen, die in der Bedienungsanleitung des Gerätes nicht erwähnt, nicht empfohlen oder schlicht nicht erlaubt sind.[1]

Die traditionelle Ästhetik hatte die Funktionen der Instrumente begrenzt, reglementiert. Ausbrechen aus diesen Begrenzungen kennzeichnet die Entwicklung der Kunst in diesem Jahrhundert. Die Funktion der traditionellen Instrumente für die künstlerische Produktion wurde experimentell erweitert: vom präparierten Klavier bis hin zur Umfunktionierung eines Instrumentes in ein anderes – ein Geigenbogen streicht eine Posaune.

Hinzu kommt das der europäischen Musik lange Zeit weithin unbekannte Reservoir der Instrumente aus anderen Kulturen und ihrer nicht schriftlich tradierten Aufführungspraxis. Neue Instrumente wurden erfunden, die Intonarumori, die Geräuscherzeuger Luigi Russolos etwa, oder sie werden gefunden, akustische »objets trouvés« aus dem alltäglichen Gebrauch: Fahrradklingeln und Ratschen, Autohupen und Staubsauger, Kinderspielzeug und Laubsägen. Auch diese Klangerzeuger stellen sich als Instrumente im Konzertsaal vor.

---

[1] Mauricio Kagel, in: *Im Gespräch: Mauricio Kagel und Klaus Schöning zu »Nah und Fern« von M. Kagel*, Sendung WDR 3 Studio Akustische Kunst am 04.10.1994 (Booklet zur CD *mauricio Kagel 7: »Nah und Fern«*, WDR/MO 782062, S. 13)

Wiederentdeckt wurden auch die tabuisierten Bereiche des ältesten Instruments und ersten Klangerzeugers: der menschlichen Stimme. Jede Artikulation kann Ausdruck der akustischen Komposition werden. Der menschliche Körper, eine tönendes Instrument, eine »Klangfabrik«, wie ihn der Senior der Poésie sonore, Henri Chopin, bezeichnet.

Jedes Objekt, das durch Berührung einen Klang erzeugt, durch Anschlag oder Atem, gehört zum Reservoir der Instrumente. Die unzählbare Vielfalt der Töne der möglichen Klangerzeuger, der Instrumente, läßt sich heute mit klassischen Aufschreibsystemen auf Papier nicht mehr fixieren. Akustische Kunst, als Medienkunst, notiert sich, schreibt sich ein auf Tonband und bald nur noch auf digitalen Systemen.

Zu Anfang dieses Jahrhunderts bricht in die Welt der Musik, des Theaters, der bildenden Kunst und der Literatur unerwartet und unvorbereitet die elektronische Technik ein – als Herausforderung und Chance. Den Künsten und den Künstlern bietet sie ein sich permanent erweiterndes Instrumentarium an; so auch das Medium Radio, eine »Erfindung«, die – wie Bertolt Brecht bemerkte – »nicht bestellt war«.

Die Innovationsfreude der Künstler, sich der neuen elektronischen Instrumente experimentell, forschend und spielerisch zu bedienen, war zunächst zurückhaltend. Keine Konservatorien, keine Akademien lehrten, diese zu bedienen. Auch war ihre Anschaffung überaus kostspielig. Nur große Institutionen, vornehmlich die Rundfunkanstalten, konnten derartige Instrumente bereitstellen. So wurden diese Massenmedien jahrzehntelang – ihren Bedürfnissen entsprechend – zu Regulatorien für die Förderung und Entwicklung von Musik und Literatur im Massenmedium Radio. Verwaltete Kunst gleichsam, jedoch mit Spielräumen im öffentlich-rechtlichen Rundfunk – bis heute. Sie könnten verspielt werden.

Viele Künstler wechselten zwar vom Bleistift zur Schreibmaschine, die Komponisten schrieben aber weiterhin von Hand ihre Noten. Die meisten überließen und überlassen auch heute vertrauensvoll die interpretatorische Ausführung ihrer literarischen Texte und musikalischen Notationen den Regisseuren, Dirigenten, Sounddesignern, Tonmeistern und Toningenieuren der Rundfunkanstalten, in deren Studios und Konzertsälen – Fortsetzung der traditionellen Rollenteilung wie im Musik- und Theaterbetrieb.

Komponisten, Schriftsteller und Poeten vertrauen auf das qualitative Potential ihres schriftlich fixierten Textes, ihrer Partitur und hoffen auf Interpreten, die dieses Potential adäquat übersetzen in das akustische Medium. Das traditionell literarische Hörspiel lebt bis heute in diesem Selbstverständnis, nutzt die elektronische Technik und ihre Instrumente zur Reproduktion einer literarischen Vorlage, in der das gesprochene Wort dominiert.

Die elektronische Technik ist jedoch nicht nur eindimensionales Mittel der Reproduktion literarischer Texte und traditionell notierter musikalischer Partituren in einer bestmöglichen Aufnahme- und Sendequalität. Diese Technik ist gleichzeitig ein produktives, eigenständiges Instrument, mit dem in vielen Tonarten gespielt werden kann.

Es gäbe keine Geschichte der Akustischen Kunst ohne jene Künstler – und in arbeitsteiliger Korrespondenz mit ihnen die Toningenieure –, die sich von Anfang an darauf eingelassen haben, die elektrotechnischen Instrumente zu erforschen und sie spielen zu lernen. Es waren und sind vor allem die öffentlich-rechtlichen Rundfunkanstalten, die dafür Freiräume zur Entwicklung offengehalten haben – beispielhaft insbesondere in der Einrichtung zahlreicher elektronischer Experimentalstudios und Studios Akustischer Kunst, in denen sich aus der Begegnung der Musik und der Literatur mit den neuen Technologien medienspezifische künstlerische Aktivitäten entwickeln konnten: unter anderem die elektronische Musik, die musique concrète und das Neue Hörspiel mit medialen Grenzerweiterungen und seiner späteren Einbindung in die Ars Acustica.

Das erste technische Instrument der Akustischen Kunst ist das Mikrophon, die Extension unseres Gehörsinns, ein gleichsam verlängertes Ohr. Doch mit diesem Ohr hören wir nur, wenn das vom Mikrophon Gehörte und Aufgenommene an unser Ohr dringt, direkt, das heißt live über ein zweites Instrument, einen Mund – den des Laut-Sprechers – oder indirekt als elektromagnetische oder digitale Aufzeichnung über Laut-Sprecher.

Radiohören entspricht der Rezeption von Schallereignissen über Lautsprecher. Der virtuelle HörRaum eines Radiostückes, einer Radiokomposition wird erfahrbar über die Lautsprecher. Diese beiden Instrumente, Mikrophon und Lautsprecher, sind die primären Voraussetzungen, um den Prozeß von Produktion, Reproduktion und Rezeption elektronisch übermittelter Informationen in Gang zu bringen.

Die verschiedenen Aufzeichnungssysteme in der Geschichte der Akustischen Kunst – vom Phonographen, den Wachs- und Schellack-Platten, dem Tonband, der Tonkassette, der CD bis zu binären virtuellen Tonträgern – sind gleichsam das Pergament, in das sich die akustischen Informationen einschreiben und dort verfügbar sind. Alle anderen Instrumente, wie Schnittpult und Mischpult (digital oder analog), Filter, Sampler, Kompressoren, Ringmodulatoren und Keyboard, generieren und manipulieren die vom Mikrophon aufgenommenen und auf Tonträger aufgezeichneten akustischen Informationen. Es sind Bearbeitungssysteme akustischer Schrift.

Diese Instrumente verfügen – wie jedes traditionelle Musikinstrument – über ein Potential der unterschiedlichsten und zuweilen noch unentdeckten Möglichkeiten der Klangerzeugung. – *Das Tonband ist ein Instrument, dessen Gesetzlichkeiten man kennen muß, wie der Musiker die seines Instrumentes kennt.*[2] Was der konkrete Poet und Audio-Künstler Franz Mon über das Instrument Tonband feststellte, gilt ebenso für jedes andere elektroakustische Instrument. Jedes Instrument wirkt ein auf die akustische Information.

---

[2] Franz Mon, in: *Hörspielmacher*, hg. v. Klaus Schöning, Königstein/Ts. 1983, S. 76

Im Bereich künstlerischer Arbeit sind Instrumente konstitutiv für die Ästhetik des akustischen Werkes. Dies gilt auch für die scheinbar so authentischen sogenannten Originaltonaufnahmen oder Live-Mitschnitte. Jede Originaltonaufnahme und ihre Wiedergabe ist bereits eine technisch manipulierte. Sie ist nicht identisch mit dem Original, ist nicht identisch mit dem, was wir mit unseren Ohren am selben Ort hören. Die Mikrophonaufnahme ist eine durch die technische Apparatur gerichtete: Sie ist eine neue, zweite, eine zitierte Realität, ein Tonbandoriginal. Über Lautsprecher, über Kopfhörer oder eine multiple Lautsprecherinstallation hören wir die Aufnahme eines Konzerts oder die einer Klanglandschaft anders als ohne die apparativen Vermittlungen. Eine Eins-zu-Eins-Rezeption ist ausgeschlossen. Bereits mit der Tonbandaufnahme beginnt die Manipulation: mit der Auswahl des Mikrophons, der Aussteuerung, der Entfernung der akustischen Quellen vom Mikrophon und der Zeitdauer der akustischen Aufnahme.

Mikrophon/Ton-Aufnahme – Laut-Sprecher/Ton-Wieder-Gabe – Ton-Aufzeichnung: Die frühen Tonaufzeichnungen wurden auf Wachsplatten, später auf Schallplatten gemacht. Erst Anfang der 40er Jahre kam das Tonband in Gebrauch. Die Funktion der Schallplatte: Zunächst war sie das Aufnahmemedium der Live-Sendung von Hörspielen oder von Konzerten – Konservierung eines künstlerischen, akustischen Ereignisses für eine spätere Reproduktion des Aufgenommenen als Sendung; zuweilen auch schon als Einspielung eines Klanges oder Geräusches, verfügbar zum Einsatz bei den frühen Live-Hörspielen. Aus dem Tonträger zur Reproduktion wurde ein Instrument der Produktion.

In dieser Pionierzeit der 20er Jahre experimentierten auch die Komponisten Paul Hindemith und Ernst Toch mit Schallplatten, setzten sie als Klangerzeuger ein, indem sie die Geschwindigkeit beim Abspielen veränderten (und damit gleichzeitig die Tonhöhe der aufgenommenen Klänge und Geräusche) und durch abrupte Veränderungen der Geschwindigkeiten Rhythmen entwickelten. So komponierte Toch seine *Vierstimmige Fuge aus der Geographie*, indem er vier Stimmen verschiedene Städtenamen sprechen ließ und auf Schallplatte aufnahm, dann die Drehgeschwindigkeit variierte, so daß sich die Sprache in einen gleichsam orchestralen Singsang verwandelte. Auf die gleiche Weise verarbeitete Hindemith Aufnahmen von Vokal- und Instrumentalmusik auf zwei Schallplatten. 1939 realisierte John Cage seine erste einen Schallplattenspieler als Musikinstrument einbeziehende Komposition: *Imaginary Landscape No. 1*. Mit Schallplatten als Musikinstrumenten arbeiteten ein Jahrzehnt später auch Pierre Henry und Pierre Schaeffer, die Pioniere der musique concrète, im Club d' Essai, im französischen Rundfunk. Die Rap-Virtuosen in den Discos heute sind die Enkel dieser Experimente.

Eines jedoch ließen diese neuen Klangerzeuger, die Schallplatten, nicht zu: Schnitt und Montage. Die Ästhetik der Montage wurde im Stummfilm begründet. Mit den Instrumenten Schnitt und Montage begann der Stummfilm zu sprechen. Die Cineasten lösten sich von der linearen Erzählweise der bewegten Bilder, griffen durch den Schnitt operativ in die Bilder ein und entwickelten eine neue Sprache ohne Worte. Schnitt und Montage des belichteten Films wurden zu Instrumenten der Filmkunst.

Phonograph und Filmaufzeichnung waren also Voraussetzungen für die Entwicklung der beiden neuen Medien: der Film- und der Hörkunst. Zwei bedeutende Cineasten bereiteten dabei weitere Grundlagen einer Akustischen Kunst im Radio vor: Dziga Vertov und Walther Ruttmann. Dziga Vertov hatte bereits 1916 ein »Laboratorium des Gehörs« gegründet, indem er dokumentarische Kompositionen wie auch literarisch-musikalische Wortmontagen realisierte. Er sprach vom »Fotografieren der Klänge und Geräusche«. »Radio-Auge«, »Radio-Film«, »Akustischer Film« – dies waren Bezeichnungen, wie sie zur gleichen Zeit von Regisseuren wie Alfred Braun im Berliner Rundfunk der 20er Jahre formuliert wurden. Aber es war ein Cineast, Walther Ruttmann, der die Kunst der Filmmontage auf die Akustische Kunst übertrug – zu einer Zeit, in der es noch kein Tonband gab, das geschnitten werden konnte.

Walther Ruttmann benutzte den Film-Tonstreifen als Tonträger seiner Hörmontage *Weekend* und konnte so akustische Aufnahmen ebenso wie einen Film schneiden. Sprache, Umweltgeräusche, Musik und Klänge werden als gleichwertige Montageteile komponiert. Ähnlich wie in seinem 1927 produzierten Stummfilmportrait *Berlin. Die Sinfonie der Großstadt* und seinem abstrakten Film *Fotodram Op. 1* dokumentiert Ruttmann seine herausragende Qualität als Collagekünstler. Der russische Filmemacher W. Pudowkin konstatierte, daß Ruttmann »das Problem des Tons durch assoziative Montage auf die freieste Weise und grundsätzlich gelöst habe«.

Die Ästhetik der Filmmontage und die Ästhetik der Akustischen Kunst hatten bereits Ende der 20er Jahre einen der späteren Entwicklung im Radio weit vorausgreifenden qualitativen Stand erreicht. Es war der Beginn der Entwicklung einer Sprache der Akustischen Kunst. Die Tonmontage *Weekend*, 1930 für die Reichsrundfunkgesellschaft Berlin produziert, ist eines der ersten erhaltenen Dokumente der Akustischen Kunst, gleichzeitig ein frühes Meisterwerk der Montage, geboren aus den langjährigen Erfahrungen der Stummfilmmontage. Ein Werk, das die traditionelle Form der linearen Erzählung verlassen hatte und durch die Instrumentalisierung des Schnitts zu einer neuen multiperspektivischen Darstellung gelangte. Das traditionelle literarische deutsche Hörspiel brauchte nahezu 40 Jahre, um im Neuen Hörspiel diese Sprache wiederzuentdecken, ohne allerdings das frühe Dokument zu kennen, das erst in den 80er Jahren wieder aufgefunden wurde.

Eine Hommage an die Montagekunst Ruttmanns realisierte 1984 Pierre Henry für das WDR Studio Akustische Kunst, indem er den dokumentarischen Stummfilm *Berlin. Die Sinfonie der Großstadt* mit seiner Stadtklangkomposition *La Ville. Die Stadt. Metropolis Paris* in einer audiovisuellen Synthese als Hörfilm zusammenführte: Symbiose der Montagesprache des Stummfilms mit der der Akustischen Kunst.

Die Montage und Cut-up-Technik des Neuen Hörspiels der späten 60er Jahre brach als Schock in die von der sanften Blende bestimmten Welt des traditionellen literarischen Hörspiels ein. Dort diente der Schnitt dazu, Fehler zu eliminieren, das heißt alles, was nicht dem Text oder – im Bereich der Musik – nicht der Partitur entsprach.

Die Akustische Kunst dreht diesen Vorgang gleichsam um: Das akustische Universum ist die Schrift, die »Graphophonie« (P.M. Meyer), die sich einschreibt in die analogen oder digitalen Aufzeichnungssysteme. Der Schnitt folgt nicht einer schriftlich literarischen Textvorlage oder Notenpartitur. Er schneidet die aufgenommene akustische Textur – der Schnitt ein kompositorischer Akt. Der Audio-Künstler betritt offenen Ohres eine »terra incognita«, er bewegt sich im labyrinthischen Gewebe akustischer Zeichen, in dem alles Hörbare gleichwertige Komponenten eines Zeichensystems sind, das stets neu zu entdecken ist. »Die Klänge Klänge sein lassen«, wie John Cage sagte, und sie dennoch kompositorisch in neue akustische Zusammenhänge und Hörerfahrungen bringen.

Mit seinen frühen akustischen Collagen wie *William Mix*, bereits 1952 konzipiert, und mit *Fontana Mix* (1958) hinterließ John Cage herausragende Zeugnisse der Kunst der Tonbandmontage.

Meiner Meinung nach hat das Tonband in außerordentlicher Weise eine Änderung der musikalischen Tätigkeit bewirkt, dessen Konsequenzen sich nicht allein auf das Tonband beschränken, sondern jegliche Musik betreffen, wie traditionell ihr Instrument auch sein mag. Der hauptsächliche technische Beitrag meiner Arbeit mit dem Tonband besteht in der Montage-Methode, das heißt in der Methode, das Material derart zu schneiden, daß es die Ein- und Ausschwingungen der aufgenommenen Klänge berührt.[3]

Zwanzig Jahre später führte er diese Tonbandarbeit – jetzt allerdings innerhalb des Radios – mit seinem Werk *Roaratorio. Ein irischer Circus über Finnegans Wake* fort. Dabei nutzte er die Technik des Mehrspurbandes, die es ihm ermöglichte, innerhalb von vier Wochen 2293 Klänge und Geräusche exakt an eine vom Zufall bestimmte Stelle der 16 Spuren des Tonbands einzufahren. Einer der ersten, der die Mehrspurtechnik künstlerisch instrumentalisierte, war Glenn Gould 1967 mit seinen in Europa lange Zeit unbekannten drei Originalton-Stimmen-Fugen der *Solitude Triology*.

Die von Futuristen und Dadaisten entworfenen Konzepte von Simultaneität fanden in dem Instrument der Mehrspurtechnik eine neue konkrete Qualität. Die einzelnen Klänge und Geräusche, Sprache und Musik können auf die einzelnen Tonspuren simultan und ihrer zeitlichen Abfolge und Dauer entsprechend eingeschrieben werden. Danach spielen mit ihnen kompositorisch weiter: die Instrumente der Studiotechnik, die des Mischpultes für die Stereoabmischung auf Tonband oder die der Lautsprecherperformance im Raum. Sie verändern ihre Klangqualität und choreographieren ihre Position im (Stereo)Raum.

[3] John Cage, in: *John Cage*, hg. v. Richard Kostelanetz, Köln 1973, S. 182

Für die Audio-Künstler und Komponisten, die es gelernt hatten, mit dem analogen Aufzeichnungssystem der Mehrspurtechnik kompositorisch umzugehen, war der Schritt in die virtuelle Realität des digitalen Schriftsystems, des Harddisk-Recordings ebenso einfach wie folgenreich. Das eingeladene akustische Material ist jederzeit abrufbar, und an jeder beliebigen Stelle kann es einzeln und simultan mit anderen Elementen kompositorisch verbunden werden. Visualisiert wird der akustische Vorgang gleichzeitig wie eine Partitur auf dem Monitor: audiovisuelle Korrespondenz von zwei Schriftsystemen. Dieses Speichersystem – verbunden mit einer Vielzahl von miteinander auf dem Mischpult vernetzten elektroakustischen Instrumenten, Klangerzeugern und Klangumwandlern – stellt ein ebenso gigantisches wie in seiner Spielbreite flexibles Orchester dar. Auf die Vielzahl der Instrumente, die das digitale Mischpult für die Komponisten bereithält, möchte ich hier nicht näher eingehen, zumal sich damit andere Beiträge dieser Darmstädter Kurse beschäftigen.

Es nimmt nicht wunder, daß nicht nur einige Künstler, sondern vor allem Sound- und Produktdesigner – als Experten dieser Unternehmung – ein besonderes Interesse an diesem Klangkörper zeigen. Der rasche Zugriff auf die eingespeicherten Archive in diesem Klangcontainer kommt dem Auftrag einer raschen Verwendbarkeit und eines ebenso raschen wie reibungslosen Verbrauchs entgegen.

Dieser digitale Datencontainer stellt gleichsam das Modell für eine weitaus größer dimensionierte mediale Unternehmung dar: Das Übertragen auf die zukünftigen Datenautobahnen des Internet macht den daran angeschlossenen Konsumenten zum (scheinbaren) Produzenten selbstgestalteter Programme. Der Konsument nun endlich als Produzent? Als omnipotenter Programmgestalter, als Medienkünstler? Euphorische Vorstellungen von der freien Verfügbarkeit der in den Mahlstrom eingespeicherten Daten und künstlerischen Werke prägen zunehmend die aktuelle Diskussion, in der die Rolle des Künstlers kaum zur Debatte steht. (Weniger seine Beteiligung denn seine bisher produzierten Werke als verfügbares Spielmaterial scheinen Gegenstand des Interesses zu sein.)

Es käme darauf an, an den Musik- und Medienhochschulen den Komponisten und Audio-Künstlern intensiver und kompetent theoretische und praktische Erfahrungen für den Umgang auch mit diesem Instrumentarium zu ermöglichen. Es käme darauf an, die Geschichte und die mit vielen Medien verbundene Tradition der Akustischen Kunst in das kulturelle Bewußtsein einzubeziehen und zu vermitteln. Es käme darauf an, die elektronischen Experimentalstudios und Redaktionen Akustischer Kunst auszubauen und nicht schleichend und leichtfertig ihre Abschaffung vorzubereiten. Andernfalls entgleiten diese medialen Instrumente aus mangelnder Kompetenz den künstlerischen Entfaltungs- und Gestaltungsmöglichkeiten. Schon bald könnten sich die Folgen einer Abstinenz künstlerischer Positionen innerhalb einer rasanten Entwicklung der globalen Medienlandschaft abzeichnen.

Es käme darauf an, die Relevanz der Akustischen Kunst im intermedialen Spielraum in seinem vielfältigen Spektrum produktiv zu machen; die von den Pionieren dieser Medienkunst seit Beginn dieses Jahrhunderts in zahlreichen Konzepten, Manifesten und Realisationen projizierten Möglichkeiten am Ende dieses Jahrhunderts wahrzunehmen und weiterzuentwickeln. Weitreichende, bereits bestehende Netzwerke im wissenschaftlichen wie künstlerischen Bereich wären miteinander zu verknüpfen und nutzbar zu machen.

Neben der Entwicklung der Aufnahme- und Aufzeichnungstechnik des akustischen Materials erhielt die Akustische Kunst mit der Mitte der 60er Jahre im Radio eingeführten Stereophonie ein Instrument, das ihren multiperspektivischen Tendenzen im hohen Maße entgegenkam: Die Stereophonie macht den HörRaum als Spielfläche zwischen den beiden Lautsprechern erfahrbar, auf der nun die einzelnen akustischen Elemente choreographiert werden können. Aus dem einseitigen Instrument der Monophonie wird in der Stereophonie ein Instrument über zwei Seiten. Der zwischen den beiden Seiten existierende Raum ist der Spielraum. Die Gleichzeitigkeit ablaufender akustischer Ereignisse wird durch die stereophonen Positionen gleichsam sichtbar versinnlicht. Diese Erfahrung brachte den konkreten HörRaum des Radiozuhörers, der in der monophonen Rezeption als innere Bühne verinnerlicht worden war, ins Spiel.

Das Stichwort »Raum« war gegeben. Der Raum als konkret erfahrbarer Spielraum sollte zunehmende Aufmerksamkeit in der künstlerischen Gestaltung von Sprach- und Klangkompositionen im Radio gewinnen. So werden Außenaufnahmen in akustisch besonderen Räumen oder Örtlichkeiten mit außergewöhnlicher Resonanz gemacht. Räume werden wie Instrumente als Klangkörper »bespielt«.

Andererseits werden in Studioaufnahmen akustische Räume durch Mikrophonierung, Hall und Filterung simuliert und zuweilen auch mit Klangräumen der Außenaufnahmen kombiniert.

Pioniere des Neuen Hörspiels wie Franz Mon hatten die Stereophonie allerdings als einen *vorläufigen Behelf* beschrieben, da sie

nur einen kleinen Ausschnitt räumlicher Dimensionen für die Syntax von Hörereignissen erschließt. Erst das über alle räumlichen Dimensionen verfügende Hörspiel vermag die Erwartungen zu erfüllen. Die Ordnung größerer sprachlicher Verläufe könnte erst gelingen, wenn nicht nur ein Hörraum, sondern mehrere ganze Hörräume einbezogen würden.[4]

Ein vierseitiges Lautsprecherinstrument hätte den Spielraum erweitern können, doch konnte sich die Quadrophonie für die Radiorezeption nicht durchsetzen. Auch Versuche mit der sogenannten Kunstkopf-Stereophonie, über Kopfhörer den ganzen Raum plastisch zu erfahren, wurden kaum von den Hörern angenommen.

---

[4] Franz Mon, *bemerkungen zur stereofonie*, in: *Neues Hörspiel. Essays, Analysen, Gespräche*, hg. v. Klaus Schöning, Frankfurt/M. 1970, S. 127-128

Was lag für die Komponisten und Audio-Künstler näher, als Lautsprecherkonzerte und Klangperformances außerhalb des Radios zu realisieren?

Concert de bruits – so nannte Pierre Schaeffer, der Protagonist der musique concrète, sein Lautsprecherkonzert, das er 1948 im Radio uraufführte.

Lautsprecherkonzerte ganz eigener Art realisierte John Cage mit seiner *Imaginary Landscape No. 4*, einem Werk, in dem er auf das desolate Radioprogramm US-amerikanischer Sender ebenso kreativ wie kritisch reagierte. Er nutzte das Radio als Schallquelle, als Musikinstrument, wobei er sich allerdings mit einem Radiolautsprecher nicht begnügte. Henry Cowell, bei dem Cage studiert hatte, erinnert sich an die Performance der Uraufführung:

Diese Komposition für zwölf Radios war keine Sendung mit Musik von John Cage, gespielt in und übertragen von einer oder zwölf Radiostationen. Statt dessen waren zwölf Radioapparate wie Musikinstrumente zu behandeln und wie im Konzert zu spielen. Wie verwandelt man ein Radio in ein Musikinstrument?

Auf dem Podium standen zwölf Radioapparate, an jedem zwölf Spieler, und der Komponist, der Dirigent. Die Partitur verlangt einen Interpreten für die Handhabung des Drehknopfs, der die verschiedenen Stationen auswählt, die der Komponist im Laufe des Werkes zu Gehör bringen möchte, und einen anderen Ausführenden für den Drehknopf, der die Dynamik reguliert. Die Anweisungen des Komponisten, nach denen die verschiedenen Radiostationen ein- und ausgeschaltet werden sollen, bestehen aus Noten und Pausen. Die Wellenlänge jeder Station ist in Kilohertz angegeben. Wie für die Auswahl der Wellenlänge gibt es für die Dynamik genaue rhythmische Vorschriften.[5]

Lautsprecherkonzerte – von der Musik einige Zeit lang gepflegt, dann anderen Trends folgend vernachlässigt – ereignen sich heute als populäre Beschallungskonzerte, die die Lautsprecher reproduktiv als Lautverstärker einsetzen, oder als künstlerisch subtil gestaltete Klanginstallationen und Live-Performances Akustischer Kunst.

Das Studio Akustische Kunst des WDR hat auf seine Weise die hier skizzierten Entwicklungen einer produktiven Korrespondenz zwischen Kunst und Technologie wesentlich gefördert und aus der Perspektive des Radios mitbestimmt.

Innerhalb der internationalen Radioszene gilt das Studio Akustische Kunst als eines der Zentren avancierter Produktion der Ars Acustica und der medienwissenschaftlichen Forschung. Mit einem wöchentlichen Programm von 90 Minuten in WDR 3 und Sendezeiten in WDR Radio 5 versteht es sich als ein offener Workshop für deutsche und internationale Künstler und Künstlerinnen aus den unterschiedlichsten Bereichen und als ein Forum vielfältiger medienspezifischer Aktivitäten.

---

[5] Henry Cowell, *Tageschronik*, in: *John Cage*, hg. v. Richard Kostelanetz, Köln 1973, S. 126-127

Seit 1963 wurde eine Konzeption entwickelt, in der die jeweils vorgestellten Werke Teile eines thematisch aufeinander bezogenen, durchmoderierten Programmfeldes bilden. Es integriert die unterschiedlichsten radiophonen Sendeformen: Essay, Dokumentationen, Feature, Hörspot sowie Gespräche mit Komponisten, Autoren, Produzenten, Technikern und Wissenschaftlern. Diese Konzeption vermittelt dem Zuhörer die Begegnung und einen vertiefenden Zugang zum Spektrum einer aktuellen Medienkunst. Ergänzt wird diese variable Sendeform durch die Zusammenfassung einzelner Werke der Akustischen Kunst zu programmatischen Sendereihen: Sie erleichtern es dem Zuhörer, Entwicklungen und Querverbindungen auch zu anderen Künsten klarer zu erkennen. Das Spektrum der Produktionen reicht von akustischer Literatur, Lautpoesie, mehrsprachigen Collagen, polyphonen Kompositionen, Klanglandschaften, (Satelliten-)Klangskulpturen, öffentlichen Performances bis hin zu Experimenten im Bereich neuer elektroakustischer Technologien.

Die Entwicklung des Studio Akustische Kunst vollzog sich in 30 Jahren in verschiedenen aufeinanderfolgenden und aufeinanderbezogenen Phasen, auf die ich hier im einzelnen nicht näher eingehen kann. Beschrieben ist das vielfältige Spektrum dieser Arbeit u.a. in mehreren inter-nationalen Dokumentationen.

Das Movens dieser jahrzehntelangen Aktivitäten ist in dem Versuch zu sehen, eine Sprache der Akustischen Kunst im Radio zu entwickeln, ähnlich wie die Sprache des Films. Charakteristisch ist die konsequente Loslösung von den Kriterien des literarischen Radiodramas und die Einbindung in die zuvor skizzierte Geschichte der Akustischen Kunst, wie sie sich auch außerhalb des Radios in diesem Jahrhundert vollzogen hat.

Die ästhetische Konzeption beruht nicht wie im Radiodrama auf der Dominanz von Dialog, Monolog und erzählenden Elementen, sondern vor allem auf Collage- und Montageverfahren, in denen sämtliche akustischen Erscheinungsformen kompositorisch gleichwertig eingesetzt werden können. Die Akustische Kunst, die Ars Acustica (Begriffe, die ich seit den 70er Jahren verwende), ist eine Art Schmelztiegel heterogener akustischer Elemente, u.a. der gesprochenen Sprache, der asemantischen Artikulation, der Lautpoesie, der Ars multilingua, der Klänge und Geräusche der Umwelt, der elektronischen Musik und der musique concrète sowie der künstlerischen Verarbeitung dieser Komponenten durch das Instrumentarium einer avancierten Medientechnologie.

Ein wesentlicher Teil meiner redaktionellen Arbeit konzentriert sich bis heute darauf, Künstler aus den unterschiedlichsten Medien und Disziplinen in den Prozeß der akustischen Realisierung ihrer Werke einzubinden, sie mit einer sich technisch ständig verändernden Apparatur vertraut zu machen und dabei die technischen Instrumente produktiv und nicht reproduktiv einzusetzen. Für den traditionell arbeitenden Schriftsteller mit seinem primär vom Wort her bestimmten Text wäre diese Einladung eine unzumutbare Überforderung gewesen. Hatte er doch mit der ausgearbeiteten Textvorlage seine künstlerische Tätigkeit – vergleichbar mit der eines

Theaterschriftstellers oder dem Partituren schreibenden Komponisten – abgeschlossen. Die Autoren des sogenannten Neuen Hörspiels dagegen – aus dem Lager der experimentellen Literatur, der konkreten Poesie, des Sprachspiels, der akustischen Ready mades und der Lautpoesie – waren mit ihrer Literatur auch in die Grenzbereiche von kaum noch aufschreibbarer Sprache gekommen. Das Buchstabengedicht *Sonate in Urlauten* von Kurt Schwitters brachte bereits in den 20er Jahren das Auditiv-musikalische dieser Literatur auf den Begriff.

Das Prinzip Collage, auf dem ein Teil der Ästhetik dieser Künstler beruht, in der heterogene Teile durch die Montage zu einem neuen offenen Ganzen führen, hatte die zuvor beschriebenen Schnitt- und Montageverfahren der Filmtechnik für die literarische Praxis adaptiert. Die Vertrautheit mit einer auditiven Literatur und der Montage waren einladende Voraussetzungen, die Arbeit am Schreibtisch mit der im Studio zu ergänzen oder ganz zu vertauschen. Das intermediale Selbstverständis dieser Künstler – auch hier den Futuristen und Dadaisten verwandt –, ihr Umgang mit Sprache, Geräusch und Klang als gleichwertigen Gestaltungskomponenten, ihr Interesse am technischen Prozeß im Studio ließen sie im Radio einen ihren künstlerischen Intentionen adäquates Realisierungsfeld finden. Zur Orientierung dazu einige Namen vom Künstlern, die Anfang der 70er Jahre für das Studio Akustische Kunst ihre Stücke realisierten: Gerhard Rühm, Ernst Jandl, Ferdinand Kriwet, Paul Pörtner, Franz Mon, Peter Handke und der Filmemacher Rainer Werner Fassbinder.

Das von diesen Künstlern eingebrachte Interesse an der Mündlichkeit, ihre sensible Arbeit am gesprochenen Wort bis hin zur asemantischen Artikulation, ihre Aufnahme- und Montagetechniken initiierte auch die Erforschung des Originaltons.

Die Entwicklung zu einem weitgehend textoffenen, primär vom Akustischen her konzipierten Werk, in dem eher musikalisch-kompositorische Faktoren konstitutiv sind, definierte die Produktionskriterien. Die Schrift der Akustischen Kunst ist eine hörbare Schrift – entzifferbar nur über das Hören. Begleitet wurden die Sendungen dieser Werke des Studio Akustische Kunst durch Gespräche, Essays und Werkstattberichte. Das Studio wurde seit Ende der 60er Jahre zu einem Laboratorium der Produktion und Reflexion dieser Entwicklungen. Deutlich zeichneten sich die Konturen einer eigenständigen Akustischen Kunst ab. Mauricio Kagel konstatierte: *Das [Neue] Hörspiel ist weder eine literarische noch eine musikalische, sondern lediglich eine akustische Gattung unbestimmten Inhalts.*[6]

Es lag in der Konsequenz dieser Erkundungen des Auditiven, daß zahlreiche Komponisten, durch die ästhetische Offenheit des Studios angeregt, nicht wie bisher Musik für Hörspiele, sondern eigene Stücke komponierten. Es war Mauricio Kagel vorbehalten, auf Einladung des Kölner Studios den entscheidenden Schritt vom »Hörspiel als Musik« zur »Musik als Hörspiel«

---

[6] Mauricio Kagel, in: *Neues Hörspiel. Essays, Analysen, Gespräche*, hg. v. Klaus Schöning, Frankfurt/M. 1970, S. 228

einzuleiten, durch eine Reihe von Werken von ebenso künstlerischer wie die medienspezifischen Möglichkeiten des Massenmediums Radio reflektierender Intensität. Seit 1970 sind von internationalen Komponisten über 80 Werke im Studio realisiert worden: neben denen von Mauricio Kagel u.a. von John Cage, Pierre Henry, Dieter Schnebel, Vinko Globokar, Pauline Oliveros, Sorrel Hays, Juan Allende-Blin, Hans Ulrich Humpert, Luc Ferrari und Hans Otte.

Einen nicht unwesentlichen Anteil an der Produktion Akustischer Kunst haben nordamerikanische und australische Komponisten und Klangkünstler. Für die meisten ist die mehrdimendiale Performance mit Instrumenten, Mikrophonen, Video, Mischpult und Stimme die geläufigste Form der Darstellung. Die Begegnung mit dieser künstlerischen Praxis, die sich in den USA nahezu vollständig außerhalb des Radios und Fernsehens vollzieht, gab beiderseits belebende Impulse. Seit 1979 sind über 70 ihrer Werke produziert worden. Mehrere dieser Kompositionen sind zweisprachig komponiert und verbinden sich mit dem Programmschwerpunkt Ars Multilingua.

Im Laufe der 70er und 80er Jahre beginnt das »Studio« mit der Produktion von Klanglandschaften und Stadtklang-Kompositionen. Diese stehen in der Tradition der Geräuschkompositionen, die sich bis Anfang dieses Jahrhunderts zurückverfolgen lassen. Luigi Russolos Schrift *L'arte dei rumori* (*Die Kunst der Geräusche*) aus dem Jahre 1913 war auch für die Realisierung der Klanglandschaften und des *WDR-Metropolis-Projekts* ein wegweisender Meilenstein. Ebenso wie das lange Zeit in Europa unbekannt gebliebene *World-Soundscape-Projekt* des kanadischen Klangforschers und Komponisten Murray Schafer. Er definiert die Klanglandschaften als »seeing the landscape with the ears«. Einen weiteren Schwerpunkt des Studios bildet die Produktion nonverbaler Klangkompositionen. In den vergangenen 15 Jahren sind über 60 entsprechende Realisationen produziert worden.

Ein weiterer Schwerpunkt der redaktionellen Arbeit des Studios besteht seit zwei Jahrzehnten – neben dem Produktionsauftrag für die Radiosendung – darin, die Künstler einzuladen und zu motivieren, intermediale Verbindungen herzustellen zwischen ihren Studiorealisationen und einer möglichen Präsentation in Konzerten, Performances und Klanginstallationen, die – dann aufgenommen – zu neuen Produktionen für das Radio führen.

Von großer Bedeutung erweist sich dabei die zumeist große Kompetenz der Künstler im Intermedia-Bereich. So konnten wir nach einer Reihe öffentlicher Veranstaltungen in den frühen 80er Jahren 1985 das erste große Festival und Symposium der Akustischen Kunst – die »Acustica International« – in Köln mit 20 Live-Performances unserer Produktionen mit großem Publikumserfolg veranstalten. (Der Realisierung derartiger Projekte kam außerdem die jahrzehntelange Zusammenarbeit zwischen Studioredaktion und technischem Team entgegen, dem die zum Teil im Radio außergewöhnlichen Anforderungen der Künstler aus zahlreichen vorangegangenen Produktionen vertraut waren.) Dieses erste Festival war als Medienereignis so etwas wie ein signalgebendes Modell für verschiedene in den 90er Jahren ausgerichtete Festivals der »Soundart«. Soundart-Festivals sind (fast risikolos) »in«. Die Nachfrage internationaler Veranstalter an vom Studio produzierten Werken Akustischer Kunst sind derart gewachsen, daß die Redaktion überfordert ist, allen Einladungen nachzukommen. Außerdem entsprechen die lokalen Aufführungsmöglichkeiten nicht immer den notwendigen Voraussetzungen, diese Werke adäquat zu präsentieren.

So wirken Künstler aus den unterschiedlichsten Bereichen in diesem Atelier Akustischer Kunst wie in einem Laboratorium; sie bringen aus ihrer Praxis Arbeitsmethoden, Erfahrungen, neue Techniken und Traditionen aus anderen Medien in das offene Konzept der Ars Acustica ein. Die meisten von ihnen sind Poly-Artisten, die in vielen Medien zu Hause sind und durch die Begegnung mit dem Instrument Radio, ihrem eigenen künstlerischen Spielraum eine neue Qualität hinzufügen. »Composing the Radio«.

Die Komposition des Audio-Künstlers für das Radio endet mit der Fixierung auf Tonträger. Das Radio sendet das Werk in einen universalen HörRaum, einen immensen Klangcontainer. Der Radioapparat und die Lautsprecher des Zuhörers machen das Werk wieder hörbar. Doch kein Hörer hört über seine Lautsprecher das Gleiche, was ein anderer Hörer hört. Jeder HörRaum ist anders. Wenn der Audio-Künstler die Rezeption seines Radiostückes in einem Raum mitbestimmen will, wird er einen Raum suchen, einen Innen- oder Außenraum, ihn akustisch und auch optisch studieren und Lautsprecher installieren. Er wird die Lautsprecher wie Klanginstrumente behandeln und sie vielleicht auch als sichtbare klingende Objekte im Raum choreographieren. Er wird den Raum als Klang- und Erlebnisraum inszenieren. Er wird überlegen, einige Klangereignisse seiner Studioproduktion live zu realisieren: mit Stimmen, Musikern, Tänzern, dazu Film und Video und neue akustische Fertigteile. Die Produktion von Klängen wird jetzt sichtbar. Aus dem Audio-Stück wird ein audiovisuelles Ereignis – das gleichzeitig auch als akustisches Ereignis inszeniert werden kann und so ins Radio zurückkehrt. Akustische Kunst im intermedialen Kontext. Das Radio im intermedialen Kontext.

Der intermediale Kreis schließt sich auch von der anderen Seite: Das Radio lädt die Künstler aus den unterschiedlichsten Medien ein, die hörbaren Ereignisse ihrer intermedialen Performances oder Klangobjekte als Komponenten zusammen mit zusätzlichen akustischen Materialien in einer Klangkomposition für das Radio zu organisieren; ihre audiovisuelle Performance als Soundtrack wahrzunehmen und zu entdecken, daß viele akustische Ereignisse der Performance durch das Optische gleichsam verdeckt waren. Davon jetzt befreit, werden die Klänge wahrnehmbar als autonomer Klang, losgelöst aus einem identifizierbaren audiovisuellen Kontext: »Rumori in liberta«.

Die Präsentation der Produktionen außerhalb der Sendungen gehört heute zur Doppelfunktion der Arbeit des Studio Akustische Kunst. Dabei haben sich verschiedene mediale Formen der Darstellung herausgebildet: das Lautsprecherkonzert, die Live-Performance (eine Mischung aus eingespielten Tonbändern und audiovisuellen Aktionen auf der Bühne), die

Raum-Klang-Installation, der Hörfilm mit integriertem Lautsprecherkonzert, die simultane Radio- und Fernsehsendung und urbane Klangskulpturen bei gleichzeitiger Live-Sendung. Bei diesen Performances außerhalb des HörRaums Radio werden Mikrophon und Lautsprecher zu primären Instrumenten für das Spiel im Raum.

Eine künstlerische wie übertragungstechnisch besondere Herausforderung stellen dabei transkontinentale Live-Kompositionen über Satellit dar. Die erste Klangskulptur dieser Art in der Geschichte der Akustischen Kunst des Radios realisierten wir 1987: die *Ohrbrücke Köln – San Francisco* von Bill Fontana. Eine Stunde hörten die Hörer in die beiden Städte hinein, in ihren komponierten Klang. Einige waren irritiert, ihr HörRaum hatte sich unerwartet verändert. Andere Hörer begrüßten dieses Klangerlebnis; sie waren fasziniert von der Einbindung ihrer jeweiligen Situation in die Gleichzeitigkeit verschiedener akustischer Ereignisse fern von ihnen. Manche Hörer sprachen von einem beruhigenden, fast therapeutischen Effekt, den diese Begegnung mit bekannten und unbekannten Klängen bei ihnen in einem unvertrauten Zusammenhang auslöste. Über 60 der Sendung angeschlossene internationale Rundfunkstationen in Europa und den USA hörten in diesen HörRaum hinein.

Gleichzeitig sinnlich wahrzunehmen war eine der wesentlichen Erfahrungen bei diesem Live-Radioereignis. Die Entfernungen der Klangräume voneinander schienen aufgehoben, so daß ihr elektronischer Transport ohne gravierende Zeitverzögerung vonstatten ging. Zeitgleich erreichten sie die Sammelstelle HörRaum Radio und bildeten die Klangraumcollage. Es entstand ein plastischer Raum, für den der Begriff »Klangskulptur«, den Bill Fontana dafür einsetzt, sehr zutreffend ist. Die von uns erfahrene Flüchtigkeit, Vergänglichkeit eines Tons in der Zeit – »Silence. Sounds are only bubbles on its surface. They burst to disappear« (Cage/Thoreau) – wird durch die multiperspektivischen Aufnahmen eines Klangs über mehrere weit voneinander entfernte Mikrophone gleichsam verräumlicht. Die zeitliche Länge eines Klanges, seine Lebensdauer, die seiner hörbaren Reichweite entspricht, wird im akustischen Raum strukturiert und als Zeit/Raum erfahrbar. An diesem transatlantischen Ereignis mit zwei urbanen Klangskulpturen hatten sich in Köln und San Francisco auch zwei große Museen moderner Kunst beteiligt (das Museum Ludwig in Köln und das Museum of Modern Art in San Francisco). Damit wurde erneut eine sich zunehmend abzeichnende Korrespondenz der Akustischen Kunst mit der grenzüberschreitenden Offenheit der bildenden Kunst evident. Das Radio als kultureller Faktor experimentiert im Kontext aktueller technischer und künstlerischer Entwicklungen.

Im Juni 1993 realisierten wir dann die erste Satelliten-Klangskulptur zwischen Europa und Asien, die *Klangbrücke Köln-Kyoto* von Bill Fontana. Das intermediale Ereignis war als dreistündige Radio-Live-Sendung über drei verschiedene Wellen des WDR und in Lautsprecherinstallationen als zweitägiges urbanes Ereignis auf öffentlichen Plätzen in Köln und Kyoto live mitzuerleben. Die Klänge aus Köln und Kyoto, räumlich weit voneinander entfernt, verbanden sich gleichzeitig miteinander im HörRaum Radio, ereigneten sich gleichzeitig auch über Lautsprecher in den unterschiedlichsten Räumen und akustischen Situationen der Zuhörer. In Fontanas interkontinentalen Geräuschkonzerten musiziert ein Orchester absichtslos agierender Klangquellen. Die Vorbereitung zu einer derartigen Live-Komposition besteht in der sorgfältigen Auswahl der mitwirkenden Klangquellen und des Studiums ihres akustischen Lebens, ihrer Veränderung im Ablauf der Tageszeit.

Poetischer Höhepunkt dieser Klangkomposition: zwei unbewegte, ruhende Glocken, in denen Mikrophone installiert waren: Die Resonanz im Inneren der Petersglocke im Kölner Dom und die Resonanz der großen Glocke im Chion-Tempel in Kyoto: Hörmuscheln gleich, in denen die Geräusche der Stadt sich verdichteten, sich gleichsam wie akustische Erinnerungen einschrieben in eine unsichtbare Klangchronik dieser Stadt; Klangkompositionen, die die akustische Umwelt selbst realisierten und die niemand zuvor so gehört hatte, ebensowenig wie das Geräusch des Rheins, das ein Unterwassermikrophon aufnahm.

Die *Klangbrücke Köln – Kyoto* war eine Reise in die komponierte Gleichzeitigkeit der Klänge und Umweltgeräusche von zwei jeweils auf der anderen Seite des Erdballs gelegenen Metropolen; zugleich auch eine Reise in die Ungleichzeitigkeiten der Tageszeiten. Der unaufhebbare Zeitunterschied von sieben Stunden zeichnete den Charakter der Klangkompositionen. Simultan zur dreistündigen Live-Sendung im Radio, quer durch drei Programme des WDR, gab es die Einladung zu einer weiteren Entdeckungsreise, die den Hörer auf den Museumsplatz führte in Köln oder Kyoto, zu einer Entdeckungsreise durch die Choreographie von zwei Lautsprecherinstallationen, die Klanglandschaften imaginierte. Eine Reiseroute, die jeder selbst bestimmen konnte, von Klangquelle zu Klangquelle wandernd. Als nach zwei Tagen die Lautsprecher schwiegen, hatten die Klänge die Hörbühne, auf der sie zu Gast waren, verlassen – waren zurückgekehrt an die Orte ihrer Herkunft, von denen sie sich nur scheinbar entfernt hatten. Auf dem Platz zurück bleibt eine Erinnerung, ein Echo, und hörbar wurde nun wieder die urbane Topophonie ohne Lautsprecher, Verstärker, Satellit und Mikrophon. Sie lud die Passanten ein, die Klänge und Geräusche zu hören, die täglich dort zu hören sind.

Mit der Realität von Soundscapes und Klangskulpturen beschäftigen sich neben den künstlerischen Pionieren Murray Schafer, Bill Fontana, Alvin Curran, Les Gilbert, Max Neuhaus, Andres Bosshard heute auch zahlreiche Sounddesigner und Multi-Media-Marketing-Veranstalter. Heute werden urbane Räume und Plätze, Museen, Galerien, Kaufhäuser und Naturlandschaften durch Lautsprecher zu Lärm- oder Klanglandschaften. Ein schon fast inflationärer Trend deutet sich hier an. Der Übergang vom Klangkünstler zum Klangdesigner erscheint dabei zuweilen fließend. Hier werden sich differenzierende künstlerische Bewertungskriterien herausbilden. Das Feld ist heute weit offen.

Offener als je zuvor erscheint auch der elektronische HörRaum Radio durch die zuvor erwähnten neuen Datenautobahnen des Internet. Auf ihnen sollen die Informationen nicht nur dahineilen zu raschem Verbrauch. Sie führen auch zu virtuellen Metropolen und Kommunikationszentren, zu Rast- und Spielplätzen. Weltgemeinschaftliches virtuelles Tun im gemeinschaftlichen HörRaum ist angesagt. Interaktion heißt das einladende Spiel – ein Spiel, scheinbar ohne Grenzen; eine Art telematisch-elektronisches Welttheater, an dem sich in flexiblen, vernetzten Strukturen alle beteiligen könnten – wenn sie denn einen Anschluß gefunden haben und mitspielen möchten; ein aktuelles Faszinosum für sehr unterschiedliche Interessen; ein Phantom, eine Weltanschauung, ein technisches Wunder und eine Realität zugleich: Sie wird vieles verändern, verfügbar machen, zum Verschwinden bringen. Sie wird auch die Künstler reizen – wie jede neue Technologie. Es könnte ein neues Instrument sein. »Ich glaube«, sagte Mauricio Kagel zu den scheinbar so leicht handhabbaren technischen Spielereien, »daß man einen hohen Grad an Komplizität mit der Technik erreichen muß«.

Es mag sein, daß bisher geltende Übereinkünfte von künstlerischer Gestaltung und Disziplin sich in diesen medialen babylonischen Turbulenzen und Informationsüberflutungen aufzulösen beginnen oder daß Kunst, Akustische Kunst, das verdichtende, aussagende Konzentrat bleibt – als Entwurf und Zeugnis des Unbekannten, nicht Verfügbaren, nicht zu Vereinnahmenden. Der komplexeste und interaktivste HörRaum bleibt das Bewußtsein, das Gedächtnis des einzelnen Zuhörers. Zuhören ist Produktivität. SoundMindSound.

John Cage, der technische Neuerungen und Erneuerungen als Erweiterung künstlerischer Möglichkeiten und Rezeptionserfahrungen begrüßte – welche Instrumente hätte er nicht zum Klingen gebracht –, John Cage machte gleichzeitig auch auf die nicht durch Technik vermittelten Klangereignisse unserer Umwelt aufmerksam (*Tacet*).

Er zitierte dabei gern eine Bemerkung des Komponisten Charles Ives: *Charles Ives wrote a romantic essay about sitting in a rocking chair on the front porch, looking out toward the mountains, »listening to your own symphony«.*[7]

---

[7] John Cage, in: *Conversing with Cage*, hg. v. Richard Kostelanetz, New York 1987, S. 230

Helga de la Motte-Haber

Von der Maschinenmusik zur algorithmischen Struktur

Am 27.7.1926 erschien im *Donauboten* eine Besprechung über das von Jörg Mager, dem Begründer der deutschen Elektromusikforschung entwickelte Sphärophon. Darin war zu lesen:

Am Nachmittag wurde im Zeppelin von Herrn Jörg Mager aus Berlin sein neuer Sphärophon vorgeführt. Es war hochinteressant zu hören, daß man jetzt zur Erzeugung von Tönen auf radio-elektrischem Weg übergeht und daß man glaubt, Töne von 12 Pferdestärken herstellen zu können. Der Redner meint, der neueste Beruf sei der des Musikingeniurs und er stellt den Bau von Musiktürmen in Aussicht, so daß die Klangfarbe aller Instrumente und selbst der menschlichen Stimme nachgeahmt werden könne.

Es mag überraschen, daß ich ausgerechnet in einer alten Besprechung in einem Provinzblatt die Gliederung für meinen Vortrag gefunden habe, nachdem ich lange Zeit mit der Stoffülle kämpfte und die im Titel angedeutete Differenzierung von Klangsynthese und Partitursynthese als gedanklich zu eng empfand. Diese beiden Gesichtspunkte werden im folgenden zur Sprache kommen, jedoch ergänzt um andere, die das kompositorische Subjekt (den Musikingenieur) sowie grundsätzlicher das Verhältnis von Kunst und Technik betreffen. Um eine größere Überschaubarkeit zu gewährleisten, gebe ich das Resümee eines Abschnitts durch Überschriften vorweg an.

Töne und Klänge von zwölf Pferdestärken: Materialveränderungen

1. Materialveränderungen durch Objektqualitäten des Klanges

Die Nutzbarmachung der Elektrizität war nach der Erfindung der Dampfmaschine ein weiterer und großer Schritt der Entwertung der menschlichen Arbeitskraft. Auch bei den nach der Jahrhundertwende zahlreich erfundenen elektrischen Klangerzeugern spielte die Idee mit, daß es eine Musik jenseits einer *von Hand und Lippen hervorgerufenen Instrumentation* geben müsse, wie es Robert Beyer in seinem Aufsatz *Das Problem der kommenden Musik* 1928 formulierte[1]. Damit reihen sich die neuen elektrischen Klangerzeuger als Verbesserungen in die Geschichte der selbstspielenden Instrumente ein. Sie leisteten jedoch etwas Neues, nämlich künstlich erzeugte neue Klangfarben. Aus dem einführenden Kapitel von Elena Ungeheuers Buch

---

[1] R. Beyer, *Das Problem der kommenden Musik*, in: *Die Musik* 9, 1928, S. 4

Wie die elektronische Musik erfunden wurde[2] kann man sich einen Eindruck bilden, wie groß die Zahl der Veröffentlichungen von Erfindungen und Patenten gewesen sein muß. Musikalische Bedeutung erlangten nur wenige Instrumente. Mit dem Trautonium arbeiteten Paul Hindemith und Oskar Sala. Es stand noch in der Anfangsphase der elektronischen Musik im Kölner Studio. Das Dynamophon von René Bertrand weckte das kompositorische Interesse ebenso wie das Aetherophon von Leon Theremin. Dessen Zusammenarbeit mit Edgard Varèse oder auch Henry Cowell hatte jedoch magere Ergebnisse. In das Orchester eingedrungen sind eigentlich nur die Ondes Martenot, und zwar vor allem durch die Beschäftigung, die Olivier Messiaen diesem Instrument angedeihen ließ. Sie ersetzten auch in *Ecuatorial* von Varèse die von Theremin geplante Konstruktion. Es lag nicht allein an der mangelnden Funktionstüchtigkeit der Instrumente, daß ihnen eine relativ geringe kompositorische Relevanz beschieden war, die im übrigen erstaunt, weil sie im Mißverhältnis zu zahlreichen begeisterten Äußerungen der Komponisten steht. Es fehlten Konzeptionen für das Komponieren mit den neuen Klangfarben. Olivier Messiaen hat die Ondes Martenot in den *Trois petites liturgies* auffällig ähnlich gehandhabt wie Varèse in *Ecuatorial*, nämlich in Parallelführung mit anderen Instrumenten, deren Teiltonspektrum dadurch verstärkt wurde. Die Erfolge der neuen elektrischen Instrumente lagen eher im Bereich der unterhaltenden Musik. Theremin entzückte das Publikum mit seinen Tourneen, bei denen die Bewegungen einer Tänzerin sein Instrument steuerten. Und das bis heute bekannteste Beispiel für den Klang des Theremins hat Miklos Rozsa bei den Angstvorstellungen in Hitchcocks Film *Spellbound* geschaffen.

Die neuen elektrischen Klangerzeuger waren zwar für besondere Effekte gut geeignet, die Konstrukteure verbanden damit jedoch vor allem die Absicht einer tonsystemlichen Erweiterung. Der Eroberung des »Alltonkreises«[3] durch die V-Ton-Musik (Viertel-Ton-Musik) sollte das Sphärophon dienen, das allerdings eingesetzt wurde, um die Gralsglocken realistischer wirken zu lassen. »Alltonkreis« ist ein verräterischer Begriff. Er verweist darauf, daß es bei den intendierten tonsystemlichen Änderungen nicht nur um feinere Abstufungen der Tonleiter ging. Ferruccio Busoni hatte sich zwar davon eine Erneuerung der Musik versprochen, als er durch eine Zeitungsnotiz 1906 von einem neu erfundenen elektrischen Instrument erfuhr. Komponisten wie Iwan Wyschnegradsky oder Edgard Varèse verbanden jedoch mit der Entwicklung neuer elektroakustischer Instrumente die Hoffnung, eine neue Raumvorstellung musikalisch realisieren zu können. Die Musik sollte nicht mehr wie ein »Vogel von Zweig zu Zweig, von Ton zu Ton hüpfen«, wie es Varèse einmal formulierte.

Als die Frequenzsynthesen und -modulationen technisch weiter entwickelt wurden, Tonbänder geschnitten und gemischt werden konnten und Töne ohnehin durch Klänge ersetzt wurden, begannen diese

---

[2] E. Ungeheuer, *Wie die elektronische Musik erfunden wurde*, Mainz 1992
[3] J. Mager, *Eine neue Epoche durch das Radio*, Berlin 1924, S. 4

Raumqualitäten das Denken der Komponisten verstärkt zu beschäftigen. Klänge breiten sich nicht nur im Raum aus, sondern sie besitzen eine Dichte, ein Volumen, eine Bandbreite neben ihrer Höhe und Tiefe. Wenn man gar wie Pierre Schaeffer Klänge als Objekte begreift, sind zwangsläufig die Vorstellungen vom musikalischen Material erweitert. Interessant ist, welchen Eindruck diese neue Bedeutung des Materials im Zusammenhang mit seinem Parisaufenthalt auf den jungen Stockhausen machte. Bereits 1952/53 war bei ihm die Vorstellung vorhanden, ein Klang sei ein Objekt, der nur in einem Raum-Zeit-Diagramm beschreibbar sei. Zwei zusätzliche Raumaspekte der Klänge deutete Stockhausen in seinem späteren Aufsatz von 1959 an, nämlich ihre Modifikationsmöglichkeiten durch den Raum usw. (etwa durch einen Hallraum, einen gedämpften Raum etc.) und die Position der Schallquelle im Raum. Lapidar formulierte er angesichts solcher Veränderungen, daß *die Musik mit Tönen ein Spezialfall sei* [4]. Diese neue Definition des musikalischen Materials durch Objektqualitäten gehört zu den noch schlecht aufgearbeiteten Kapiteln der Geschichte der elektroakustischen Musik. Diskussionen sind in der ersten Hälfte der 50er Jahre eher spärlich. Räumliche Eigenschaften begannen aber gleichzeitig mit den technischen Möglichkeiten verstärkt die kompositorische Phantasie zu beflügeln, sei dies bei Stockhausen, Nono, Xenakis oder Boulez. Sie drangen in die Instrumentalmusik ein, wie die *Gruppen für drei Orchester*, *Diario Polacco*, *Metastaseis* und *Poésie pour pouvoir* zeigen. Bis zum heutigen Tag sind die Volumeneigenschaften der Klänge, ihre Transformation durch den Raum und ihre mit modernen Signalprozessoren zu erreichende Spatialization von großer Bedeutung geblieben. Radikale Konsequenzen aus diesem neuen Denken in Raumqualitäten zu ziehen bedurfte nicht immer einer aufwendigen Technik. Den Raum regelrecht zum Mitspieler macht eine bezüglich des technischen Aufwands einfache Anordnung von Alvin Lucier. Der Interpret spricht einen Text: *I am sitting in a room*, der aufgenommen, abgestrahlt zu immer komplexeren sich überlagernden Mustern führt, die die verständliche Sprache auflösen. Der Interpret bildet sich im Raum ab, der seinerseits akustisch durch seine Resonanzeigenschaften bestimmt ist. Musik ist hier verstanden als Kunst, die einen konkreten, doch irreal wirkenden Raum erzeugt.

2. Materialveränderungen durch psychoakustische Phänomene

Durch die zwölf Pferdestärken entweder ermöglicht oder angeregt wurden andere Materialerweiterungen. Sie bedürfen zwar einer Transformation der physikalischen Eigenschaften des Klanges. Wichtig sind jedoch die dadurch geschaffenen neuartigen Formen des Hörens. Mit technischen Mitteln können neue physikalische Bedingungen gesetzt werden, die das menschliche Wahrnehmungssystem voll ausschöpfen, was in der traditionellen Musik

[4] K. Stockhausen, *Texte zur elektronischen und instrumentalen Musik*, Bd. 1, Köln 1963, S. 140

nicht der Fall ist. La Monte Youngs *Dream House* (1964) stellt einen Grenzfall dar, weil die Kombinationstöne (drone tones) im Raum, zwischen denen man umhergehen kann, auch live produziert werden können, wenn die entsprechenden komplizierten Berechnungen der Grundtonfrequenz und seiner Überlagerung erfolgt sind. Es ist jedoch einfacher, mit fest installierten Sinustönen zu arbeiten, um die auf gradzahligen Proportionen beruhenden Differenz- und Summationstöne zu erhalten, die der Komponist im Sinne einer neuen Harmonik – harmoniestiftend für den Zuhörer – versteht. Auch die psychoakustischen Effekte von Maryanne Amacher, nämlich im Innern des Ohres Töne entstehen zu lassen, setzen in ihrer räumlichen Position genau abgestimmte Lautsprecher voraus. In den akustisch-visuellen Landschaften dieser Komponistin entstehen durch die Interaktion der Schallwellen virtuelle melodische Konfigurationen, die man meint greifen zu können, an denen man wie an einem Relief entlanggehen kann. Ein interessantes psychoakustisches Phänomen stellt auch die sogenannte Shepard-Tonleiter dar, die unendlich aufsteigend immer wieder von unten zu kommen scheint. Sie entsteht, wenn das natürliche Teiltonspektrum durch Obertöne ersetzt wird, die nur mehrfach oktavierte Grundtöne vorsehen. Dieses Phänomen wurde mit den perspektivischen Brechungen der Bilder von Mauritz Escher verglichen. Jedoch ist der irritierend polyphone Eindruck bei der Überlagerung von solchen Tonleitern – ein Stück von James Tenney ist meine Referenz – sehr viel komplexer als im optischen Bereich, weil das ständig gleiche in ständiger Variation im zeitlichen Ablauf sich jeglicher Kontrolle entzieht. Die Welt der Klänge, um jene in der Wahrnehmung entstehenden psychoakustischen Phänomene zu bereichern, stellt eine Entwicklung jüngeren Datums dar. Sie wurde durch zweierlei begünstigt: einmal durch eine starke Beschäftigung von Komponisten außerhalb der großen Studios mit den elektroakustischen Gerätschaften; darüber hinaus hängt sie damit zusammen, daß die herkömmliche Klangsynthese und die perfekt gewordene Frequenzmodulation die Klanglichkeit der elektroakustischen Musik im engeren Sinne vielfach standardisiert hat. Die bislang nur in wenigen elektronischen Studios betriebenen Untersuchungen darüber, wie man diese Standards während einer Aufführung mit »living qualities« versehen könnte, steckten noch in den Anfängen (und werden auch nur das Feld der Live-Elektronik reicher gestalten). Materialien wie die durch psychoakustische Illusionen erzeugten boten den Künstlern hingegen die Möglichkeit, ein buntschillerndes, schwer berechenbares Feld zu gestalten.

3. Soundsampling: Altes Material und neue Objekte

Von Klangtürmen war überraschenderweise schon 1926 die Rede. Ein Vierteljahrhundert vor den ersten Klangskulpturen schien die Idee bereits in der Luft zu liegen. Seit Mitte der 50er Jahre entwickelte sich mit der Klangplastik eine neue Gattung, die die Grenzen der Skulptur erweiterte, sich Musik aneignete, oft durch ihre Bewegung auch Momente des Filmischen aufnahm. Die Maschinen von Jean Tinguely, Schöpfungen aus Schrott und Phantasie, bewegten sich durch Elektromotoren angetrieben und verhielten sich zugleich wie neuartige selbstspielende Instrumente. *Meine Sterne – Konzert für sieben Bilder* (1958) ist ein Relief, bei dem der Betrachter durch Knopfdruck die Klänge auslösen kann, deren verwirrende Rhythmen über das Relief wirbeln. Bei den heute so zahlreich zu findenden tönenden Skulpturen besitzen Material und Klang oft keine natürliche Verbindung mehr. Sie profitieren wesentlich vom Soundsampling. Aufnahme und Wiedergabe sind wichtige Voraussetzungen. Die frühe Praxis der musique concrète, Klangobjekte aus der Umwelt in geschossenen Rillen einer Schallplatte festzuhalten, hatte zu ästhetisch entscheidenden Neuerungen, nämlich der Trennung des Schalls von der Schallquelle geführt. Sie war angeregt durch die surrealistische Theorie des »objet trouvé« und den Gedanken, die Neukomposition einer fragmentierten Realität schaffe neue Bedeutungen. Heute, da die Speichertechnologien zur alltäglichen Umgebung geworden sind, wird nur noch selten die Frage nach dem Verhältnis des separiert Gespeicherten zur Realität gestellt (bei Luc Ferrari wäre dies beispielsweise noch der Fall). Ganz neue Kunstgattungen sind jedoch entstanden: neben den klingenden Objekten der bildenden Kunst auch die radiophonen akustischen Hörstücke. Das musikalische Material transzendiert dabei die ihm gesteckten Gattungsgrenzen.

Daß das künstlerische Material vom Stand der jeweiligen Technik und der Produktivkräfte abhängt, gehörte zu den festen Überzeugungen der musiktheoretischen Diskussionen im Gefolge der Theorie von Th. W. Adorno. Die Veränderungen des Materials durch die Technik sind gravierend. Sie sind jedoch nicht mehr mit Adornos metaphorischem Begriff von Technik faßbar zu machen. Die Produktionsbedingungen in der von der Technik beherrschten Welt haben die Kunstproduktion unmittelbar verändert.

Neue Strukturen

1. Algorithmische Strukturen als Bedingung für die Auflösung des »kompositorischen Subjektbegriffs«

Tom Johnsons *Reversibles* (1983) sind ein Flötenwerk, das von vorne oder von hinten gelesen eine sinnvolle Struktur ergibt. Die Partitur ist graphisch mit Punkten und Strichen auf eine transparente Folie aufgezeichnet. Man kann sie wenden und erhält zwei weitere Fassungen. Die Struktur besteht aus Pattern mit vielen Symmetrieachsen. Das Stück ist für Martin Riches Flute Playing Machine gedacht. Eine Flöte wird dabei elektrisch angesteuert. Die Umsetzung der Partitur in elektrische Impulse erfolgt durch eine Glühlampe und ein mit Fotozellen ausgestattetes Lesegerät. Riches Maschinen scheinen von den High-Tech-Entwicklungen abseits zu liegen. Sie enthalten aber immer irgendeine Art von technischer Neuerung, obwohl sie wie schöne, in sich versponnene Skulpturen anzuschauen sind. Am deutlichsten ist dies bei seiner ab 1990 in Arbeit befindlichen Talking Machine zu sehen, weil sie das Problem der Sprachsynthese weiter vorangetrieben zu haben scheint, als dies bislang der Industrie geglückt ist. Für die Flute Playing Machine und die späteren Perkussionsinstrumente gilt es jedoch festzuhalten, daß man das, was man hört, zugleich auch sieht. Sie übersetzen mit Hilfe eines Programms Visuelles in Akustisches, ein im Computerzeitalter nicht selten praktizierter Vorgang. Der Aufhebung aller sinnlichen Qualitäten in den digitalen Strukturen eines Computers wird aber die Idee entgegengestellt, die sinnlich unterschiedlichen Ausformungen bei gleichem Algorithmus erfahrbar zu machen.

Algorithmisch kalkulierte Partituren sind nicht nur typisch für das 20. Jahrhundert. Man könnte die mittelalterlichen Rätselkanons nahezu als Paradigma dafür ansehen. Unabhängig von der Möglichkeit zur Produktion neuer Klänge haben die neuen Rechenmaschinen seit den 50er Jahren jedoch das musikalische Denken verändert, weil sie zu immer komplexeren Systembildungen anregten.

Es ist im übrigen interessant zu bemerken, daß im künstlerischen Bereich Computer sofort im Hinblick auf ihre wesentlich neue Fähigkeit erkannt wurden. 1951 war mit dem Univac I die erste kommerziell nutzbare Maschine zur Datenverarbeitung auf dem Markt. Die amerikanische Behörde nutzte sie für eine schnellere, genauere Volkszählung. Das Wesen des Computers, nämlich Systemanalyse und -synthese leisten zu können, stand nicht im Vordergrund. 1956 und 1957 wurde der Computer jedoch von Lejaren Hiller in Amerika und von Iannis Xenakis in Paris gebraucht, um aus der Wahrscheinlichkeitsrechnung (bei Hiller aus ihrer informationstheoretischen Anwendung) neue musikalische Zusammenhänge zu bilden. Es ging um neue Systemeigenschaften der Musik. Die Stücke selbst waren für ein konventionelles Instrumentarium, nämlich für Streichquartett gedacht. (Die Maschinen waren damals allerdings auch noch nicht groß genug, um gleichzeitig die neu kalkulierten logischen Relationen mit den neuen Klangsynthesen verbinden zu können.)

Ein Computer kann zwar die formalisierten kompositorischen Strukturen schneller berechnen, grundsätzlich ist jedoch zumindest die Verwendung rekursiver Pattern sowohl in der herkömmlichen Instrumentalmusik wie auch in der elektroakustischen Komposition möglich. Für die Idee einer selbstähnlichen Struktur, die Fraktalen vergleichbar ist, stellen die Werke von György Ligeti berühmtere Beispiele dar als die mit gleichen Techniken produzierten Stücke elektroakustischer Musik. Und meint man nicht auch, daß die Repetitionen der Minimalmusik nicht doch leichter von einem Computer hätten ausgeführt werden können als von Live-Spielern? Ich möchte die Hypothese wagen, daß es vielleicht gar nicht der Computer war, der das musikalische Denken grundsätzlich veränderte. Als ein wichtiges Hilfsmittel hat er gewiß beschleunigend auf eine Entwicklung eingewirkt. Unabhängig aber vom Medium der Darstellung ist die Formalisierung der musikalischen Struktur zu einem Problem geworden, seit sich die Reste jeglicher genereller struktureller Vorordnungen aufgelöst hatten. Strukturen mit dem Anspruch der Allgemeingültigkeit zu finden und nicht nur subjektiv zu erfinden, hat in den Werken von so verschiedenen Komponisten wie Iannis Xenakis, Tom Johnson, György Ligeti und Arvo Pärt dazu geführt, nach allgemeinen arithmetischen oder geometrischen Prinzipien zu greifen und diese auf ihre musikalische Tauglichkeit zu prüfen. Die Kraft, die die in Zahlen faßbare Logik seit den Tagen von Pythagoras besitzt, ist auch im Zeitalter ihrer Auflösung in 0 und 1 ungebrochen. Neu ist jedoch, daß sich Komponisten kein System mehr verbindlich setzen, sondern jedes Stück eine andere Logik erprobt. Wahrscheinlichkeitsrechnung, Riemannsches Sieb, fraktale Geometrie, Mengenlehre, Fibonacci-Reihen, Quantentheorie und anderes mehr wirken inspirierend. *Das erste, womit sich ein Komponist auseinandersetzen muß,* [ist] *das Prinzip der Regel. Was ist eine Regel?* Xenakis hat die fundamentale Bedeutung dieses Problems in seiner Musik herausgestellt [5].

Diese Regeln zu finden bedeutet, Musik nicht mehr als eine Sprache zu verstehen, sondern als ein Symbol, indem abstrakte Prinzipien klingend zur Anschauung gebracht werden. Daß es dabei zu starken Vermischungen zwischen der Computer- und der Instrumentalmusik kommen kann, mag nicht zuletzt damit zusammenhängen, daß das konnektionistische Netzwerk der großen Computer, mit denen in den letzten fünf bis zehn Jahren das menschliche Gehirn nachgebaut werden sollte, zwar schneller arbeitet als das menschliche Denken; die Komplexität musikalischer Ideen aber noch immer nicht voll formalisierbar ist.

Von Finden statt Erfinden zu sprechen – ein Wortspiel, das unauffällig schon eingeflochten wurde – bedeutet Wandlungen des kompositorischen Subjekts zu thematisieren, die umfassender sind, als daß nur der Umgang mit dem Computer betroffen ist. Dieser macht höchstens das sinnlich nicht Anschauliche der Regelwerke unmittelbar fühlbar. Und er verdeutlicht durch seine Operationen, daß Selbstausdruck in solcher Musik keine Rolle mehr spielt.

Mit der alten Idee des Musikingenieurs der 20er Jahre verbanden sich bereits technisch und kompositionstechnisch andere Vorstellungen, nämlich eine maschinenähnliche Wirkung der Musik, die durch Übertreffen der menschlichen Spielfähigkeit (bei Hindemith), durch Montage (bei Strawinsky) oder Geräuschhaltigkeit (bei Honnegger und Milhaud) gewährleistet sein sollte. 1926, als die Diskussion um die mechanische Musik mit den Sonderheften von *Auftakt* und *Anbruch* zum Thema »Musik und Maschine« kulminierte, war ein unsentimentaler kalter Stil gefordert. Der expressive Gestus eines kompositorischen Subjekts hatte in dieser Musik, auch wenn sie mit den herkömmlichen instrumentalen Mitteln erzeugt wurde, nichts mehr zu suchen. Als im Januar 1924 Honnegger mit Stampfen und Zischen seinen *Pacifique 231* durch einen Konzertsaal fahren ließ, hatte

---

[5] B.A. Varga, *Conversation with Iannis Xenakis* 1980–1989, Teil 1, S. 82, zitiert nach: P. Hoffmann Amalgam, aus: *Kunst und Wissenschaft*, Frankfurt 1994, S. 88

er darin allenfalls als Lokführer einen Platz. Seit den 50er Jahren begünstigt die Maschine berechenbare musikalische Strukturen, deren Ablauf keinen Eingriff des Komponisten erlaubt. Einmal gesetzt, müssen sie kalkulierbar bleiben, um die Logik der klingenden Erscheinung zu beweisen. Die Ausdrucksideale, die sich die Musik im ausgehenden 18. Jahrhundert angeeignet hatte, haben sich verflüchtigt[6].

2. Mensch-Maschine-Steuerung

Als sich im Jahre 1738 die Rokokodamen mit ihren Kavalieren in einen Salon drängten, um einen flötespielenden Androiden zu bestaunen, den der Antrieb durch ein Uhrwerk lebendig erscheinen ließ, war das Vertrauen in die Technik ungebrochen. Die Prinzipien der Mechanik schienen das Leben berechenbar zu machen. Der aufklärerische Prozeß der Entzauberung der Welt verband sich mit der Fortschrittsidee, deren Kulmination zu Beginn dieses Jahrhunderts erreicht war. Da schrien voll von Begeisterung über die moderne Elektrizität die futuristischen Kraftmenschen in der Oper der *Sieg über die Sonne*: *Wir sperren die Sonne in ein Haus aus Beton*. Bedrohlicher als in Rußland klangen die Töne in Italien. Hinter dem aggressiv revoltierenden Gestus der italienischen Futuristen scheint eine Angst auf, hervorgerufen durch eine Umgebung mit Autos, Flugzeugen, Fernschreibern, Telefon, Überseedampfer, Zeppelin. Es wirkt die Verherrlichung der Technik im italienischen Futurismus wie eine Flucht nach vorn. Die Integration des Alltags in die Kunst war eine Bewältigungsstrategie, die musikalisch die Emanzipation der Musik vom Ton bewirkte. Luigi Russolos krachmachende Intonarumori basierten auf dem in seinem Manifest von 1913 geäußerten Gedanken, daß das Geräusch dem modernen Ohr vertraut ist und uns *augenblicklich zum Leben selbst zurückführt*. Wie kümmerlich die musikalischen Versuche von Russolo heute auch anmuten, so hatten sie doch großen Einfluß etwa auf Strawinsky oder Varèse. Der aufbegehrende Gestus gegen die Macht eines Golems, den man künstlich zu bändigen versuchte, wich jedoch schnell jenem positiven Fortschrittsgefühl, das aus dem einleitenden Zitat spricht. In den 20er Jahren, den goldenen, wandelten sich die Problemstellungen. Optimistisch versuchten die Komponisten die Ideale einer mechanischen Musik zu realisieren. Musik wurde konzipiert für die Steuerung von Maschinen, darunter vor allem jenen, die das alltägliche Leben der Massen zu bestimmen begannen: das Radio und der Film.

Immerhin ist mit Erstaunen zu registrieren, daß das Problem der Beziehung Mensch – Musik – Technik beim Entstehen der elektronischen Musik fast keine Rolle mehr spielt und dies, obwohl das »technische Zeitalter« in den 50er Jahren ein vorrangiges Thema war. Nur in der *Sinfonie pour un homme seul* spürt man den Hauch des Existentialismus. Wichtiger war

---

[6] J.W. Morthenson, *The concept of »Meaning« in Electronic Music*, ICEM Conference on Electroacoustic Music, Publications of the Royal Swedish Academy 57, Stockholm 1988, S. 35–38

jedoch in der Diskussion zwischen Köln und Paris das Problem eines reinen, womöglich nach seriellen Prinzipien erzeugten Klangs. Manchmal frage ich mich, ob es der elektroakustischen Musik nicht deshalb bis zum heutigen Tag an einer eigenen Ästhetik mangelt, weil die kompositorischen Bedingungen zu wenig reflektiert wurden. Denn in den modernen Diskussionen um die interaktiven Systeme ist zwar viel von Modulationen der Klänge, von Delay und anderen künstlerischen Transformationsmöglichkeiten die Rede. Die Künstler erwecken jedoch den Eindruck, alles unter Kontrolle zu haben, obwohl sich die technischen Apparate oft verselbständigen und nicht so funktionieren, wie sie sollen. Die Apparate brechen damit das Vertrauen, daß der Mensch jenes Superhirn sei, das die vernetzten Systeme wirklich noch steuern kann.

Wenn allerdings Fragen nach Kontrolle und Steuerung der Gerätschaften von Künstlern gestellt wurden, so verband sich dies oft mit Erfahrungen, die bis in Grenzbereiche hineingeführt wurden. Eher außerhalb der großen Szene interaktiver Live-Elektronik haben künstlerische Experimente stattgefunden, die übrigens auch zu frühen Modellfällen für spätere technische Entwicklungen wurden. 1965 realisierte Alvin Lucier mit Hilfe der Assistenz von John Cage seine *Music For Solo Performer*. Sie war angeregt durch die aktuelle Hirnforschung, ging jedoch weit darüber hinaus. Lucier benutzte die sogenannten Alphawellen des EEG, die das Gehirn im Ruhezustand produziert, um eine Batterie von Perkussionsinstrumenten und andere Resonanzinstrumente (wie z.B. Lautsprecher) anzuregen. Darüber hinaus steuerte er ein Tonband, auf dem um das fünffach beschleunigte Alphawellen festgehalten waren. Wenn man Lucier heute mit dieser Performance hört und sieht, bleibt noch immer das Erlebnis der atemberaubenden Extrapolation innerer Aktivitäten. Lucier hat jedoch, lange bevor die Neurophysiologen (um Anfallsleiden zu mildern) Aktivitäten des Gehirns derart wahrnehmbar machen konnten, daß sie für den, der sie produziert, steuerbar werden, ein Feedback-System vorgestellt, das über das ruhige, wie er bemerkte, *extrem schöne* Donnern der Alphawellen[7] die moderne Technik benutzte, um das Ausmaß an rationaler Selbstkontrolle zu steigern.

Ähnlich innovativ waren die Konzerte der Gruppe Musica elettronica viva (ab 1966), einer damals in Rom lebenden Gruppe amerikanischer Künstler. MIDI wurde dort praktiziert, ehe es technisch erfunden wurde. Für die Stücke *Organ Music* und *In Tune* (1968) von Richard Teitelbaum wurden zur Steuerung eines Moog-Synthesizers die Herzfrequenz, die Atemaktivität, das EEG und die Kehlkopfaktivität benutzt. Mit diesen neurophysiologischen Signalen funktionierte der Körper als Interface in Echtzeit für die Befindlichkeit und das Denken eines Subjekts. Da mehrere Körperspieler beteiligt waren, entstand ein kompliziertes Geflecht aufeinander abzustimmender Vorgänge. Biorhythmen und Klänge, so bemerkte Teitelbaum dazu, wurden in einer Klangvision gesammelt, eine Entdeckungsreise des Subjekts – im

---

[7] D. Rosenboom, *Biofeedback and the Arts*, Vancouver 1976, S. 61

Inneren und Äußeren zugleich – fand statt[8]. In Echtzeit funktionierende Interfaces haben nach der Standardisierung durch MIDI im Bereich der Live-Elektronik erheblich kompliziertere Systeme ermöglicht, ohne daß mit gleicher Unmittelbarkeit die Frage gestellt wurde, wie es um das Verhältnis eines subjektiven und kollektiven Bewußtseins zur künstlich erscheinenden Intelligenz bestellt sei. Steuerungs- und Kontrollfunktionen sind mit viel weitergehenden Problemen befrachtet, als daß etwas möglichst gut zum Funktionieren zu bringen sei.

Erschreckend sind allerdings die Auftritte von Stelarc, bei denen mit Roboterprothesen und anderen medizinischen Geräten der Körper von außen zum Funktionieren gebracht und in einem Sounddesign für den Rezipienten wahrnehmbar gemacht wird. Es sind immerhin 50 schmerzhafte Volt, die den Künstler zum Reagieren zwingen. Die masochistisch schmerzhafte Steuerung von außen bildet einen Extremfall jener Außenleitung ab, die von den Gesellschaftswissenschaftlern beklagt wird, deren Grenzen sie jedoch nicht erproben können. Der Fortschrittsglaube von einst ist nicht gänzlich verschwunden, denn was ein Künstler zugleich erforscht, indem er sich solchen extremen technischen Bedingungen aussetzt, ist die Erweiterung seiner körperlichen Fähigkeiten. Der Mensch ist kein Naturwesen. Er bedarf besonderer zivilisatorisch gestalteter Umwelten. Seine Fähigkeiten sind ebenfalls nicht festgelegt. Sie werden im Umgang mit der zum Überleben notwendigen Zivilisation herausgebildet. In unseren inzwischen hochtechnifizierten Kulturen fällt auch der Kunst die Aufgabe zu, ein Erkundungs- und Forschungsfeld zu schaffen, in dem Rahmenbedingungen der menschlichen Existenz erprobt werden können. Und die Grenzen im Mensch-Maschine-System aufzufinden, scheint angesichts der Zerstörungen, die von technischen Innovationen ausgegangen sind, mindestens so wichtig, wie Erweiterungen zu finden.

---

[8] D. Rosenboom, *Biofeedback and the Arts*, Vancouver 1976, S. 45

Alexander Schwan

Medienpraktische Arbeit an digitalen Geräten

Technik als Hilfsmittel der musikalischen Analyse sowie zur Rekonstruktion und Realisation elektroakustischer Klangstrukturen –
Neue Ansätze medienpraktischer Arbeit in Schule und Hochschule

Vorbemerkungen

Informationsüberlastung ist heute der Normalfall der Weltwahrnehmung.[1]

Die digitale Revolution findet statt, nunmehr schon seit Jahren: Datenautobahnen versprechen den totalen Zugriff auf jegliche Daten, ob auf Print-, Audio- oder visuelle Medien. Die totale kommunikative Vernetzung steht in Form von sogenannten interaktiven Medien bevor, die heimische Schaltzentrale ist nicht mehr fern, mit der man Kontakt zu aller Welt aufnehmen kann, ohne je einen Schritt vor die Tür zu tun. Virtuelle Welten, Cyberspace und Datenhandschuh gaukeln visuelle Träume vor. Auf das auch und vor allem die Jugendlichen zugreifen – insbesondere bei Spielen. Kennzeichnend für die »neuen« Möglichkeiten ist die Innovationsgeschwindigkeit, die ihre Anwender immer häufiger überfährt. Kaum hat ein Verbraucher beispielsweise eine Multimedia-Maschine mit CD-ROM-Laufwerk erworben, locken wiederum neue Maschinen mit doppelter Ausstattung zum gleichen Preis. Ihm bleibt kaum Zeit, alle Möglichkeiten auszuschöpfen, geschweige denn damit kreativ zu gestalten. Die vorgegebenen Anwendungsmöglichkeiten lassen aber auch schnell den Wunsch nach noch mehr aufkommen.

Ähnliches läßt sich aus dem Bereich der digitalen Audio-Maschinen berichten: Jährlich werfen die allseits bekannten Hersteller neue Produkte auf den Markt, vollgepackt mit Presets, ROM, RAM und wieder neu zu erlernendem Fachjargon für bereits bekannte Sachverhalte. Eine Klangsynthese jagte in den letzten zehn Jahren die andere: von additiver, subtraktiver Klangsynthese zu FM (Frequenzmodulation), zu Wavetable und Sampling, um nur einige zu nennen.

Nun steht ein völlig neuartiges Verfahren – gleichsam »virtuelle Akustik« – vor der Tür: physical modeling/wave guide, zwar noch im hohen fünfstelligen Kaufpreis angesiedelt, wird in den kommenden Jahren die digitale Imitation von akustischen Klängen revolutionieren, will man ihren Protagonisten in diversen Fachzeitschriften Glauben schenken. DSP-Chips in digitalen Aufnahme-Maschinen (Harddisk-Recording) erleichtern den Zugriff und die Verarbeitung von digitalisierten Audio-Daten und

---

[1] N. Bolz: *Am Ende der Gutenberg-Galaxis. Die neuen Kommunikationsverhältnisse*, München 1993, S. 129; vgl. auch ders.: *Theorie der neuen Medien*, München 1990

ersetzen zunehmend analoge Aufnahmetechniken. Viele Heimanwender haben in ihren PCs bereits Soundkarten eingebaut, die, auf unterschiedlicher technischer Qualitätsstufe, Klangmaterialien nicht nur abspielen können, sondern auch zur Nachbearbeitung mit erneut gesteigerter »Echtzeit« einladen.

Wo in diesem »Digitalen Intercity Express« nehmen eigentlich Schüler und Musikstudierende Platz? Wo die sie unterweisenden Musikpädagogen und Musikwissenschaftler? Haben sich diese Gruppen nicht schon sehr weit voneinander entfernt? – Die meisten gewiß nicht in der ersten Klasse, die ist zu teuer. Andere wiederum haben sich Plätze und Nischen in Form des heimischen Computers gesucht, sich damit längst von den Angeboten an bestimmten Bildungsstätten unabhängig gemacht und ihre eigene Subkultur (Anti-Kultur?) entwickelt. Allerdings sind die übrigen Plätze teilweise noch frei und ungenutzt. Da tummeln sich zwar schon solche, die den Computer als Arbeitserleichterung für den Notensatz, für die Erstellung von MIDI-Arrangements, Mitspielsätzen oder für den Einsatz in Gehörbildung gebrauchen[2]. In Berlin wird im Schuljahr 1995/96 das »virtuelle Klassenzimmer« erprobt, d.h., über ein Glasfaserkabel werden fünf Berliner Schulen und eine Media-Datenbank, von der Unterrichtsmaterialien abgerufen werden können, miteinander vernetzt[3]. – Andere wiederum machen sich Gedanken über eine Computerethik oder setzen sich mit den Veränderungen des Hörens und Sehens im Zusammenhang mit einer neuen Klangästhetik auseinander[4].

Wie viele nutzen die neuen Medien in den Bereichen der musikalischen Komposition und klanglichen Analyse? – Vor diesem Hintergrund sind die folgenden Modelle und Anregungen zu verstehen. Sie wollen engagierten Musikpädagogen an Schulen und Hochschulen u.a. Möglichkeiten aufzeigen, wie sie auf dem Markt der digitalen Eitelkeiten ein bezahlbares Equipment auswählen – allerdings nicht, um mit den bekannten Methoden des MIDI-Arrangements leichte Mitspielsätze zu erstellen. (Darüber gibt es mittlerweile ausreichende Publikationen oder Einzelartikel in einschlägigen

---

[2] Vgl. dazu u.a. C.-J. Kocka: *Computer – Ein neues Arbeitsmittel für Musiklehrer?*, 2. Aufl., Augsburg 1993; B. Enders/W. Gruhn: *Computerprogramme*, in: *Medienhandbuch für Musikpädagogen*, hg. v. R. Weyer, Regensburg 1989, S. 277–295; H.G. Bastian (Hg.): *Schulmusiklehrer und Laienmusik: Musiklehrerausbildung vor neuen Aufgaben?*, Essen 1988, hierin besonders die Seiten 204–247; sowie zahlreiche Workshops und Kurzbeschreibungen in den einschlägigen Monatszeitschriften wie *Keys, Keyboards, Fachblatt, Soundcheck, Production Partner*.

[3] Näheres dazu von Tom Sperlich, in: *Die Zeit*, Nr. 7, 10.2.95: *Die Multimedia-Penne*

[4] siehe Anmerkung 1

musikpädagogischen Zeitschriften.) Vielmehr sollen neue Verwendungsmöglichkeiten für die Bereiche der musikalischen Analyse und der Nachgestaltung sowie der Rekonstruktion und Komposition mit Hilfe von digitalen Aufzeichnungs- und Verarbeitungsverfahren aufgezeigt werden[5].

Computer, Sequenzer und Sampler als Mittel zur Realisation
am Beispiel von *Imaginary Landscape No. 5* von John Cage

Zum Werk

Für John Cages *Imaginary Landscape No. 5* (1952)[6] [s. Abb. 1 mit einem Partiturauszug des Anfangs] benötigt ein Interpret Klangfragmente aus 42 Aufnahmen eigener Wahl, die er nach dem exakt vorgegebenen Rhythmus- und Formverlauf miteinander verknüpfen und überlagern soll. Wie das Partiturbild zeigt, handelt es sich um Dauern- und Lautstärkewerte. Die kleinste Dauer ist 0,1 Sek., die Gesamtdauer des ganzen Stückes beträgt demnach exakt drei Minuten; die Lautstärkeskala, unter den einzelnen Dauer-Kästchen als Zahlenwerte notiert, reicht von 1 bis 8, ebenso die Anzahl der Schichten. Innerhalb dieser Schichten sind in Form von Punkten über den Kästchen diejenigen Stellen markiert, an denen der Spieler die Schallplatte, von der er die Fragmente entnimmt, unhörbar und ohne zeitliche Unterbrechung wechseln soll.

---

[5] Daß sich die folgenden Ausführungen auf die Verwendung eines 4-MB-Atari-Computers stützen, ist nebensächlich, da die meisten Programme und Anwendungen ebenso auf teureren Mac- und zunehmend auch auf diversen Windows-Systemen realisierbar sind. Allerdings ist festzustellen, daß in den letzten zehn Jahren sehr viele MIDI-gesteuerte Musikproduktionen mit Hilfe von Atari-Systemen entstanden sind. Während dieser Zeit haben sich die PC-/MS-DOS-Computer mehrfach auf Kosten des Endverbrauchers so weiterentwickelt, daß besonders Schulen, die auf einen schnellen Computereinstieg gesetzt hatten, dafür mehrfaches Lehrgeld zahlen mußten. (Dies betraf die Kompatibilitätsprobleme, Erweiterungen, die für die aktualisierte Software nötig waren, oder sogar Austausch von Graphikkarten und kompletten Motherboards. Außerdem war die Benutzeroberfläche für viele Anwender einfach zu unübersichtlich, was auf wenig intuitiv aufgebaute und damit auch nicht verbraucherfreundliche Betriebssysteme zurückzuführen war.) – *Die »veralteten« Atari-Computer arbeiten kaum langsamer als o.g. Geräte* [gemeint sind Macintosh und PC], *erfordern jedoch nur einen Bruchteil der Kosten* (C. Micklisch: *Multimediale Unternehmungen*, in: *NMZ*, 5/94, S. 46). Dieser Hinweis erscheint im Zeitalter der rückläufigen Kulturausgaben nicht unwesentlich und kann von einseitiger Systemhörigkeit unabhängiger machen.
[6] Edition Peters P 6719: *For any 42 recordings; score to be realized as a magnetic tape.*

Eine nähere Analyse fördert noch einiges Latente zu Tage[7]:
- Das kürzeste Montagefragment dauert 0,2 Sek., das längste 7,6 Sek. (längere Ausschnitte sind, möglicherweise aus urheberrechtlichen Gründen, nicht vorgesehen);
- die fünf Formteile stehen zueinander im Verhältnis 1:3:4:5:2 bzw. 12:36:48:60:24 Sek. (entsprechend der von Cage festgelegten rhythmischen Struktur);
- die Häufigkeit der Schallplattenwechsel je Formteil beträgt 2:5:7:8:12, was der additiven Reihung von +3+2+1+4 entspricht;
- ähnlich pseudoseriell ist die Anzahl der verwendeten Schichten pro Abschnitt organisiert: 4:5:6:7:8;
- solche Regelmäßigkeiten werden durch gegenläufige, mittels des I-Ging ermittelte zufällige Organisationsformen wieder durchbrochen: So findet sich beispielsweise die höchste Anzahl von Fragmenten nicht im längsten Abschnitt 4, ebensowenig wie die geringste Anzahl im kürzesten Abschnitt 1 zu finden ist;
- die Anzahl der Aufnahmen pro Schicht steht ebenfalls in einem völligen Mißverhältnis zueinander:
  Schicht 1: 11 Aufnahmen
  Schicht 2:   9 Aufnahmen
  Schicht 4:   8 Aufnahmen
  Schicht 5:   2 Aufnahmen
  Schicht 7:   2 Aufnahmen
  Schicht 3:   7 Aufnahmen
  Schicht 8:   1 Aufnahme;
- außerdem: Die totale Freiheit der Klangauswahl, d.h. die Auswahl der 42 Schallplatten, steht dieser strikten Determinierung diametral gegenüber; daraus folgt: Jede Schicht führt ein exzessives Eigenleben hinsichtlich Lautstärken, Pausen, Dauern, Einsatzabständen und Farben/Musik.

Zur Realisation

Heutige digitale Geräte bieten produktionstechnisch wesentlich einfachere und auch exaktere Realisationsmöglichkeiten gegenüber den damaligen tonbandtechnisch gestützten Produktionsverfahren, die neben einem enormen Zeitaufwand auch die Gefahr von Laufzeitverschiebungen zwischen den verschiedenen Tonbandmaschinen mit sich brachten.

---

[7] Nähere analytische Erläuterungen mit Klangbeispielen finden sich in der Sendung *Neue Musik kommentiert*, SWF II, Do. 21.10.93, 16.25 Uhr.

Für meine Realisation habe ich folgendes Equipment verwendet:
- Computer mit Sequenzer [8],
- Soundsampler mit acht Einzelausgängen[9],
- 8-Kanal-Band[10],
- Mischpult mit acht separaten Ausspielwegen.

Die acht Schichten der Partitur wurden acht Stimmen eines Soundsamplers zugewiesen, d.h., je eine Taste repräsentiert ein Musikfragment mit der jeweils vorgegebenen Dauer. Ein halbes Kästchen entspricht 1/32, ein Kästchen 1/16 etc., wie im Vorwort der Partitur von Cage vorgegeben; daraus errechnet sich eine Gesamtdauer des Stückes von exakt drei Minuten.

Beispiel (siehe Abb. 1, Anfang): Die ersten Fragmente einiger Schichten weisen demzufolge folgende Werte auf:

Schicht 1	=	23 Kästchen	= 23 x 0,2 Sek./4,6 Sek.
Schicht 2	=	1,5 Kästchen	= 0,2 Sek.+ 0,1 Sek./0,3 Sek.
Schichten 3, 4, 6+7	=	je 1 Kästchen	= 0,2 Sek.
Schicht 5	=	2,5 Kästchen	= 0,5 Sek.
Schicht 8	=	7 Kästchen	= 1,4 Sek.

Die Kästchen wurden in traditionelle Dauernwerte umgerechnet und im Sequenzer als solche gespeichert, z.B.:

Schicht 1	=	23x 1/16
Schicht 2	=	1/16 + 1/32
Schicht 3, 4, 6, 7	=	1/16
Schicht 5	=	2/16 + 1/32
Schicht 8	=	7/16

Da alle gängigen Sequenzerprogramme Dauernwerte nicht absolut, sondern nur in einem Taktraster abbilden/quantisieren, wurde der 4/4-Takt gewählt, was bei MM=75 zu einer Taktanzahl von 56 Takten + 1/4 führt. Aufgrund dessen dauert ein Takt exakt 3,2 Sek.

Die exakte Position der einzelnen Werte innerhalb jeden Taktes ist auch im Event-Editor ablesbar. Die Pausenwerte zwischen den einzelnen Dauern werden im Event-Editor dagegen nicht angezeigt. Hier ist die Balkengraphik des Matrix-Editors[11] übersichtlicher, da sie die Pausen als freie Flächen zwischen den Balken (= Musikfragmente) anzeigt und somit eher der

---

[8] Verwendung fanden die Sequenzer-/Notationsprogramme Notator SL und Notator Logic der Firmen C-Lab und Emagic.

[9] Eingesetzt wurde der Mono-Sampler der Firma Casio FZ 1; dieses Gerät ist nur noch als Gebrauchtgerät käuflich. Stereo-Samples waren nicht erforderlich, da es sich in der Partitur um acht Mono-Spuren handelt. (Derzeit sind Stereo-Sampler von Akai, Emu, Kurzweil und Roland mit RAM-Speicherplätzen von 32 MB bis 128 MB für mehrere tausend DM erhältlich).

[10] Hier wurde der HI-8-Rekorder DA 88 der Firma Teac/Tascam verwendet.

[11] Diese Struktur hat auch die Main Page des Sequenzers Cubase der Firma Steinberg; daran angenähert hat sich das vom Konkurrenten Emagic weiterentwickelte Notator-Logic-Programm, das auf der Arrangementebene ebenfalls die Balkengraphik in horizontaler Leserichtung eingeführt hat (siehe Abb. 5a/b).

Notationsweise von Cage entspricht. Eine solche Kästchengraphik, in traditionelle Taktschemata gepreßt, ergab eine Partitur (s. Abb. 2), die als alternative Mitlesepartitur zur Vorlage von Cage gesehen werden kann, in erster Linie jedoch als Steuersignal bzw. MIDI-Note-Befehl für den Soundsampler diente. – Die so angesteuerten Musikfragmente wurden über die acht Einzelausgänge an ein Mischpult gegeben, das über acht getrennte Ausspielwege wiederum einen Acht-Kanal-Rekorder bediente. (Hier sind derzeit folgende Aufzeichnungsverfahren möglich: 1. 8-Kanal-Tonkassette, 2. 8-Kanal-Digital-Band, Super-VHS oder Hi-8, 3. 8-Kanal-Harddisk-Recording; die teuerste, aber auch flexibelste Lösung, bei der Schnitte und exakte Lautstärkeverläufe nachträglich fixiert werden können.)

Musik mit Musikkonserven, das bedeutete für mich: Organisation eines Klangerlebnisses mit 42 Schallplattenaufnahmen quer durch ca. 1000 Jahre Musikgeschichte bis ca. 1992 (siehe Liste der verwendeten Aufnahmen für beide Versionen in Abb. 3a/b). Viele davon sollten von einem hohen Wiedererkennungsgrad sein, auch in Überlagerung mit anderen. Betrachtet und hört man nun mit obigen analytischen Erkenntnissen beispielsweise Abschnitt 1 (12 Sek., 8 Schichten, 18 bzw. 20 Einsätze), so ist es unmöglich, alle mikro- und makrozeitlichen Bestimmungen wahrzunehmen. Es scheint für den Hörer deshalb weniger sinnvoll, strukturell zu hören, als sich vielmehr dem selbst empfundenen Klangeindruck zu überlassen. Wenn sich durch Montage und Überlagerung bestimmter Aufnahmen gewisse Zusammenhänge oder auffällige Kontraste ergeben, so ist das sowohl rein zufällig als auch beabsichtigt. Dies führt dazu, daß auch musiksparten-übergreifende Zusammenhänge gebildet werden. Kurze, sowohl bekannte als auch unbekannte Klangchiffren erschließen sich auch in dieser rasanten Abfolge dem Hörer in ihrem neuen Bedeutungsgehalt.

Beispiel (vgl. Abb. 4): Zu Anfang ist in Schicht 1 die USA-Hymne, dazu in Schicht 3 *I Like To Be In America* aus der *West Side Story* zu hören. Weitere »Amerikanismen« folgen unmittelbar in Schicht 1 (Pat Boone: *Speedy Gonzales* ; F. Zappa: *This Is The President Of The United States, Hallo Americans*, aus: *Plastic People*).

Weitere Beispiele für eine absichtsvolle Konnotation:
- E. Morricones Musik zum Film *Spiel mir das Lied vom Tod* wird in der ersten Fassung mit Dr. Albans *It's My Life* kombiniert; in der zweiten Fassung dagegen einem Stück mit Todesthematik, dem Anfang von Mozarts *Requiem*, gegenübergestellt.
- K. Millöckers Operetten-Zitat *Ach ich hab' sie ja nur auf die Schulter geküßt* (*Der Bettelstudent*) steht neben dem damals aktuellen Rap-Hit *Die-da* der Phantastischen Vier.
- Verbindung verschiedener vokaler Rufe u. Singweisen:
    - P. Schaeffer/P. Henrys Rufen aus dem Anfang der *Sinfonie pour un homme seul* gesellt sich zu H. Belafontes *Day-O*-Rufen (s. Abb. 4)

- Mozarts Rache-Arie (*Die Zauberflöte*) geht Verbindungen mit *Wild Thing* der Troggs und Vokalisen der *Sinfonie pour un homme seul* ein, direkt gefolgt von Chubby Checkers Anfangsvokalise auf »a« in *Let's Twist Again*.
• Kontrastbildungen: H. Berlioz' *Dies Irae* aus dem 5. Satz der *Symphonie fantastique* mischt sich mit dem *Hallelujah* von Art of Noise.
• Steigerung und außermusikalische Bezüge: An besonders dichten Stellen werden Hitler-Zitate über entartete Kunst aus dessen Rede am 5.9.1934 bei der Kulturtagung auf dem Nürnberger Reichsparteitag eingefügt: *Wildes Durcheinander [...] mechanisch Kopiertem [...] genial Verarbeitetem [...] prägt diesem Zeitalter den Stempel der Entartung auf.* – Diese Zitate kann der Hörer assoziieren mit einer Rückbesinnung auf die Zeit der 50er Jahre, in der Cages Komposition entstand und in der dessen Musik oft mit wüsten Schimpftiraden bedacht wurde.

Die klangliche Uraufführung beider Realisationen fand in der Stadthalle Gütersloh im Rahmen der dortigen »Cage-Tage« im Februar 1993 statt. Eine weitere Aufführung erfolgte am 5.4.1995 in Darmstadt zur Eröffnung des Nachtkonzerts mit musique concrète im Rahmen der Tagung »Musik und Technik«.

Abschließende Bemerkungen – Technische Hinweise

• Die Lautstärkewerte zählen zu den am schwierigsten zu realisierenden Vorgaben von Cage, da sie, je nach Musikfragment, oft völlig konträr sein können. (Man denke an zufällig ausgewählte Pianissimo-Passagen, für die Cage Werte von 6–8 vorsieht.) Aus diesem Grund sollten sie als relative Werte der einzelnen Schichten zueinander realisiert werden, unabhängig vom ausgewählten Musikfragment. Über mögliche Einzelausgänge von Soundsamplern können die Lautstärkewerte am Mischpult nachgeregelt werden.
• Zu beachten ist ferner, daß alle Montageteile ausschließlich harte Ein- und Ausstiegsschnitte aufweisen; Cage hat keine einzige Blende vorgesehen.
• Beim Einsatz eines Soundsamplers ist man nicht unbedingt auf solche Geräte angewiesen, die einen hohen Ausbau des RAM-Bereiches ermöglichen. Für meine Realisation hatte ich einen Soundsampler zur Verfügung, der eine maximale Ausbaustufe von 2 MB RAM zuließ, so daß mir bei der höchsten Samplerate eine maximale Aufnahmekapazität von 29 Sek. Mono zur Verfügung stand. Somit war ich gezwungen, die Realisation in mehreren Produktionsabschnitten durchzuführen, die ich dann in der entsprechenden Reihenfolge auf dem Masterband aneinanderfügte. Da akustische Resultate heute immer noch als Stereoprodukte vertrieben werden, ist eine Speicherung auf 8-Kanal nur dann notwendig, wenn davon verschiedene Mischungen/Versionen nachträglich erstellt werden müssen bzw. eine konzertante Aufführung mit acht separaten Kanälen/Lautsprechern möglich ist.

- Sind die Steuerdaten des Sequenzers einmal abgespeichert, kann damit jederzeit wieder eine neue Version von *Imaginary Landscape No. 5* hergestellt werden. Lediglich die Soundsampler-Fragmente müssen neu ausgewählt werden.

Abb. 1: John Cage, *Imaginary Landscape No. 5* (1952): Partiturausschnitt des Anfangs;

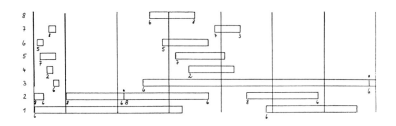

© 1961 by Henmar Press. Inc., New York

Abb. 2: John Cage, *Imaginary Landscape No. 5*: Anfangsabschnitt in Sequenzernotation

Abb. 3a: John Cage, *Imaginary Landscape No. 5*:
Auswahl der Musikbeispiele für Version A

1. Gregorianik (*Dies Irae*)
2. G. de Machaut: *Kyrie eleison* (aus: *Messe de Nostre Dame*)
3. W. Byrd: *The Marche Before The Battell*
4. J. S. Bach: Brandenburgisches Konzert Nr. 3 G-Dur, BWV 1048
5. G. F. Händel: *Feuerwerksmusik* (Ouvertüre)
6. J. Haydn: Streichquartett F-Dur, op. 3 Nr. 5
7. W. A. Mozart: Rache-Arie (aus: *Die Zauberflöte*)
8. L. v. Beethoven: Symphonie Nr. 5 c-Moll, 1. Satz
9. F. Mendelssohn Bartholdy: Symphonie Nr. 2 B-Dur, 1. Satz
10. H. Berlioz: *Symphonie fantastique*, 5. Satz
11. F. Liszt: *Les Préludes*
12. A. Hitler: aus seiner Nürnberger Rede zur »Entarteten Kunst« am 5.9.1934
13. M. P. Mussorgskij/Tomita: *Der Gnom* (aus: *Bilder einer Ausstellung*)
14. A. Bruckner: 3. Symphonie d-Moll, 4. Satz
15. G. Mahler: 2. Symphonie c-Moll, 1. Satz
16. P. Tschaikowsky: Klavierkonzert b-Moll
17. J. Strauß (Sohn): *An der schönen blauen Donau*, op. 314
18. J. Strauß: Einzugsmarsch (aus: *Der Zigeunerbaron*)
19. R. Wagner: *Götterdämmerung*
20. K. Millöcker: *Ach, ich hab' sie ja nur auf die Schulter geküßt* (aus: *Der Bettelstudent*)
21. A. Schönberg: Kammersinfonie Nr. 1 op. 9
22. I. Strawinsky: *Danse des adolescentes* (aus: *Sacre du printemps*)
23. C. Ives: *Variations On America* (für Orgel)
24. P. Schaeffer/P. Henry: *Symphonie pour un homme seul*
25. P. Henry: *Eveil* (aus: *Variations pour une porte et un soupir*)
26. L. Bernstein: *I Like To Be In America*
27. USA-Hymne
28. F. Zappa: *Plastic People*
29. Queen: *We Will Rock You*
30. H. Belafonte: *Day-O* (aus: *Banana Boat*)
31. Pat Boone: *Speedy Gonzales*
32. J. Cage: Nr. 14 (aus: *Sonatas And Interludes*)
33. K. Stockhausen: *Kontakte*
34. Beatles: *Please Mister Postman*
35. Rolling Stones: *I Can't Get No Satisfaction*
36. Die Phantastischen Vier: *Die-da*
37. M. Jackson: *Jam*
38. Jonathan King: *Rock Around The Clock* (3/4 Takt!)
39. I. Xenakis: *Peaux* (aus: Plèïades)
40. B. McFerrin: *Don't Worry, Be Happy*
41. J. Cage: *Credo In US*
42. F. Bayle: *Grande Polyphonie*

Abb. 3b: John Cage, *Imaginary Landscape No. 5*:
Auswahl der Musikbeispiele für Version B

1. Gregorianik: *Dies Irae*
2. G. de Machaut: *Kyrie eleison* (*Messe de Nostre Dame*)
3. J. S. Bach: C-Dur Präludium (aus: *Das Wohltemperierte Klavier* I)
4. G. F. Händel: *Feuerwerksmusik* (Ouvertüre)
5. W. A. Mozart: Rache-Arie (aus: *Die Zauberflöte*)
6. W. A. Mozart: *Requiem* (Introitus)
7. L. v. Beethoven: Symphonie Nr. 5, 1. Satz
8. L. v. Beethoven: Symphonie Nr. 8, 4. Satz
9. L. v. Beethoven/W. Carlos: Symphonie Nr. 9, 2. Satz (Synthesizerfassung)
10. F. Mendelssohn Bartholdy: Symphonie Nr. 4, 1. Satz
11. H. Berlioz: *Symphonie fantastique*, 5. Satz
12. F. Liszt: *Ungarische Rhapsodie* Nr. 3
13. A. Hitler: aus seiner Nürnberger Rede zur »Entarteten Kunst« am 5.9.1934
14. A. Bruckner: 3. Symphonie d-Moll, 4. Satz
15. G. Mahler: 2. Sinfonie c-Moll, 1. Satz
16. R. Wagner: *Siegfrieds Leichenzug* (aus: *Götterdämmerung*)
17. R. Wagner: *Parsifal* (Vorspiel)
18. L. v. Beethoven: *Für Elise*
19. P. Schaeffer/P. Henry: *Symphonie pour un homme seul*
20. P. Henry: *Balancement* (Nr. 2, aus: *Variations pour une porte et un soupir*)
21. L. Bernstein: *I Like To Be In America* (aus: *West Side Story*)
22. USA-Nationalhymne
23. F. Zappa: *Plastic People*
24. Queen: *We Will Rock You*
25. Chubby Checker: *Let's Twist Again*
26. H. Belafonte: *Day-O* (aus: *Banana Boat*)
27. Troggs: *Wild Thing*
28. E. Morricone: *Man With A Harmonica*
29. J. Cage: Nr. 14 (aus: *Sonatas And Interludes*)
30. K. Stockhausen: *Kontakte*
31. Beatles: *Please Mister Postman*
32. Rolling Stones: *I Can't Get No Satisfaction*
33. Die Phantastischen Vier: *Die-da*
34. M. Jackson: *Jam*
35. J. Williams: Filmmusik zu *Der weiße Hai* (Hauptthema)
36. Dr. Alban: *It's My Life*
37. I. Xenakis: *Cendrées*
38. B. McFerrin: *Don't Worry, Be Happy*
39. Survivor: *Eye Of The Tiger*
40. P. Henry: *Eveil* (aus: *Variations pour une porte et un soupir*)
41. J. Cage: *Credo In Us*
42. Art of Noise: *Hallelujah*

Abb. 4: John Cage, *Imaginary Landscape No. 5* : Partiturausschnitt des Anfangs mit Eintragungen der Musikfragmente

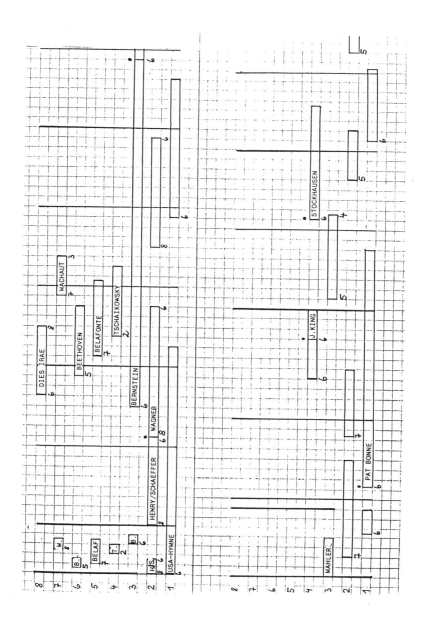

© 1961 by Henmar Press Inc., New York
Mit freundlicher Genehmigung von C.F. Peters Frankfurt, New York, London

Abb. 5a: John Cage, *Imaginary Landscape No. 5*: Zeitraster des Anfangs im Vergleich (Programm: Notator Logic); Balkengraphik (Arrangement Page)

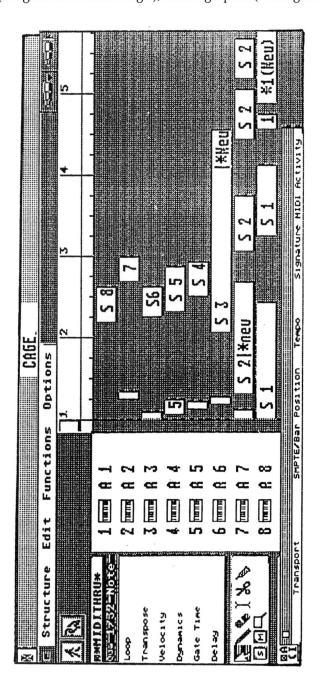

Abb. 5b: John Cage, *Imaginary Landscape No. 5*: Zeitraster des Anfangs im Vergleich (Programm: Notator Logic); Balkengraphik mit Tastaturzuordnung (Matrix Editor)

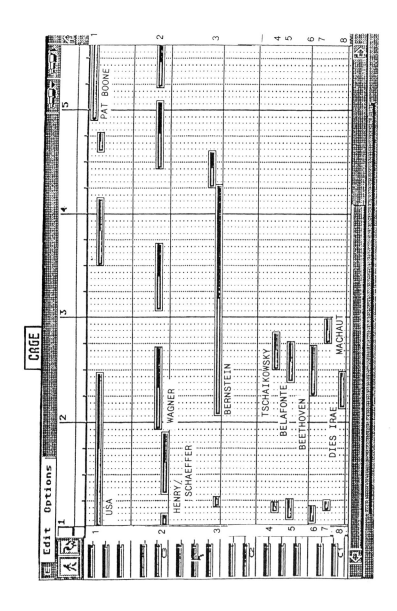

Computer, Sequenzer und digitale Klangerzeuger als Instrumentarium der Analyse
am Beispiel von *Studie I* und *Studie II* von Karlheinz Stockhausen

Frühere Analogsynthesizer hatten den Nachteil, daß sie zu stark temperaturabhängig waren und somit keine Stimmungsstabilität besaßen. Heutige digitale Synthesizer weisen diesen Nachteil zwar nicht mehr auf, jedoch zeichnen sich viele durch eine relative Ungenauigkeit im Bereich von mikrotonalen Stimmungen aus [12].

Der derzeit preiswerteste und präziseste Synthesizer ist der Microwave der Firma TSI, Waldorf. Im Zusammenwirken mit einem Editorprogramm [13] besteht die Möglichkeit, auf ein Cent genau temperierte Skalen für die gesamte Tastatur eines MIDI-Keyboards einzugeben.

Studie I (1953) von Karlheinz Stockhausen [14]

Zur Komposition

Die Komposition geht auf Entwürfe von Tonreihen aus Sinustönen zurück, die aus fünf Intervallen der Obertonreihe – 12:5, 4:5, 8:5, 5:12 und 5:4, also im wesentlichen aus großen und kleinen Terzen und Dezimen – gebildet wurden. Aus den so gewonnenen Frequenztabellen können nach Ableitungen der Reihe 4-5-3-6-2-1 Tongemische gebildet werden.

Gestaltungsvorschläge

Diese Tongemische können am Synthesizer Waldorf Microwave per MIDI-Tastatur eingespielt werden (s. Abb. 6a/b mit der Übertragung der ersten Reihe: 4-5-3-6-2-1). Durch Velocity-Werte läßt sich jeder Teilton in der Lautstärke regeln. Die von Stockhausen verwendete sechsteilige Intensitätsskala von 0–20 db in vier db-Schritten, bezogen auf einen Pegel von 90 Phon, muß nun auf die 127stufige Velocity-Skala umgerechnet werden (21er

---

[12] Ein Beispiel: Einer der ersten digitalen Klangerzeuger mit mikrotonalen Möglichkeiten war der TX 81Z von Yamaha. Seine Abweichung pro Schritt beträgt ca. 1,56 Halbtonschritte. Außerdem ist, *ungeachtet des gewählten Grundtons* (siehe Handbuch S. 31) einer Skala, der Ton a' (MIDI-Note A 3) stets 440 Hz. Somit eignete er sich nur bedingt zur Erklärung der Unterschiede zwischen temperierter, reiner und pythagoräischer Stimmung.

[13] SWS (Softworkstation) für den Waldorf Microwave von Martin Loehle im Vertrieb von Geerdes Midisystems, Berlin.

[14] Nähere Informationen dazu in: K. Stockhausen, *Texte* 2, Köln 1964, S. 22ff. Ein Partiturauszug findet sich auf den Seiten 34 und 35.

Schritte). Allerdings ist diese Reihe wiederum von den verschiedenen Ausgangstönen der Proportionsreihen derart abhängig, daß die Skala für jedes Tongemisch vom jeweiligen Ausgangston neu errechnet werden muß[15]. Diese Tongruppen werden insgesamt noch einmal mit einer der sechs Hüllkurvenformen geregelt. So ließe sich beispielsweise eine Schicht der Partitur durch Reihung der Tongemische und entsprechender Controller-Zuweisung (Controller 7 = Lautstärke-Regelung) simulieren. Allerdings muß aufgrund der Geschwindigkeit mit einer Überlastung der MIDI-Schnittstelle gerechnet werden, die sich auch bei ca. 1/11 Sek. als kürzestem Zeitwert bemerkbar macht[16]. Die erforderlichen Sequenzechos lassen sich durch Verwendung eines digitalen Hallraums nur annähernd dadurch simulieren, daß das Hall erzeugende Gerät über den Sequenzer angesteuert wird. (Die Ausklingzeit muß ebenfalls regelbar sein!)

Die von Stockhausen erstellte Partitur kann zu Anfang in Teilen bzw. in seinen Teilschichten realisiert werden. Es empfiehlt sich zunächst, die einzelnen Dauernwerte – ausgehend von 76 cm/Sek. – in Sequenzer-Daten umzurechnen und einzugeben. (Dies kann auf der Arrangement-, der graphisch orientierten Matrix- oder der Event-Ebene geschehen.) Für die erste Tongemischfolge (4-5-3-6-2-1) ergeben sich somit folgende Werte:

64,0 = 0,8 Sek.
53,3 = 0,7 Sek.
26,0 = 0,34 Sek.
50,0 = 0,65 Sek.
52,1 = 0,89 Sek.
05,4 = 0,07 Sek.

Diese Werte wären für einen MIDI-Sequenzer nicht exakt reproduzierbar. Deshalb empfiehlt es sich, alle Werte auf der Basis von 38 cm/Sek. zu errechnen, was zu doppelten Zeitwerten führt, z.B.:

64,0 = 1,6 Sek. = zwei ganze Notenwerte
53,3 = 1,4 Sek. = Ganze + Halbe + Achtel + punktierte Zweiunddreißigstel
52,0 = 1,37 Sek. = Ganze + Halbe + Achtel
etc.

Auf diese Weise läßt sich die erste Sequenz – 4-5-3-6-2-1 ohne Pausen – klanglich annähernd nachstellen.

---

[15] K. Stockhausen, *Texte* 2, Köln 1964, S. 28
[16] Vgl. ebd., S. 31; Partiturauszug S. 34/35, beispielsweise Realisation des oberen Systems

Abb. 6a: Karlheinz Stockhausen, *Studie I*: Übertragung der ersten beiden Tonreihen auf MIDI-Tastatur durch Frequenz-Eingabe

Tuning Table Edit								TunTab I1
C-2	8.17579	C0	32.7031	C2	130.812	C4	520.838	C6	2093.00
	8.66195		34.6478		137.952		554.365		2217.46
	9.17702		36.7080		146.832		587.329		2349.31
	9.72271		38.8908		155.563		624.775		2489.01
	10.3009		41.2034		161.795		659.255		2637.02
	10.9133		43.6535		172.808		749.019		2793.82
	11.5623		46.2493		184.997		779.475		2959.95
	12.2498		48.9994		202.909		799.540		3135.96
	12.9782		51.9130		207.772		830.609		3322.43
	13.75		55.0000		216.845		880.000		3520.00
	14.5676		58.2704		233.081		936.105		3729.31
	15.4338		61.7354		246.941		999.821		3951.06
C-1	16.3515	C1	65.4064	C3	259.668	C5	1046.50	C7	4186.01
	17.3239		69.2956		277.182		1169.24		4434.92
	18.3540		73.4162		311.846		1198.64		4698.63
	19.4454		77.7817		318.399		1198.64		4978.03
	20.6017		83.9442		328.866		1318.51		5274.04
	21.8267		87.3070		329.818		1396.91		5587.65
	23.1246		92.4986		369.994		1499.77		5919.91
	24.4997		97.9988		389.737		1567.98		6271.93
	25.9565		103.826		416.746		1661.21		6644.87
	27.5000		107.923		440.000		1760.00		7040.00
	29.1352		116.540		487.647		1920.40		7458.62
	30.8677		123.470		499.622		1975.53		7902.13

Abb. 6b: Karlheinz Stockhausen, *Studie I*: Übertragung der ersten beiden Tonreihen auf MIDI-Tastatur durch Cent-Eingabe

Tuning Table Edit								TunTab I1
C-2	0	C0	2400	C2	4800	C4	7192	C6	9600
	100		2500		4892		7300		9700
	200		2600		5000		7400		9800
	300		2700		5100		7507		9900
	400		2800		5168		7600		10000
	500		2900		5282		7821		10100
	600		3000		5400		7898		10200
	700		3100		5560		7934		10300
	800		3200		5601		8000		10400
	900		3300		5675		8100		10500
	1000		3400		5800		8207		10600
	1100		3500		5900		8321		10700
C-1	1200	C1	3600	C3	5987	C5	8400	C7	10800
	1300		3700		6100		8592		10900
	1400		3800		6304		8635		11000
	1500		3900		6340		8635		11100
	1600		4032		6396		8800		11200
	1700		4100		6401		8900		11300
	1800		4200		6600		9023		11400
	1900		4300		6690		9100		11500
	2000		4400		6806		9200		11600
	2100		4467		6900		9300		11700
	2200		4600		7078		9451		11800
	2300		4700		7120		9500		11900

Abb. 7: Karlheinz Stockhausen, *Studie I*: Darstellung in Noten mit Frequenzangaben

Studie II (1954) von Karlheinz Stockhausen[17]

Zur Komposition

> *Eine 81-stufige Frequenzskala mit der konstanten Intervalleinheit $5^{1/25}$ ist von 100 Hz an aufwärts gewählt [...]. Je 5 Sinustöne werden mit konstanten Intervallen zu Tongemischen komponiert [...]. Fünf Varianten der Tongemische sind verwendet: das konstante Intervall ist 1, 2, 3, 4 oder 5mal $5^{1/25}$. Es ergeben sich die von 1–193 numerierten Tongemische als Klangmaterial für diese Studie [...].*[18]

Da diese Tongemische noch durch einen Hallraum geschickt und per Tonbandschnitt und Hüllkurvengestaltung weiterverarbeitet werden, entfernt sich das klangliche Endresultat zunehmend von seiner an sich recht amorphen Sinustongestalt.

Gestaltungsvorschlag

Mit Hilfe der bereits zu *Studie I* beschriebenen Verfahren kann auch hier eine analytische Nachgestaltung der ursprünglichen, klanglich nichtbearbeiteten Tongemische erfolgen (s. Abb. 8). Interessant wäre in diesem Zusammenhang eine eigene Gestaltung mit diesen Ausgangsmaterialien inklusive der angegebenen Nachbearbeitungen[19]. Wie aus der Partitur ersichtlich, lassen sich verschieden dichte Tongemisch-Gruppierungen feststellen, z.B. mit engem oder weitem Tonumfang, wie sie leicht an der MIDI-Tastatur zu realisieren sind. Problematischer ist die Realisierung der

---

[17] Vgl. Stockhausen, *Texte* 2, Köln 1964, S. 37ff. Partitur UE Nr. 12466
[18] Ebd., S. 37f.
[19] Vgl. ebd., S. 41

Hüllkurve, die für das gesamte jeweilige Tongemisch komponiert ist. Bei der notierten feinen Differenzierung scheint die MIDI-Schnittstelle hier überfordert zu sein, was die hörbare Realisierung der kontinuierlichen Werte innerhalb der Kürze der Zeit betrifft. (Controller-Werte von 0 bis 127 sind eine Illusion, da die hörbare Rasterung exponential unregelmäßig zu- bzw. abnimmt und je nach Klangfarbe differieren kann.) Die zeitliche Realisation wird annäherungsweise dadurch ermöglicht, daß die endgültige zeitliche Abfolge nach der Einspielung im Sequenzer (Event-Editor) erfolgen kann. Weitere formale Gliederungen sind in gewissen Grenzen ebenfalls möglich. Hier empfiehlt sich u.U. eine Realisation mit einer eingegrenzten Auswahl von Tongemischen, die sich dann zu Gruppen gleicher Tongemischabfolgen zusammenfinden können.

Abschließende Bemerkungen

Mittels des geeigneten Synthesizer kann eine analytische und klangliche Nachstellung der Ausgangsmaterialien für beide Studien relativ rasch erreicht werden, wenn man sie mit den von Stockhausen verwendeten Tonbandtechniken vergleicht. Dabei können Klangbereiche hörbar werden, die im Stück selbst nur in polyphoner Überlagerung vorkommen und nicht isoliert hörbar sind. Entscheidend ist hierbei die Möglichkeit, relativ »saubere« Sinustöne erzeugen zu können, wie sie bei heutigen digitalen Synthesizern nicht mehr sehr verbreitet sind (vgl. Abb. 9). Reine Sinustöne sind nur noch in speziellen Sinustongeneratoren zu erreichen. Diese Genauigkeit weisen digitale Synthesizer derzeit nicht auf. Trotzdem lassen sich anhand von sinusverwandten Tönen, wenn sie noch durch einen Filter gereinigt werden, solche Klänge entwickeln, die den Stockhausenschen Sinustönen doch recht nahekommen und somit bis zu einem gewissen Grad tiefere Einsichten in die Konzeption des Ausgangsmaterials vermitteln. Außerdem können anhand der Tastatur eigene Zusammenklänge ausprobiert bzw. realisiert und gleichzeitig in dem Sequenzer abrufbereit gespeichert werden. Hierbei ist es möglich, die von Stockhausen vorgegebenen Grenzen zu verlassen und in verschiedenen Bereichen neu zu strukturieren (z.B. Anzahl der Teiltöne, Folgen von Tongemischen anderer Ordnung, andere Lautstärkereihen und Dichteverhältnisse, Überlagerungen von Tongemischen). Dies kann bis zu komplett neu erfundenen »Studien« führen, die jederzeit im Sequenzer wieder korrigier- oder umstrukturierbar sind. Der Sequenzer wird somit zu einem kompositorisch flexiblen Handwerkszeug, das schnelle Eingriffe in die Konstruktion des Ausgangsmaterials hinsichtlich der Parameter Lautstärke, Geschwindigkeit, Dauer, Dichte und Form ermöglicht und deren klangliches Resultat sofort hörbar macht. Grenzen sind diesem Verfahren im Bereich der individuellen klanglichen Verlaufsform eines Sinustones oder rascher Hüllkurvenformen gesetzt.

Abb. 8 (S. 107/108): Karheinz Stockhausen, *Studie II*: Übertragung der Stimmung auf MIDI-Tastatur mit dem Editorprogramm SWS Softworksstation von M. Löhle (im Vertrieb der Firma Geerdes, Berlin)

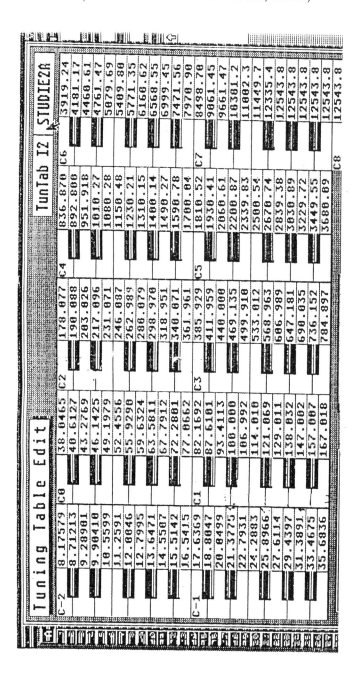

Abb. 9: Karlheinz Stockhausen, *Studie II*: Der verwendete Klang (Wavetable I 42 mit Wave Nr. 305) und sein per additiver Klangsynthese noch verstärkter Sinustoncharakter

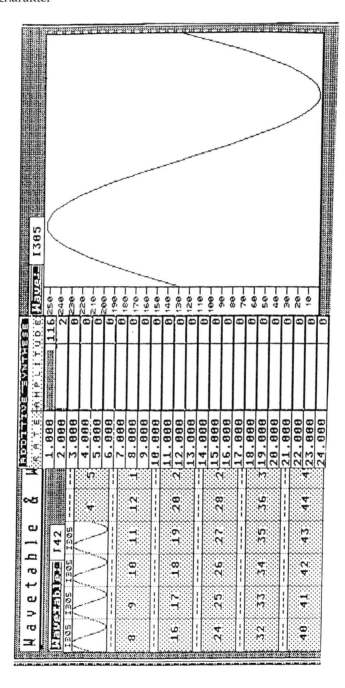

Analyse und Rekonstruktion

an Beispielen von Phil Glass und Pierre Henry

Als Einstieg möchte ich ein besonders sinnfälliges Beispiel wählen, an dem sich der Einsatz eines Soundsamplers als analytisches Hilfs-, Rekonstruktions- und Reproduktionsmittel in Verbindung mit einem beliebigen Synthesizer zeigen läßt.

Koyaanisqatsi (1983) von Phil Glass[20]

> *Es ist meist nicht nur ein Sampler, den wir benutzen [...]. Wir benutzen [...] auch das MIDI-System, um bis zu sechs Synthesizer zu verbinden.* [21]

Zur Musik

Die Musik besteht aus vier Schichten, die sukzessive einsetzen (s. Abb. 10a/b).
- eine erste Baßschicht, die aufgrund der orgelähnlichen Klangfarbe auch noch oktavierend erklingt (hier nicht notiert)[22] und quasi als Basso ostinato im Unterschied zu den weiteren Schichten permanent erklingt (Umfang: kleine Sexte);
- eine zweite Baßschicht, bestehend aus einer rhythmischen Singstimme (»Ko-yaa--nis-qat-si---«) auf einem Ton;
- eine langsam arpeggierende Mittelstimme (Umfang: eine None)
- und eine zumeist schrittweise auf- und absteigende Oberstimme (Umfang: kleine Septime).
- Diese vier Schichten – aufgrund ihres repetitiven Charakters oft auch als Patterns bezeichnet – treten in 14 viertaktigen Sequenzen in unterschiedlichen Dichtegraden auf, gemäß den die Minimal Music kennzeichnenden allmählichen Veränderungsprozessen:
- 2 Sequenzen: eine Schicht (1)
- 2 Sequenzen: zweischichtig (1+2)
- 2 Sequenzen: zweischichtig (1+3)
- 2 Sequenzen: dreischichtig (1+2+3)

---

[20] Island Records CD 255626 (1983). *Koyaanisqatsi* ist der Titel des US-Dokumentarfilms von Godfrey Reggio, zu der Glass 1982 die Musik schrieb. Näheres zur Komposition der Musik in: P. Glass, *Gespräch mit R. Brüninghaus*, in: *Keyboards* 2 (1988), S. 18–26. Das Wort »Koyaanisqatsi« stammt aus der Sprache der nordamerikanischen Hopi-Indianer und bedeutet so viel wie »Leben aus dem/im Gleichgewicht«.

[21] P. Glass, a.a.O., S. 20

[22] Dies kam durch folgende Technik zustande: *Nachdem wir den akustischen Teil aufgenommen hatten, haben wir noch mit Synthesizern Overdubs* [hier: parallele Verdopplung] *gespielt, um die dynamische Spannweite der Instrumente zu erweitern.* (P. Glass, a.a.O., S.19)

- 2 Sequenzen: dreischichtig (1+3+4)
- 4 Sequenzen: vierschichtig (1+2+3+4)
  (die einzige fehlende Konstellation ist: 1+2+4)

Somit ergibt sich folgende Gliederung: 2+4+4+4. Nach erfolgter Steigerung auf vier Schichten ist der Veränderungsgrad 0 erreicht, der letzte »Durchgang« besteht aus vier Schichten konstanter Dichte.

Das komplette Klangergebnis wurde schließlich noch verhallt. Dieser Teil steht am Anfang des Films und verdeutlicht die filmische Ebene insofern, als Schnittfolge, Einstellungsänderung und Kamerabewegung zwar nicht synchron, aber in hör- bzw. sichtbarer Affinität zueinander stehen: langsamer Aufbau, der – ausgehend von einer Katastrophe (Explosion eines Spaceshuttles) in extremer Zeitlupe – auf die eigentliche Thematik des Films hinführt: Die ursprünglich unberührte Natur wird durch die fortschreitende Landschaftszerstörung und die »Errungenschaften« der Zivilisation (Autoverkehr, Luftfahrt, Alltagshektik) zunehmend vernichtet.

Reproduktion und Nachgestaltung

Mit Hilfe eines Soundsamplers lassen sich die Schichten 1 und 2 relativ leicht herausschneiden. Schicht 2 sollte zweimal herausgelöst werden, da sie in Takt 3 eine andere harmonische Konstellation mit den übrigen Schichten bildet. (Sie kann auch zusätzlich um zwei Ganztöne nach unten transponiert werden, wenn der Soundsampler diese Veränderung klanglich in guter Qualität durchführen kann.) Schicht 3 und 4 lassen sich leicht an einem weiteren Synthesizer spielen. Man könnte zwar auch noch Schicht 3 und 4 auf Samplertastatur legen, jedoch würde dies u. U. drei Probleme nach sich ziehen:

- Die dadurch erfolgende Mehrfachdopplung der Stimmen würde zu Aliasing, Phasenproblemen oder unschönen Flanging-Effekten führen.
- Die Tastaturbreite vieler Keyboards (sechs Oktaven) würde beim gleichzeitigen Spiel von mehreren Schülern/Studierenden zu drangvoller Enge führen.
- Der Soundsampler hat nicht den erforderlichen Speicherplatz, um bei hoher Samplerate eine gute Klangqualität zu erzielen.

Entsprechend des Ablaufschemas (s. Abb. 10b) ergeben sich prinzipiell drei Möglichkeiten:

- Reproduktion, ohne das Stück vorher gehört zu haben, anhand des Schemas.
- Nach dem Hören und Analysieren findet die Reproduktion statt.
- Freie Gestaltung von mehreren Möglichkeiten; Aufnahme der Ergebnisse (per Sequenzer oder Mikrophon) und Vergleich mit dem Original.

Denkbar wäre natürlich eine einfache instrumentale Nachgestaltung auf ausschließlich akustischen Instrumenten. Jedoch erscheint mir durch die Möglichkeiten heutiger Techniken eine Reproduktion mit digitalisierten Klängen sinnvoller, da die Klangfarbe, der Sound, eine wesentliche Primärkomponente von Musik geworden ist, die adäquat reproduziert werden sollte. Außerdem kann die instrumentale Schwierigkeit in Schicht 3 und 4 von in jeder Schulklasse bzw. in jedem Seminar vorhandenen Tastenspielern leicht bewältigt werden. Eine Schüler-Nachgestaltung auf Orff-Instrumenten beispielsweise würde am Klangideal des Stückes vorbeizielen und auch von Schülern als anachronistisch empfunden werden.

Abb. 10a: Phil Glass, *Koyaanisquatsi* (1983): Vier Schichten von *Koyaanisquatsi*

Abb. 10b: Phil Glass, *Koyaanisquatsi*: Ablaufschema/Tabelle

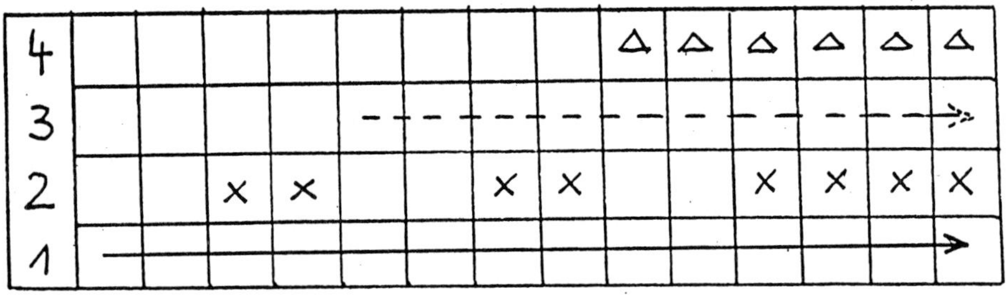

La dixième Symphonie de Beethoven, Presto (1986) von Pierre Henry[23]

Ich habe von Beethoven gelernt,
wie man Musik komponiert.[24]

Zur Musik

Das Werk ist in der ursprünglichen Fassung ein fast zweistündiges Werk[25], das ausschließlich aus collagierten Fragmenten aus den neun Symphonien Beethovens besteht. Henry hat damit gezeigt, daß es mit Hilfe des Tonbandgeräts damals möglich war, aus bereits komponierter Musik gewisse Bausteine zu isolieren und so in neuartige Zusammenhänge zu stellen, daß sie zum Basismaterial für ein neues Stück werden. Manche Passagen sind dabei so raffiniert kombiniert, daß es dem nicht fundierten Kenner von Beethoven-Musik schwerfällt, alle Schnittstellen herauszufinden, d.h. den originalen Beethoven vom montierten Beethoven zu unterscheiden[26].

Grob skizziert kann Henrys Vorgehensweise so dargestellt werden: Er isolierte
– Elemente (Einzelereignisse wie Töne, Akkorde)
– einfache Gestalten (Sprünge, Schritte)
– zusammengesetzte Gestalten (Tonleitern, Melodien) und
– größere Zusammenhänge/Formverläufe (Steigerungen, Übergänge etc.).

Diese Auswahl [...] wurde numeriert und diente als Basis für eine Partitur, die der 10. Sinfonie [...]. Ich nahm die Beethovenschen Dauern als Ausgangspunkt und habe dann meine eigenen Dauern dadurch gefunden, daß ich durch Montage und Mischungen eingegriffen habe.[27]
Mittels Schnitt, Montage und Überlagerungen bildete Henry daraus neue Formzusammenhänge, so wie er es auch bei seinen eigenen Werken tat. *Durch synthetisch-elektronische Techniken [...] habe ich die Klänge mehr leuchten lassen, als es mit dem Orchester möglich war.*[28]

---

[23] 1. Satz von *La dixième Symphonie de Beethoven*, Philips CD 420636-2 (1988); erste Version 1974, laut eigenen Repertoireangaben bereits 1972, Covertext S. 6; deutsche Erstaufführung: Bonn 1979
[24] P. Henry über seine Komposition im Covertext zur CD, S. 7
[25] Erstmalig wurde *La dixième Symphonie de Beethoven* in dieser langen Fassung am 4.2.1983 in der abendfüllenden Sendung *Beethoveniana* in der Zeit von 20.05 – 24.00 Uhr gesendet. Autoren der Sendung: H. Hesse und A. Schwan
[26] Vgl. hierzu eine Analyse über den Anfang des Menuetts, das auf der CD-Version nicht enthalten ist, in: A. Schwan, *Beethoven auf dem Soundsampler. Von der Imitation zur Komposition*, in: *MuU* 3 (1990), S. 30ff.
[27] P. Henry, Covertext zur CD, S. 4
[28] P. Henry, ebd., S. 8

Presto
Das Stück dauert 7,36 Minuten und ist das erste Stück auf der CD. Die ersten sechs Fragmente (s. Abb. 11) lassen sich leicht isolieren, wobei die ersten fünf einige Gemeinsamkeiten aufweisen: ihr Pizzicato-Charakter, ihre gemeinsame Tonart, ihre verwandte Klangfarbe (vorwiegend Streicher-Pizzicati) sowie ihre leichte Isolierbarkeit aus dem formalen Kontext. Obwohl Nr. 2–4 aus derselben und Nr. 1 aus einer anderen Symphonie stammen, verbindet sie alle vier diese Gemeinsamkeit. Nr. 5 (V./3. Satz, T. 231–234) leitet nach ca. 53 Sek. in einen neuen Abschnitt über, der durch seinen anderen Charakter – Steigerung durch zunehmende Lautstärke – die Pizzicato-Gestalten des ersten Abschnitts ablöst. Diesen Entwicklungsprozeß beendet Henry durch zweikanalig zeitversetzte und mehrfach wiederholte Ausbrüche, die nach ca. 1,20 Minuten mit Nr. 8 (VIII/4. Satz, T. 43–47) beginnen. Mit Nr. 13 (IV./1. Satz, T. 319–327) setzt zwar dann eine Rückentwicklung ein, jedoch bauen Nr. 14–16 erneut eine Steigerung auf, die bei Nr. 17 in den bereits von Nr. 8 bekannten Ausbruch mündet. (Jedoch verwendet Henry hier eine spätere Parallelstelle, VIII/4. Satz, T. 212ff.) In der Folge schöpft er weitere Formen der Gestaltung von Steigerungen dadurch aus, daß die zeitliche Verschachtelung und Komplexität des Verschiedenartigen in der Überlagerung zunimmt. Der Satz endet schließlich fünf Takte vor Schluß des Scherzos der 9. Symphonie mit der Pause wie eine offene Frage.

Praktische Anwendung
Da mit zunehmender Dauer des Satzes die Komplexität zunimmt, bieten sich die ersten 6–13 Fragmente als eine geschlossene Einheit an, die sich mit Soundsampler leicht aus der von Henry verwendeten Aufnahme isolieren lassen.[29] Im Zusammenhang mit dem Notenmaterial können somit erneut zwei Wege beschritten werden:
- Möglichst exakte Reproduktion anhand der Vorlage; hier wären noch die exakte Häufigkeit/Wiederholung, zeitliche Abfolge/Versetzung und ihre gegenseitige Überlagerung herauszuarbeiten. Da das Stück auf dem linken Lautsprecher beginnt und nach 16 Sekunden dasselbe – quasi kanonisch – auf dem rechten Kanal einsetzt, ist eine Mehrfachverwendung der ersten drei Klangfragmente auf unterschiedlichen Tasten zu empfehlen. (Die oben genannten Phasingeffekte halten sich bei entsprechender Übung in erträglichen Grenzen.) In der Folge tritt diese zeitlich versetzte Mehrfachüberlagerung erneut bei Nr. 8 besonders deutlich hervor.

---

[29] Gewandhausorchester Leipzig unter Franz Konwitschny; Aufnahmejahr: 1963; Henry verwendet noch die Schallplatteneinspielung der Deutschen Schallplatten GmbH Berlin, die jetzt digitally remastered auf CD bei Berlin Classic Eterna unter 0020 005 erhältlich ist.

Abb. 11: Pierre Henry, *La dixième Symphonie de Beethoven,* Presto (1986):
Rekonstruktion der ersten sieben Fragmente

Bsp. (1): Symphonie IV/2. Satz, Anfang
Bsp. (2): Symphonie III/4. Satz, T. 12–27
Bsp. (3): Symphonie III/4. Satz, T. 32–35
Bsp. (4): Symphonie III./4. Satz, T. 40–43
Bsp. (5): Symphonie V/3. Satz, T. 231–234
Bsp. (6): Symphonie IV/1. Satz, T. 65–67
Bsp. (7): Symphonie VIII/4. Satz, T. 476–479

- Freie Improvisation/Gestaltung nach eigenen Vorstellungen; Aufzeichnung möglichst durch Sequenzer, abschließend auch Archivierung auf anderen Tonträgern. Diese Methode fördert natürlich schnellere und vielseitigere Resultate zutage, als sie in früheren Versuchen mit Schülern mit Hilfe von mindestens drei Tonbandgeräten zu leisten war (z.B. zwei für die Wiedergabe, ein drittes für die Aufnahme).

Inwieweit die Notenvorlage eine Hilfe darstellt, dürfte in Schule und Hochschule wohl unterschiedlich zu beurteilen sein, da Notenkenntnisse und die Fähigkeit zur klanglichen Vorstellung notierter Musik bei Schülern meist noch nicht allzusehr ausgeprägt sind. Diese zweite Variante erfordert nicht unbedingt die Einbeziehung einer Notation, da eine Entscheidung nach eigenem Gehör bzw. einer möglichen Klangvorstellung sich durchaus erst nach häufigem Probieren und Experimentieren einstellen kann, was auch bei Studierenden zu beobachten ist.

Abschließende Bemerkungen

Der Soundsampler in Verbindung mit einem Computer bzw. Sequenzer bietet in diesem Projekt einen mehrfachen praktischen Nutzen, der so leicht und schnell mit früheren Aufzeichnungsgeräten nicht erreicht werden konnte:
- Schnelle Isolierung durch digitalen Schnitt, der auch ebenso schnell wieder rückgängig zu machen ist.
- Schneller Zugriff auf Daten, hier Musikfragmente durch Tastendruck.
- Transposition innerhalb eines Ganztons auf- und abwärts gleichzeitig, ohne deutlich hörbare Klangeinbußen.
- Nachträgliche Korrektur mittels Neuaufnahme oder auf der Zeitebene innerhalb des Sequenzers (Event- oder Noten-Editor).
- Bei Zuweisung der Einzelfragmente an verschiedene MIDI-Kanäle können noch zusätzlich differenzierte Lautstärkeverläufe komponiert werden.
- Ein weitgehender Verzicht auf Notenvorlagen ist besonders im Musikunterricht der Schule zu empfehlen – auch in der Oberstufe, um das Gehör zu schulen.
- Ein spielerisch-improvisatorischer Umgang mit den Montagefragmenten ist ebenfalls in völlig freier und offener Form ohne Vergleich mit dem Original denkbar. Als Alternative wäre auch eine Eingabe als MIDI-Daten denkbar, jedoch würde eine fundierte Notenkenntnis die unabdingbare Voraussetzung sein, was zumindest in der Schule den Kreis der Schüler einengt; für den Hochschulbereich ist ein solcher Programmieraufwand ebenfalls nur mit geeigneten Synthesizern zu realisieren.

Diese Vorgehensweise führte, wie oben erwähnt, zur Produktion einer eigenen *Beethoveniana* mit Schülern, was ich an anderer Stelle bereits dargestellt habe [30]. Diese Technik und ähnliche Techniken habe ich auch auf das Werk anderer Sinfoniker angewendet [31].

Neue Technik(en) zur Herstellung von Demonstrationskompositionen

Diente in den vorherigen Projekten die Sampling-Technologie überwiegend der Isolierung von Klangfragmenten und der Sequenzer zur zeitlich-rhythmischen Neugestaltung, so bietet das sog. Harddisk-Recording aufgrund der damit verbundenen großen Speichermedien (Festplatten, Wechselplatten, in naher Zukunft auch optische Platten) die Möglichkeit, längere Musikpassagen via Bildschirm zu bearbeiten. Zu den weitergehenden Eingriffsmöglichkeiten neben Filterung gehören:
– verschiedene Misch- und Blendoperationen (exponentiell, linear),
– geschwindigkeitsunabhängige Transpositionen,
– tonhöhenunabhängige Stauchungen und Spreizungen,
– kontinuierliche Transpositionen,
– Rückwärtswiedergaben (Krebs).
Diese Technologie ersetzt in zunehmendem Maße die bandgestützte Analogtechnik.

---

[30] Vgl. *Beethoveniana – Eine Tonband-Komposition*, in: A. Schwan, *Komposition und Improvisation im Musikunterricht allgemeinbildender Schulen der Sekundarstufe I*, Frankfurt 1991, S.169–178. Die komplette Rekonstruktion des Schülerwerkes wurde von mir mittels einer Klebecollage aus einem Klavierauszug der Symphonien annäherungsweise versucht. Bisher noch unveröffentlicht; ders.: *Unterrichtserfahrungen zu: Schüler komponieren (mit) Beethoven-Musik*, in: *MuB* 3 (1982), S. 168ff.; ders.: *Beethovens Zehnte*, in: *ringgespräch über gruppenimprovisation*, hg. v. M. Schwabe, Berlin, Febr. 1995, S. 8ff.

[31] H. Hesse/A. Schwan: *Bruckner für Lautsprecher, eine Tonbandcollage aus dem Jahre 1983*, gesendet in HR II, 15.3.85 innerhalb der Sendung *Radiomusikwerkstatt*.
A. Schwan: *M.M. – Mein Mahlerfest für 8-Kanal-Digital-Band + Soundsampler*, 1993/94. Beide Produktionen liegen auch als eigenproduzierte CDs vor. Um einem vorschnellen Urteil vorzubeugen: Eine direkte Adaptierung auf das Werk der verschiedenen Sinfoniker und damit auch Musikepochen ist nicht möglich; vielmehr erfordert jedes Œuvre eines Komponisten eine neue Auseinandersetzung und damit auch anders angewendete Verarbeitungstechniken.

Beispiele zum Thema »Der einzelne Ton«

Webern oder Cage?

Sowohl Anton v. Webern als auch John Cage haben sich in ihren Werken mit dem einzelnen Ton auseinandergesetzt, die Art seiner kompositorischen Behandlung zu einem Extrem getrieben, allerdings auf sehr unterschiedliche Weise. Sind es bei Cage, speziell in seinem Spätwerk ab Anfang der 80er Jahre, vornehmlich lang andauernde Töne, in ihrer zeitlichen Abfolge oft weit voneinander entfernt und innerhalb der »time brackets« dem Interpreten überlassen, folgen sie bei Webern strengen Gesetzmäßigkeiten, sind selten lang andauernde oder wiederholte Gestalten. Beide haben dem individuellen Gebilde »Ton« einen Gestaltcharakter verliehen. Trotz ihrer Verschiedenartigkeit sind sie ähnlich: Wirken die Töne bei Cage eher ruhig-meditativ und statisch, haben sie bei Webern einen eher vorwärtstreibenden Charakter oder stehen isoliert, aber als unverkennbare Webernsche Einzelgestalten.

Dieser Unterschied läßt sich in Form einer Collage klanglich verdeutlichen. Dazu empfiehlt es sich, Einzeltonpassagen aus folgenden Werken zu isolieren:
- A. v. Webern: op. 1, op. 5 (2., 3. und 5. Satz), op. 6 (2. und 5. Satz), op. 8 (1. Satz), op. 9 (4. und 6. Satz), op. 10 (1. Satz), op. 11 (3. Satz), op. 12 (2. Satz), op. 13 (2. Satz), op. 16 (1. Satz), op. 20 (1. Satz), op. 21 (1. Satz), op. 22 (2. Satz), op. 24 (1. Satz), op. 25 (3. Satz), op. 27 (3. Satz), op. 28 (2. Satz), op. 29, op. 30, op. 31.
- J. Cage: *30 Pieces For Five Orchestras* (1981); *30 Pieces For String Quartett* (1983); *Ryoanji* (Version mit Posaune, 1985); *Four* (1989); *Seven^2* (1990); *Two^5* (1991).

»Musik aus einsamen Tönen« – Einzeltöne in Musik vor und nach Webern

Unter Aspekten wie »Webern oder Cage?« oder »Musik aus einsamen Tönen – Einzeltöne in Musik vor und nach Webern« lassen sich Musikausschnitte zusammenstellen, in denen einzelne Töne oder Tonrepetitionen besonders augenfällig hervortreten. Weberns exzessive Konzentration auf die isolierte kompositorische Ausgestaltung des Einzeltones steht diametral zu den Beispielen der Musikgeschichte vor ihm. So kann eine collagierte Gegenüberstellung diesen Gegensatz hörbar machen und eine von Cage wieder aufgeworfene Frage in den Mittelpunkt rücken: *Sind Töne Töne oder sind Töne Webern*?[32]

Mittels der oben erwähnten digitalen Technik ist es möglich, eine kleine »klingende Musikgeschichte« der vereinzelt auftretenden Töne zu gestalten. Natürlich lassen sich auch eigenschöpferische Bezüge zwischen den völlig

---

[32] So der Titel eines Festivals zum fast 50jährigen Todesjahr von Anton v. Webern am 5. März 1994 in Karlsruhe, für das diese Produktionen entstanden sind.

unterschiedlichen Musikarten herstellen dadurch, daß beispielsweise gleiche Tonhöhen oder hineininterpretierte tonale Bezüge zwischen den verschiedenen Tönen das verbindende Element für eine Montage darstellen können.
  Beispiele:
1. Dufays *Gloria*-Intonation geht über in den Anfang von Mahlers 5. Symphonie; das »fis« in Webers *Geisterchor* ist Vorhalt zu Beethovens »g« im Anfang des 4. Satzes seiner 1. Symphonie, auf die wiederum Verdis *Libera me* (*Requiem*) folgt.
2. Weitergehende technische Manipulationen schaffen beispielsweise folgende Verbindungen: auf den um einen Halbton tiefer transponierten Anfang von *Also sprach Zarathustra* (R. Strauss) folgt ein tiefes »H« tibetanischer Mönche und das internationale elektronische Zeitzeichen von Greenwich.

Vor Webern beginnt mit einer kleinen Steigerung eines Fragmentes aus Dufays *Gloria*, also weit vor Webern, und gelangt bis in die Zeit Weberns mit Bruckner und Mahler.

Nach Webern entsteht aus verarbeiteten »*Zarathustra*-Elementen«, setzt also in der Zeit Weberns ein, mit zwei Rückerinnerungen durch Bruckner und Mahler, um schließlich in unserer Zeit mit u.a. Al Jarreau, Beatles, Cage, Henry, Rihm und Stockhausen auf Ein-Ton-Passagen aufmerksam zu machen.

  Beide Collagen verwenden eine möglichst große Vielfalt von Musiken (z.B. Jazz, Außereuropäische Musik, Pop/Rock, Fusion, Radio).

  Vor Webern verwendet Ausschnitte aus folgenden Werken bzw. Musikarten:
G. Dufay: *Gloria* (aus *Missa Se la face ay pale*)
L.v. Beethoven: 1., 7. und 9. Symphonie
G. Mahler: 5. Symphonie
A. Bruckner: 9. Symphonie
P. Tschaikowsky: 4. Symphonie; Slawischer Marsch
Marokko (Gebetsruf)
Rußland (Taufe)
C. M. v. Weber: *Der Freischütz* (*Geisterchor*)
S. Prokofjew: *Tanz der Mädchen*
G. Verdi: *Requiem* (*Libera me*)

  Nach Webern verwendet Ausschnitte aus folgenden Werken bzw. Musikarten:
K. Stockhausen: *Indianerlieder*; *Inori*; *Klavierstück VII*; *Michaels Reise*; *Stimmung*
M. Monk: *Prologue*; *Unisono*
I. Xenakis: *Kottos*
Art of Noise: *Galleons Of Stone*
AC/DC: *Hell's Bells*
J. Cage: *She Is Asleep*; *Nowth Upon Night*; *Two*; *The Wonderful Widow Of 18 Springs*;

Tibetanische Mönchsgesänge
L. Anderson: *Superman*
L. Berio: *Sequenza V*
C. Orff: *Carmina Burana*
G. Mahler: 6. Symphonie, 1. Satz
W. Rihm: *Sine nomine*
A. Eliasson: *Disegno*
Al Jarreau: *Ain't No Sunshine*
Radio-Ansage »Greenwich Meantime«
G. Ligeti: *Musica ricercata*

Schlußbemerkungen

Die vorgestellten Modelle sollten zeigen, wie sich mit den Mitteln der jeweiligen Technik musikalische Sachverhalte neu darstellen lassen. War es noch vor einigen Jahren das Tonbandgerät, das sich für analytische Verfahren durch seine im Vergleich zum Kassettenrekorder offenen Eingriffsmöglichkeiten – Schnitt, Montage, Rückwärtslauf, Geschwindigkeitsveränderung – ebenso anbot wie für klangliche Eigengestaltungen, so übernehmen heute im zunehmenden Maße digitale Klangerzeuger und Speichermedien diese Funktionen. Durch die Tatsache, daß zugleich auch computergestützte Produktionsverfahren für breitere Anwenderkreise bezahlbar werden, eröffnen sich hier in Zukunft weitere Möglichkeiten für Eigenkreationen. Immer häufiger werden die sog. Demobänder von Demo-CDs abgelöst. CD-Rekorder werden wohl allmählich auch für weitere Kreise verfügbar werden. Für die musikalische Analyse bedeutet dies auch, eigene Ergebnisse auf zugriffsschnellen Audio- oder/und CD-ROMs zu dokumentieren. Für die Ausbildung an Schulen und Hochschulen werden dafür zusätzliche Lehrkräfte mit besonderen Kenntnissen gebraucht. Forschungen müssen geleistet werden, die sich nicht nur in der Anwendung der vorgefertigten Produkte erschöpfen, sondern auch neue Zugangsweisen für jegliche Musik erschließen. War der Sound-Sampler zu Beginn seiner Entwicklung noch sehr teuer und als Ersatz für »echte« akustische Instrumentalklänge gedacht, so zeigte sich bald, daß dieses Verfahren aus verschiedenen technischen Gründen nach wie vor nur unzureichende klangliche Abbilder lieferte. Außerdem erschloß es einem ursprünglich nicht intendierten Anwenderkreis – Musikwissenschaftlern und Musikpädagogen – neue Möglichkeiten: In Kombination mit Sequenzer-Programmen erleichtern sie den Zugriff auf verschiedene Parameterebenen und gestatten eine schnelle und auch nachträgliche Korrektur. Die damit verbundenen verschiedenen Darstellungs-ebenen – Notation, Matrix, Events – ermöglichen es jedermann, auch notationsunabhängig Klangergebnisse zu erzielen.

Literatur (Auswahl)

Produktionsberichte/Werkbeschreibungen

Emmerson, Simon: *The Language of Electroacoustic Music*, London 1986
    darin bes. S. 141–215: *The influence of Computer Technology* (u.a. berichten Barry Truax und Jonathan Harvey über die Entstehung eigener Werke)
Batel, Günther/Kleinen, Günter/Salbert, Dieter: *Computermusik*, Laaber 1987 (darin besonders die Artikel S. 95ff., u.a. von K. Barlow, D. Salbert, W. Thies); wenn auch bereits älteren Datums, so finden sich darin doch interessante ästhetische, pädagogische und musikwissenschaftliche Aufarbeitungen.

Technische Handhabung

Bienert, Peter: *Digitale Audiotechnik*, Oberhausen 1991
Gorges, Peter: *Das große Sampler Praxisbuch*, München 1991
Gorges, Peter/Merck, Alex: *Keyboards, MIDI, Homerecording*, München 1989
Merck, Alex: *Arrangieren mit dem Computer*, 2. Aufl., München 1993
Timmermann, Hans: *MIDI, Musik und Computer*, Aachen 1990[1], 1995[2]

Allgemeine Literatur zum Thema

Enders, Bernd (Hg.): *Neue Musiktechnologien*, Mainz 1995
Humpert, Hans Ulrich: *Elektronische Musik. Geschichte – Technik – Komposition*, Mainz 1987
Kupper, Harry: *Computer und Musik*, Wien/Zürich 1994
Manning, Peter: *Electronic and Computer Music*, New York 1985/Oxford 1987
Rohrbach, Kurt: *Musik und Computer. Unterrichtshilfen für den computergestützten Musikunterricht*, Bielefeld 1995

Elena Ungeheuer/Pascal Decroupet

Technik und Ästhetik der elektronischen Musik

Die elektronische Musik, im engeren Sinne verstanden als eine Tonbandmusik, die mit analogen Mitteln hergestellt wird und die auf die Auseinandersetzung mit dem Klangmaterial selbst zurückgeht, hat das musikalische Denken seit den 50er Jahren wesentlich erweitert und verändert. Das Komponieren im analogen Studio beruht auf Verfahren der Klangerzeugung, -behandlung und -speicherung, welche den Klang in spezifischer Weise formen. Die jeweilige Auswahl der Realisationstechniken für ein Werk trifft der Komponist je nach Verfügbarkeit und Kenntnis der Technologie sowie gemäß seiner musikalischen Konzeption. Eine Theorie der elektronischen Musik muß das kreative Konfliktfeld zwischen musikästhetischen Positionen und technischen Möglichkeiten thematisieren und gerade den zweckentfremdeten Einsatz der Apparate ausdeuten.

1. Publikationen zur elektronischen Musik

Neben der Möglichkeit, die Komponisten und Techniker persönlich zu befragen, steht heute eine nicht unbedeutende Menge an schriftlichen, jedoch nicht immer einfach zugänglichen Dokumenten zur elektronischen Musik der 50er Jahre zur Verfügung. Darüber hinaus ruhen noch große, zumeist unsortierte Schätze in den Archiven und Restbeständen von Rundfunkanstalten und früheren Studios. Fachzeitschriften für Musik und Elektrotechnik verbreiteten in den 50er und 60er Jahren Abhandlungen zum neuesten Stand der Technik und des Komponierens, entweder regelmäßig in einer entsprechenden Rubrik oder als Sonderhefte. Für letztere stehen die Januar-Ausgabe der Zeitschrift *Melos* aus dem Jahre 1953 und zwei Sonderhefte der *Technischen Hausmitteilungen des Nordwestdeutschen Rundfunks* aus den Jahren 1954 und 1956. Auch wurde bei Vortragsreihen und Festivals zu elektronischer und/oder neuer Musik gerne die Gelegenheit genutzt, neben der Darbietung von Werken über allgemeine und spezifische Fragestellungen des neuen Mediums zu informieren. Besonders zu erwähnen, sind das von Fritz Winckel herausgegebene Buch *Klangstrukturen der Musik* [1], das auf eine Vortragsreihe zum Thema »Musik und Technik« an der Technischen Universität Berlin Anfang 1954 zurückgeht, und ein von Werner Meyer-Eppler herausgegebener Band *Musik, Raumgestaltung, Elektroakustik* [2], der einen im Sommer 1954 in Gravesano abgehaltenen Kongreß über »Musik und Elektroakustik« dokumentiert.

---

[1] F. Winckel (Hg.), *Klangstrukturen der Musik*, Berlin 1955
[2] W. Meyer-Eppler (Hg.), *Musik, Raumgestaltung, Elektroakustik*, Mainz 1955

Von großem Gewinn für das Verstehen der besonderen Verwendung der Geräte erweisen sich jene Veröffentlichungen, denen Hörbeispiele beigefügt sind. Eine Sonderstellung nehmen hier die von Hermann Scherchen herausgegebene Zeitschrift *Gravesaner Blätter* (inkl. Schallplatten) und die explizit didaktische *Einführung in die elektronische Musik* von Herbert Eimert ein (Wergo LP 60006). Heute leider nur schwer zugänglich sind Rundfunksendungen, von denen man ohne Übertreibung sagen darf, daß sie die Meinung der Komponisten und des Publikums wesentlich mitgeprägt haben, insbesondere die Sendungen des von Eimert redaktionell betreuten Musikalischen Nachtprogramms des NWDR/WDR.

Zu den Autoren der Publikationen zur elektronischen Musik zählen sowohl Musiker als auch Techniker, Ingenieure und Wissenschaftler, wobei der technologische, ästhetische oder akustische Gehalt der Texte nicht immer eindeutig auf die Profession des Autors schließen läßt. Auch bei den Texten von Komponisten findet man ein breites stilistisches Spektrum vor, variiert der Anteil an technologischen Angaben (quasi »zum Nachmachen«) oder an akustischer Begrifflichkeit.

2. Technologisches Angebot und Verwendung der Technik durch Komponisten

Immer wieder geschah und geschieht es, daß ein Komponist, meist bei seiner ersten Auseinandersetzung mit den Mitteln des elektronischen Studios, die dort angebotenen charakteristischen Techniken nicht oder nicht unmittelbar nutzt, sondern sich zuerst auf die Suche nach einem seiner Idee adäquaten technischen Medium begibt. Legendär ist in diesem Zusammenhang Karlheinz Stockhausens Entschiedenheit, mit der er zu Beginn seiner Arbeit im Kölner Studio im Juni 1953 die vorhandenen elektronischen Spielinstrumente, Melochord und Trautonium, für untauglich erklärte und sich Meßapparate aus der technischen Abteilung des Hauses zur Produktion von Sinustonspektren besorgte. Stockhausens Dialog mit der Vielfalt des technischen Studioangebots wurde erst dann notwendig, als sie aus kompositorischer Sicht sinnvoll erschien, nämlich als es infolge erweiterter musikalischer Vorstellungen erforderlich wurde, das Klangmaterial und die Verfahren der Klangmodulation zu erweitern und zu variieren.

Als konkretes Beispiel für die mögliche Divergenz zwischen technischem Angebot und Interesse an der Technik von seiten der Komponisten sei kurz auf das Verfahren der Ringmodulation eingegangen. Wenn auch nur schwer zu erklären ist, was klangfarblich bei der Ringmodulation tatsächlich geschieht, so gibt es doch eine physikalische Regel, die darüber Auskunft erteilt, wie die Eingangsfrequenzen und -amplituden sich nach einer solchen Modulation zueinander verhalten: die Frequenzen werden zugleich addiert und subtrahiert, die Amplituden miteinander multipliziert, weshalb die Ringmodulation auch als »multiplikative Synthese« bezeichnet wird. Von diesen beiden Aspekten war es derjenige der Frequenzverschiebung bzw.

Frequenzumsetzung, der Gottfried Michael Koenig bei der Realisierung seiner *Klangfiguren II* in den Jahren 1955/56 interessierte. Als technischem Mitarbeiter im Kölner Studio waren ihm umwegige Herstellungverfahren nur allzu bekannt, und so konzentrierte er sich bei seinen eigenen Kompositionen auf eine Kongruenz von musikalischem Formgedanken und technischer Realisation. In *Klangfiguren II* wird in jedem Formteil eine spezifische Klangform verschiedenen Veränderungen unterworfen, insbesondere durch Transposition und Klangfarbenvariation, ebenso von einer Erscheinung der Form zur nächsten wie innerhalb einer einzigen Klangform. Jede Klangform einzeln in all ihren Details zu realisieren, wäre eine Möglichkeit zur Realisierung von derartigen Klangvarianten gewesen, doch hätte diese unendlich viel Schneide- und Klebearbeit bedeutet. Koenig entschied sich für eine elegantere Lösung, indem er jede Klangform nur ein einziges Mal realisierte und ihr anschließend unter Verwendung des Ringmodulators ein jeweils anderes Erscheinungsbild verlieh. Die beiden Eingangssignale des Ringmodulators waren dabei einerseits die entsprechende Klangform und andererseits ein Sinuston, ein eng gefiltertes Rauschen oder eine eng gefilterte Impulsfolge bzw. verschiedene Kombinationen dieser Klangfarben mit einer Frequenz von 10.000 Hz. Jede Klangform wurde in einem sehr hohen Frequenzbereich realisiert; der Einsatz des Ringmodulators ermöglichte nun eine Spiegelung der Klanggestalt eben an der Referenzfrequenz von 10.000 Hz und eine Transposition der Klanggestalt in den normalen Hörbereich. Auf seiten der resultierenden Klänge verwendete Koenig nur die Differenzen und eliminierte die ohnehin kaum noch hörbaren Summen mittels Filter[3]. Je nach der gewählten Klangfarbe erschien die Klangform als Sinuston-, Rausch- oder Impulsform bzw. in der Qualität zusammengesetzter Formen.

3. Dauernkomposition

Erst als das Tonband die Schallplatte als Speicher- und Gestaltungsmedium ersetzte, wurde es möglich, die Dauernkomposition als musikalisches Forschungsfeld zu problematisieren. Zwar hatte diesbezüglich bereits Olivier Messiaen interessante Vorschläge gemacht, doch schien in der Instrumentalmusik zu Beginn der 50er Jahre ein Punkt erreicht worden zu sein, der nicht überschritten werden konnte. Pierre Boulez übernahm das Prinzip der multiplizierten kleinsten Einheit im ersten Band der *Structures*, während er in *Polyphonie X* die polyphonen Schichten zusätzlich durch verschiedene rhythmische Unterteilungen voneinander abzuheben trachtete. Angestrebt wurde aber die Kontrolle komplexer Dauernverhältnisse in der Aufeinanderfolge – entweder unter Einbeziehung von »irrationalen

---

[3] G. M. Koenig, *Essay – Zur Genesis einer elektronischen Partitur*, in: *Ästhetische Praxis, Texte zur Musik* 1, Saarbrücken 1991, S. 114f.

Werten«, die ständig wechseln oder von denen nur Einzelwerte in einer Kette von Dauern erscheinen, oder im Hinblick auf Dauernprozesse, die selbst nicht einmal in irrationalen Werten ausgedrückt werden können.

Boulez hat diesbezüglich recht eindeutige schriftliche Belege hinterlassen: zum einen in seiner Korrespondenz mit John Cage[4], zum anderen in seinem Aufsatz *Eventuellement ...* (*Möglichkeiten ...*)[5], der im Frühjahr 1952 erschien. Die wesentlichen konzeptionellen Neuerungen, wie sie Boulez in diesem Aufsatz resümiert, sind die »Registrierung der Dauern« (eine Verschiebung also, die aufgrund der damaligen Tonbandtechnik parallel zur Tonhöhe verlief), die Trennung von Dauer und Geschwindigkeit (was eine frühe, an das technische Herstellungsverfahren anknüpfende Bezeichnung für das darstellt, was später als Einsatzabstand bezeichnet wurde) sowie das Kürzen von Dauern und das Entstehen von Pausen gemäß dem Kontrapunkt von Dauer und Einsatzabstand zu einem bestimmten Zeitpunkt. In seinem Brief an Cage beschreibt er darüber hinaus noch die technische Ausrüstung des Studios (Arten von Tonbandmaschinen – normal, mit veränderbarer Geschwindigkeit, Drei-Spur-Magnetophon) und ein Verfahren der räumlichen Projektion der Tonbandstücke bei Konzertaufführungen.

Besondere Beachtung schenkte Boulez bei der Arbeit an seiner *Première étude de musique concrète*[6] dem Phonogène, einem Magnetophon mit zwölf verschiedenen Laufgeschwindigkeiten pro Oktave. Einen einzigen Ausgangsklang von einer afrikanischen Sanza transponierte er auf 72 verschiedene Stufen, alle durch ihre Dauer und ihre relative Lage unterschieden. Diese 72 Dauern wurden zwei unabhängigen Parametern zugeordnet, der Klangdauer und dem Einsatzabstand, die aufeinander zu reagieren hatten. Ein weiteres, durch die neue Technologie nahegelegtes Kriterium war das normale und das rückläufige Abspielen der aufgenommenen Klänge. Das Drei-Spur-Magnetophon setzte Boulez auf verschiedenen Ebenen ein: zum einen, um die Dichte der Komplexe zu variieren, zum anderen, um eine Flexibilität der Synchronisationsmodelle zu erreichen. Die einfachsten Formen der Simultaneität sind das gleichzeitige Beginnen oder Enden von Klängen bzw. Strukturen; am anderen Ende der Skala steht die völlige Unabhängigkeit der Zeitverläufe voneinander; zwischen diesen beiden Polen befindet sich die symmetrische Synchronisation zweier Schichten

---

[4] Besonders aufschlußreich ist hier sein Brief an Cage vom 25.11.1951, der in der zweisprachigen Ausgabe des Briefwechsels nur bruchstückhaft enthalten ist. Die später ergänzten Teile wurden – in Cages Übersetzung mit Anmerkungen von John Holzaepfel versehen – veröffentlicht in John Cage, *Anarchic Harmony*, Mainz 1992, S. 34–39; die kompletten Brieffassungen liegen vor: französisch in: P. Boulez/J. Cage, *Correspondance*, Paris 1991, S. 181–200; englisch in: *The Boulez–Cage Correspondance*, Cambridge 1993, S. 112–127.

[5] P. Boulez, *Eventuellement...*, in: *Relevés d'apprenti*, Paris 1966, S. 165–167; *Möglichkeiten ...*, in: *Werkstatt-Texte*, Frankfurt/M., Berlin 1972, S. 38–40

[6] Einsicht in die Skizzen der Boulezschen Werke wurde freundlicherweise von der Paul Sacher Stiftung Basel gewährt.

oder Teilschichten, was bedeutet, daß die Mittelpunkte zweier Schichten übereinstimmen. Auf der kompositorischen Ebene setzte Boulez Strukturen gegeneinander, die entweder die ganze Bandbreite der Dauern (sechs Oktaven) ausnutzen oder nur Teile daraus, wodurch sich folgendes Gesamtbild ergibt:

Struktur   1   2   3   4   5   6   7
Oktaven   1–6   3–6   1–4   3–6   1–6   2–5   1–6

(mit 1 = tiefster Transposition, also längsten Dauern, und 6 = höchster Transposition, also kürzesten Dauern).

Zu dieser Zeit wurden im Pariser Studio für musique concrète besonders Schlagzeugklänge und Aufnahmen von präparierten Klavieren verwendet, allesamt perkussive Klangformen mit einer mehr oder minder kurzen Abklingzeit, kaum aber gehaltene Töne. So blieben auch in Boulez' zweiter Etüde die natürlichen Abklingzeiten der aufgenommenen Klänge für die Komposition verbindlich. Ein ganz anderes Ziel verfolgte Stockhausen in seiner dort realisierten *Konkreten Etüde*, denn er versuchte sich gerade von diesen vorgegebenen Dauern zu lösen und begab sich auf den langen und schwierigen Weg der Herstellung von stationären Klängen[7]. Die *Konkrete Etüde* nimmt eine Schlüsselrolle in der Entwicklung von Stockhausens kompositorischem Denken ein, auch wenn er selbst das Resultat einige Wochen nach der Realisation als ein »negatives« bezeichnete[8], denn zum ersten Mal schickte er sich hier an, die Organisationsgesetze, die dem ganzen Werk zugrunde liegen, auch bei der Herstellung des Klangmaterials zu berücksichtigen. Damit nimmt die *Konkrete Etüde* faktisch bereits jene Besonderheit vorweg, die allgemein erst der *Studie I* zugeschrieben wird. Es sei noch angemerkt, daß Karel Goeyvaerts, mit dem Stockhausen in regelmäßigem brieflichem Austausch stand, ebenfalls im Dezember 1952 eine Partitur, genauer ein Zeitschema, niederschrieb, demzufolge vier stationäre Klänge zu synchronisieren sind, die Komposition *Nummer 4 für tote Töne*. Die »toten Töne« entsprechen genau Stockhausens Vorhaben, und es wundert kaum, in der Partituranleitung zu Goeyvaerts' Werk als eine der Realisationsmöglichkeiten der toten Töne eine Beschreibung des Stockhausenschen Verfahrens zu finden, nämlich »den Ton mittels Speicherverfahren abzutöten«, d.h. durch Tonbandmontage seiner natürlichen Zeitlichkeit zu entheben.

4. Stockhausens Gesang der Jünglinge

Der *Gesang der Jünglinge* trägt eine religiöse Botschaft in die Welt: die Lobpreisung Gottes. Dabei handelt es sich nicht nur um einen programmatischen Zusatz, sondern Komposition und Realisation sind direkt betroffen. Eine – wenn auch versteckte – Botschaft glaubensbedingter Reinheit trug

---

[7] Die technische Vorgehensweise wurde beschrieben von H. Sabbe, *Die Einheit der Stockhausen-Zeit ...*, in: *Musik-Konzepte* 19, 1981, S. 41f.
[8] Brief Stockhausens an Henri Pousseur vom 4.3.1953

bereits die *Studie I* in sich. Gesucht war eine naive Reinheit, ähnlich der des Parsifal, des »reinen Thors«, der noch vor der Kenntnis komplexer Zusammenhänge steht. Die *Studie I* ist rein in ihrer architektonischen Reduktion. Im *Gesang der Jünglinge* hingegen trägt Stockhausen der ganzen Vielfalt und Komplexität der akustischen Schöpfung musikalisch Rechnung. Zudem wird durch den gesungenen Text, Apokryphen aus dem 3. Buch Daniel, ein Bekenntnis zum Christentum mitgeliefert[9]. Die sprachliche Klarheit des Werkes – Stockhausen ging von der Annahme einer weitverbreiteten Vertrautheit der Verszeilen aus, deren Wiedererkennung durch die Auskomposition verschiedener Verständlichkeitsgrade nicht beeinträchtigt wird – steht in direktem Zusammenhang mit dem Wunsch nach einer Unmittelbarkeit des Verstehens dieser Musik.

Auch in struktureller Hinsicht ist der *Gesang der Jünglinge* ein Werk der Vermittlung – Vermittlung zwischen verständlicher Sprache und reiner Klanglichkeit des Sprachmaterials, zwischen Sprache und synthetischen Klängen, zwischen regelmäßigen und unregelmäßigen Strukturen. Die Vermittlung zwischen zwei einander gegenüberstehenden Polen ist eine serielle Idee. Das vielschichtige Geflecht serieller Vermittlungen im *Gesang der Jünglinge*, welches nicht nur in quantitativer Hinsicht umfassend ist, sondern auch auf verschiedenen Ebenen der Form- und Strukturhierarchie zur Wirkung kommt, läßt sich am besten mittels verschiedener Termini zur Differenzierung der jeweiligen Qualitäten der Vermittlung beschreiben. Die gewählten Termini seien »Verwandlung«, »Veränderung« und »Beziehung«[10].

Verwandlung

Stockhausen selbst prägte den Begriff der Verwandlung in einem seiner ersten Texte über den *Gesang der Jünglinge* mit dem Titel *Aktuelles*, ausgehend vom Spektrum der Sprachverständlichkeit:

Wie in den Verwandtschaftsbeziehungen der Laute und Klänge Übergänge kontinuierlich empfunden werden, so sind auch hier die Übergänge vom Sprachsinn zum musikalischen Sinn fließend: Gewisse Permutationen lassen den Wortsinn erraten, wenn auch die »sinnvollsten« Positionen einzelner Laute vertauscht sind; die Grade der sprachlichen Verständlichkeit sind vielfältig gestuft. Was wir auch komponieren: Die Verwandlung ist immanent.[11]

---

[9] In seinem Brief an Pousseur vom 23.12.1954 fordert Stockhausen regelrecht dazu auf, den gemeinsamen Glauben qua Text in die Welt zu rufen.

[10] Den Skizzen Stockhausens zufolge, die in Form einer Skizzen-Edition des Stockhausen-Verlags in der Paul Sacher Stiftung Basel eingesehen wurden, ist der *Gesang der Jünglinge* in sechs Formabschnitte gegliedert: A (0–1'01''), B (1'02''–2'42''), C (2'43''– 5'12''), D (5'13''– 6'20''), E (6'21''–8'38''), F (8'39''–12'54'').

[11] K. Stockhausen, *Texte* 2, Köln 1964, S. 51f.

Abb. 1: Karlheinz Stockhausen, *Gesang der Jünglinge* – Kompositionsprinzipien

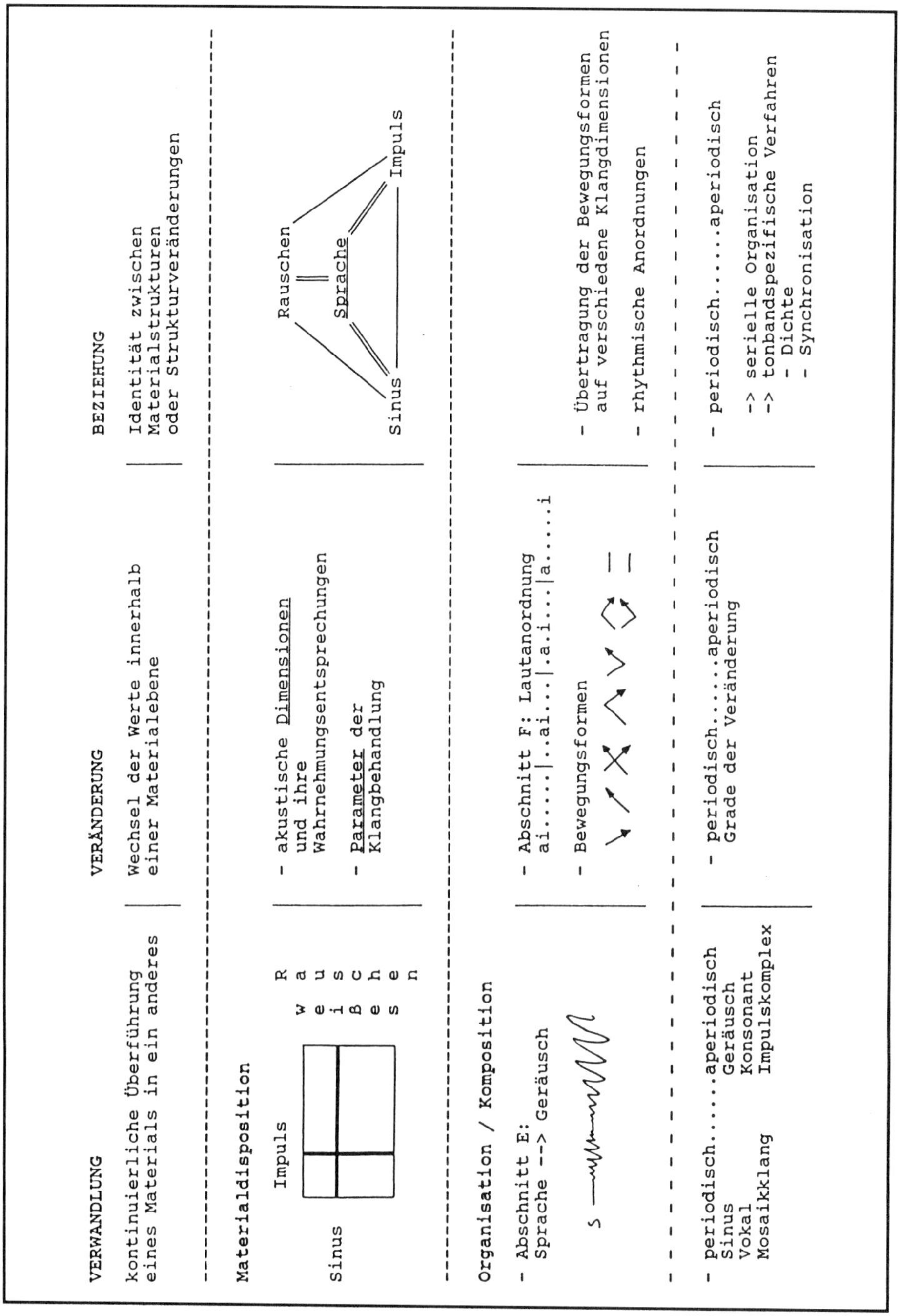

VERWANDLUNG	VERÄNDERUNG	BEZIEHUNG
kontinuierliche Überführung eines Materials in ein anderes	Wechsel der Werte innerhalb einer Materialebene	Identität zwischen Materialstrukturen oder Strukturveränderungen
Materialdisposition Impuls Rauschen sinus Gemisch	– akustische Dimensionen und ihre Wahrnehmungsentsprechungen – Parameter der Klangbehandlung	Rauschen Sprache — Impuls sinus

Organisation / Komposition
 	
 – Abschnitt E: Sprache --> Geräusch
 	
 s ⎯⎯∿∿∿⎯
 	
 – periodisch......aperiodisch
 Sinus   Geräusch
 Vokal   Konsonant
 Mosaikklang   Impulskomplex
	– Abschnitt F: Lautanordnung
	 ai.....|...ai...|..a.i...|a......i
	 – Bewegungsformen
	
	 ↘ ✕ ∧ ∨ ◇ ═
	
	 – periodisch......aperiodisch
	 Grade der Veränderung
		– Übertragung der Bewegungsformen auf verschiedene Klangdimensionen
		 – rhythmische Anordnungen
		
		 – periodisch......aperiodisch
		
		 –> serielle Organisation
		 –> tonbandspezifische Verfahren
		    – Dichte
		    – Synchronisation

Eine Verwandlung bedeutet einen Charakterwechsel; eine Seinsform wird vollständig und kontinuierlich in eine andere überführt. Das bezieht sich nicht nur auf die Übergänge vom Sprachlaut zum elektronischen Klang, vom reinen Sprachklang zur Sprachverständlichkeit. Die elektronische Materialdisposition von Sinuston, Impuls und Rauschen liefert per se das Thema der Verwandlung, lassen sich die Klangtypen doch wechselweise kontinuierlich ineinander überführen. Ein allumfassendes Material stellt das weiße Rauschen. Ein Impuls entsteht durch zeitliche Reduktion, ein Sinuston durch frequentielle Filterung, wie es das von Werner Meyer-Eppler entworfene didaktische Diagramm veranschaulicht (vgl. Abb. 1, linke Spalte).

Die von Stockhausen angekündigte Komposition von Verwandtschaftsgraden im *Gesang der Jünglinge* läßt vermuten, daß auch »Anverwandlungen« des Materials zu finden sind. Denkbar wären etwa elektronische Klänge mit obertonreichen Spektren, die gemäß den Formantanordnungen von Vokalen gefiltert werden. Derartige synthetische Vokale oder andere hybride Klangformationen stellen allerdings nicht das hauptsächliche Medium der Vermittlungen im *Gesang der Jünglinge* dar. Nichtsdestoweniger gibt es Anverwandlungen von seiten der Sprache an den Charakter des Geräuschs in den Vokalpolyphonien mit je einer Stimme pro Lautsprecher in Formteil E, die von der Textauswahl und der Artikulation her betont konsonantisch gehalten sind. Auch »verwandelt« sich Sprache in elektronisches Material: Am Ende der zweiten Vokalpolyphonie geht ein Schlußkonsonant, das »s« von »Eis«, unmerklich in ein zunächst fast identisch klingendes Filterrauschen über (ca. 7'17''–7'35'').

Veränderung

Veränderung meint den Wechsel von Qualitätsstufen innerhalb einer Materialebene, auf Klang bezogen also innerhalb einer akustischen Dimension wie Frequenz, Amplitude, Dauer oder innerhalb einer Dimension der Klangwahrnehmung wie Tonhöhe, Lautstärke etc. In einer seriellen Komposition kann eine Reihe Ausdruck solcher Veränderungsstufen sein. Die Erfahrungen mit den akustischen Bedingungen im elektronischen Studio ließen bald schon ein eindimensionales Reihendenken, wie es im vorelektronischen Umgang mit den vier Klangdimensionen Tonhöhe, Lautstärke, Tondauer und Anschlagsart (Klangfarbe) noch gebräuchlich war, nicht mehr zu. Dazu Stockhausen 1954:

Berücksichtigt man nun die hier besonders betonten Übergangszustände der verschiedenen Aspekte eines Tones in Hinsicht auf die erwähnten Grenzgebiete der Wahrnehmung, so wird es deutlich, wie untrennbar die »Dimensionen« der Höhe, Intensität und Dauer zusammenwirken und gerade in ihren gegenseitigen Beziehungen gesehen werden müssen. Diese Tatsache wirft auch ein besonderes Licht auf serielle Kompositionen, wo bisher Tonhöhen-, Lautstärke- und Zeitdauerordnung mehr oder weniger »nebeneinander« gesehen wurden. Es gibt endlich keine konsequentere Folgerung, als die, daß eine Reihe nichts weiter ist als eine Reihe von Veränderungen, eine Reihe von »Bewegungen«, wobei sich mit der Änderung einer Toneigenschaft zwangsläufig die beiden anderen mitverändern – sei es subjektiv, vom Hören aus, gesehen, oder physikalisch und physiologisch. Eine solche Reihe von allgemeinen Veränderungsfaktoren wäre also nach internen Funktionsbestimmungen auf jeweils einen anderen Tonaspekt oder auf mehrere zugleich anwendbar. Diese Mehrdeutigkeit der einzelnen Reihenfaktoren entspräche dann dem Bewußtsein von immanenten Rückbeziehungen zwischen den »verschiedenen« Eigenschaften eines Tones und einer Komposition von Tönen.[12]

Insbesondere die Dimension der Klangfarbe erwies sich als komplex und alle Klangbestimmungsgrößen zusammenführend. Als neuer Bereich, in dem man Veränderungen komponieren konnte, kamen die Parameter der Klangbehandlung hinzu, welchen im Kontext elektronischer Apparate die Manipulation der an der Bedienungsoberfläche der Geräte verfügbaren Variablen entspricht.

Klangveränderungen finden sich im *Gesang der Jünglinge* auf allen Ebenen der kompositorischen Organisation. Eine zunächst serielle und dann nichtserielle Anordnung erfuhren die Sprachlaute in den Mosaikklängen 9–15 zu Beginn von Formteil F (9'–9'11''), wo die klangfarblich zwei Extremwerte markierenden Vokale »a« und »i« im Ensemble den Kopf einer Lautfolge, dann die Mitte und schließlich – nach einem Zwischenschritt – getrennt den Anfang und das Ende bilden (vgl. Abb. 1, mittlere Spalte).

Basissatz:	ihr Wer-ke al-le des Herrn
Permutationen:	al i-ihr des le Her Wer ren ke
	des Wer al ihr Herrn le ke
	Wer a des ihr al Her ke ren le
	al-le des Her-ren Wer-ke ihr

Mit der Erweiterung des seriellen Geltungsbereichs auf statistische Phänomene erweitern sich auch die Dimensionen der kompositorischen Veränderungen. Bei Gruppenphänomenen mit nur ungefähr bestimmbarem Verhalten der Einzelelemente dient die Tendenz des Gesamtverhaltens als Bezugsgröße – es entstehen Bewegungsformen, symbolisiert durch Pfeile, die sich als vermittelnder Charakter auf verschiedene Klanggruppen und Klangdimensionen übertragen lassen. Diese Kompositionstechnik leitet zu einer dritten denkbaren Kategorie der Vermittlung über.

---

[12] K. Stockhausen, *Zur Situation des Metiers*, in: *Texte* 1, Köln 1963, S. 56

Beziehungen

Dabei geht es um die Identität zwischen Materialstrukturen oder um Strukturveränderungen jeweils auf gemeinsamen Ebenen, als welchletztere sich die Übertragung von Bewegungsformen auf entsprechende Dimensionen verschiedener Klangtypen beschreiben ließe (z.B. gleiche Tonhöhen-Bewegungsformen bei Chorscharen und Impulskomplexen – vgl. Abb. 2).

Den vielfältigen Beziehungen im *Gesang der Jünglinge* entspricht auf ontologischer Ebene die Beziehungsstruktur der vier Grundmaterialien: die produktionstechnisch miteinander verbundenen elektronischen Kategorien – Sinus, Rauschen und Impuls – und das komplexe Phänomen Sprache, das alle drei Charaktere in sich vereint: Vokale (Sinus), Konsonanten (Rauschen) und Plosivlaute (Impuls – vgl. Abb. 1, rechte Spalte).

Auf der kompositionstechnischen Ebene werden Beziehungen mittels rhythmischer Anordnungen organisiert, die sich alle auf einer Skala zwischen den Polen des Periodischen und des Aperiodischen positionieren lassen. Den aus den tonbandspezifischen Verfahren der Schichtung resultierenden Fragen der Dichte und der Synchronisation kommen als Schaltstellen der seriellen Regulierung bzw. Kontrolle besondere Bedeutung zu (Abb. 2).

Die grundlegende Bipolarität des *Gesang der Jünglinge* im Spannungsfeld zwischen Regelmäßigem und Unregelmäßigem verbindet alle drei Kategorien der Vermittlung: Neben den rhythmischen Beziehungen sind darin Grade der Veränderung und das Gegenüber von Klangcharakteren inbegriffen, die ineinander zu überführen gemäß unserer Begrifflichkeit ein Problem der Verwandlung darstellen würde.

5. Prozeßklänge – Klangprozesse

Alle Arten von Klangveränderungen werfen die Frage nach den Grenzen und den Übergängen zwischen Klängen, nach der Konstitution und der Verwischung von Klangtypischem auf. Das Problem ist grundlegend für Musik und läßt sich mit den Begriffen »Objekt« und »Prozeß« beschreiben. Ein musikalisches Objekt hat im kompositionstechnischen Sinne die Funktion eines Klangbausteins, der je nach den verschiedenen Kontexten, in die er gesetzt wird, seine spezifische Wahrnehmungsqualität erhält. Musikalische Objekte finden sich auf allen Ebenen als Töne, Tongruppen, Tonfolgen (»Melodien«), rhythmische Zellen oder auch als größere Klangzusammenhänge. Dort, wo sie mit erkennbaren Konturen vor einer Hintergrundstruktur erscheinen, werden sie zu Gestalten.

Ein musikalischer Prozeß äußert sich als mehr oder weniger komplexe Klangveränderung. Er kann neben einer akustischen Darstellung auf der Ebene der Klangbehandlung, z.B. durch Bewegungsformen, beschrieben werden oder als Phänomen der Wahrnehmung gelten. Für Prozesse der Wahrnehmung ist der zeitliche Spielraum relativ groß, insbesondere wenn die Veränderung in mindestens einem Parameter kontinuierlich abläuft. So kann das Spektrum der Prozeßwahrnehmung vom einzelnen Glissando bis

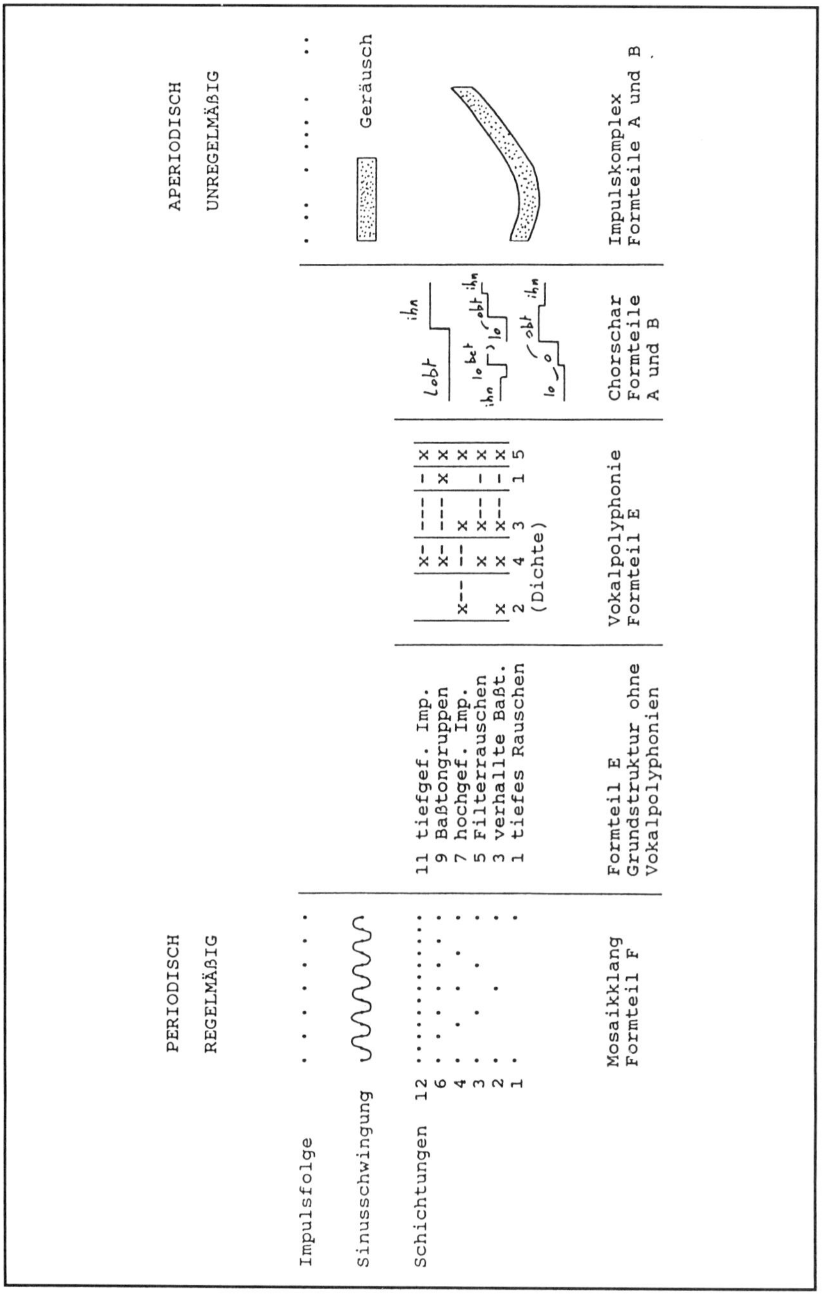

Abb. 2: Karlheinz Stockhausen, *Gesang der Jünglinge* – Beziehungen mittels rhythmischer Anordnungen

zu einem ganzen Werk reichen, wie dies z.B. in Bruno Madernas *Continuo* der Fall ist, wo ein zweimal ansetzendes und sich langsam entfaltendes Crescendo den prozeßhaften Rahmen für den Zusammenhang der Klangentwicklung liefert.

Trotz des Reizes, den exotische Klangobjekte aus dem Laboratorium der elektrischen Klangerzeugung zuweilen haben konnten, richtete sich die Hauptaufmerksamkeit in der elektronischen Musik auf den Prozeßcharakter des Klanges – ein Phänomen, das in Ansätzen bereits in Pierre Schaeffers Theorie der Klangobjekte vorhanden ist. Schaeffer war wohl der erste unter den Tonbandkomponisten, der den Unterschied zwischen der Note als Notationssymbol und der Note als klanglicher Erscheinung unter spezieller Berücksichtigung ihres natürlichen Verlaufs durch eine spezifische Wortprägung benannte. In seinem Beitrag zum Heft *Revue musicale*, das anläßlich eines der Musik des 20. Jahrhunderts gewidmeten Festivals im Frühjahr 1952 in Paris erschien[13], spricht Schaeffer zum einen von *son épais*, worunter eine Klangerscheinung zu verstehen ist, die zwar zeitlich als ein einziges Phänomen erscheint, dessen Dichte aber die einer einfachen Note übersteigt (so wäre ein Akkord als eine besondere Form von *son épais* zu interpretieren), zum anderen von *grosse note*, die der zeitlichen Ausdehnung eines Tones Rechnung trägt, wobei Schaeffer drei charakteristische Teile unterscheidet: den Einschwingvorgang, den stationären Teil und den Ausschwingvorgang. Der Titel des Schaefferschen Textes, *L'objet musical,* muß zumindest auf Boulez nachdrücklich gewirkt haben, denn während Boulez in seinem Aufsatz im gleichen Heft stets noch von *bloc sonore* spricht, steht seit dem Frühjahr 1953 der Begriff des *objet sonore* im Mittelpunkt seiner Überlegungen[14]. Dieser Wechsel ist in engem Zusammenhang mit seinen damaligen Kompositionen zu sehen: Im Frühjahr 1952 arbeitete Boulez an einem unvollendet gebliebenen Zyklus für zwölfstimmigen A-cappella-Chor, *Oubli signal lapidé*, in dem, ähnlich wie in Cages Schlagzeugkompositionen und Werken für präpariertes Klavier der 30er und 40er Jahre, jedem Anschlag eines rhythmischen Skeletts ein vertikaler Komplex zugeordnet wurde, während seit September 1952, als der dritte Satz von *Le marteau sans maître* entstand, die horizontale Analyse solcher Komplexe durch Melodieinstrumente als eine weitere Möglichkeit der Klangdarstellung entdeckt wurde. Daß Boulez dafür gerade auf den Begriff des *objet* zurückgreift, verweist wohl versteckt auf die Schaeffersche Wortprägung, denn in jenem dritten Satz von *Le marteau sans maître* geht es just um die Verteilung einer Tonmenge in der Zeit, wobei es durchaus sinnvoll ist, die Gruppen von schnellen Noten – seien sie rhythmisch genau gemessen oder so schnell wie

---

[13] P. Schaeffer, *L'objet musical*, in: *Revue musicale* 212 (April 1952), S. 65–76
[14] P. Boulez, *Eventuellement ...*, a.a.O., S. 168 bzw. *Möglichkeiten ...*, a.a.O., S. 40; *Tendances de la musique récente*, a.a.O., S. 224 und 230 bzw. *Tendenzen – 1957* [der Aufsatz stammt aber aus dem Jahre 1953], a.a.O., S. 93 und 98

möglich auszuführen – je nach ihrer Stellung als Ein- bzw. Ausschwingvorgänge zu deuten, die durch einen Ton oder mehrere gehaltene Töne getrennt werden, dem zumindest nach der Theorie »stationären« Teil der *grosse note*.

Wenn auch nicht unbedingt an die Pariser Überlegungen anknüpfend, gewannen die Überlegungen zum prozeßhaften Verhalten von Klängen bei Stockhausen an Bedeutung, als es galt, die Beschränkungen der stationären Klangkomposition durch Sinustonschichtungen aus den Jahren 1953–54 hinter sich zu lassen. Daß dieses Problem Stockhausen bereits theoretisch bewußt war, als er es noch nicht restlos in die Kompositionskriterien seiner Werke integriert hatte, belegt das oben angeführte Zitat aus seinem Aufsatz *Zur Situation des Metiers*. Die Bedeutung der akustischen Erfahrung, daß sich alles in einem Klang ständig in Bewegung befindet, ist derart groß, daß die Vorstellungen von Ein- und Ausschwingvorgängen neben den Zeitspektren[15] zum zentralen Gestaltungsmittel seiner Kompositionen wurden, deren Grundlagen 1955 gelegt wurden: *Gesang der Jünglinge, Zeitmaße* und *Gruppen*. Damit nun die Charakteristika der Ein- und Ausschwingvorgänge von der Ebene der Zeitformen auf die anderen Parameter übertragen werden können, müssen sie ihren Hauptzügen gemäß zu Bewegungsformen reduziert werden, wohinzu als zweiter theoretischer Schritt eine serielle Verteilungs- und Kombinationslogik tritt. So unterscheidet Stockhausen – wie in seiner Analyse von Debussys *Jeux* [16] – in den Skizzen zum *Gesang der Jünglinge* zwischen fallender und steigender Bewegung, im Bereich der Klangfarbe also zwischen einem Einschwingen von den höchsten Teiltönen zum Grundton hin und einer allmählichen spektralen Bereicherung der Grundschwingung durch die Reihe der hinzutretenden Obertöne. Die Kombinationsformen bestimmen dann jeweils eine Bewegungsrichtung für den Ein- und für den Ausschwingvorgang (vgl. Abb. 1, mittlere Spalte). Da es sich hier um Reduktionen handelt, die einfache graphische Entsprechungen haben, ist deren Übertragung auf die anderen Parameter problemlos, sei es im Tonhöhen- oder dynamischen Verlauf oder in der damals nur unter äußerstem Zeitaufwand realisierbaren Vision einer auskomponierten Klangfarbenveränderung.

Wie bereits dargestellt, nimmt Koenig zum Ausgangspunkt seiner *Klangfiguren II* 15 verschiedene Frequenz-/Zeitformen, die aber entgegen Stockhausens Verwendung im *Gesang der Jünglinge* dem Bereich der unmittelbar faßbaren Gestalten durch »Destruktionstypen« entrissen werden. Die Zahl 15 ergibt sich durch alle möglichen Kombinationen der vier ausgewählten Destruktionstypen: Interpolation (Permutation von Formteilen), Trennung der einzelnen Komponenten der Formen durch Pausen, Verhallung und Kombination (Überlagerung verschiedener Teile der Grundform). Aus der nur unvollständig erhaltenen graphischen Partitur der *Klangfiguren II*, die Koenig uns großzügigerweise zur Verfügung stellte,

---

[15] Die entsprechende Theorie hat Stockhausen in seinem Aufsatz ... *wie die Zeit vergeht* ... erläutert (*Texte* 1, S. 108f.).

[16] K. Stockhausen, *Von Webern zu Debussy*, in: *Texte* 1, S. 75–85

kann auf das in der folgenden Tabelle zusammengestellte Grundgerüst geschlossen werden, welches als Projekt der Komposition bzw. Realisation zugrunde gelegen haben mag.

In Abschnitt D I (ab 5'47")[17] wird die Frequenz-/Zeitform lediglich durch Verhallung transformiert, was der die Klangform am wenigsten beeinträchtigenden Destruktionsform entspricht. An dieser Stelle werden auch die technischen Einschränkungen der Klangverschiebung klar hörbar, da (durch das mechanische Transpositionsverfahren bedingt) die am höchsten transponierten Varianten auch die kürzesten sind. Jedes Ereignis erscheint in einem anderen Kanal bzw. Lautsprecher: Der Raum wird, wie im *Gesang der Jünglinge*, zu einem wesentlichen Aspekt der Komposition. Daß die Funktion der Raumverteilung innerhalb eines Werkes durchaus wandelbar ist, zeigt sich in den *Klangfiguren II*, wenn man jene Passagen, in denen jeder Kanal ein deutlich eigenständiges Ereignis präsentiert, mit jenen anderen vergleicht, in denen ein gleiches Ereignis durch kleine Verschiebungen in Transposition und Synchronisation ein vibrierendes Ganzes generiert, das nicht länger in seine Einzelbestandteile zerlegbar, sondern nur noch als Komplexes erfahrbar ist. Dies ist eines der Mittel, die Koenig in der Anfangssequenz des Werkes – der komplexesten des Stückes – verwendet, da sich hier alle vier Destruktionstypen vermischen[18].

Während Stockhausen sich explizit den Prozeßklängen zuwandte und bei Koenig je nach Destruktionstypus der Prozeßklang in einen Klangprozeß umschlug, widmete sich Pousseur in *Scambi* ganz dem Problem der Klangprozesse[19]. Dies äußert sich bereits in der zeitlichen Ausdehnung der komponierten Einheiten von 30 oder 42 Sekunden, die jeweils eine Verwandlung von einer Ausgangssituation hin zu einer Zielsituation darstellen. Jede Situation wird durch das Zusammentreffen von vier Parametern (Dichte, Höhe, Homogenität und Kontinuität) beschrieben. Im Gegensatz aber zu den Verfahrensweisen in den Instrumentalwerken der frühen 50er Jahre resultiert hier eine bestimmte Situation nicht wie zufällig aus dem »Kontrapunkt unabhängiger Dimension«, sondern ist als ein charakteristischer Punkt in einem Netz von Beziehungen durch das Ineinandergreifen der vier Parameter bestimmt. Aus den zur Verfügung stehenden Kombinationsmöglichkeiten hat Pousseur lediglich acht Situationen ausgewählt, weshalb mehrere Einheiten entweder ähnlich beginnen oder ähnlich enden. Daraus resultiert

---

[17] G.M. Koenig, *Klangfiguren II, Essay, Terminus I/II, Funktionen*, BVHAAST CD 9001 *Acousmatrix 1/2*

[18] Die Stellung der komplexesten Struktur zu Beginn eines Werkes hat für Koenig darüber hinaus eine formale Bedeutung. Vgl. G.M. Koenig, *Aus Gesprächen über Webern*, in: *Musik–Konzepte, Sonderband Anton Webern II*, 1984, S. 242; auch in: *Ästhetische Praxis, Texte zur Musik* 3, Saarbrücken 1993, S. 154f.

[19] Eine ausführliche Beschreibung des Realisationsvorgangs ist nachzulesen bei H. Pousseur, *Scambi*, in: *Gravesaner Blätter* 4/13 (1959), S. 36–54

Abb. 3: Gottfried Michael Koenig, *Klangfiguren II* – Verteilung der Destruktionstypen auf die Formteile

	Interpolation	Pausen	Kombination	Verhallung
A I	x	x	x	x
A II		x		x
A III			x	x
A IV		x	x	x
A V		x		
B I	x	x		x
B II	x			x
C I	x	x		
D I				x
D II		x	x	
D III	x		x	
E I			x	
E II	x	x	x	
E III	x			
E IV	x		x	x

denn auch Pousseurs Realisationsanweisung, derzufolge ein unmerklicher Übergang zwischen den Einheiten zu beachten sei, so daß sich die miteinander verknüpften Sequenzen zu einem komplexen Gesamtprozeß vereinigen, dessen jeweilige Neuorientierungen nachvollzogen werden können, auch wenn die Schnittstellen sich nicht eindeutig festlegen lassen. Dank der kleinen Anzahl von Anfangs- und Endsituationen gehören auch polyphone Verzweigungen in mehrere divergierende oder konvergierende Prozesse zu den Grundmöglichkeiten einer Realisation von *Scambi*. Der Beginn der einzigen Fassung, die Pousseur veröffentlichte[20], verdeutlicht gerade den Aspekt der polyphonen Verzweigung: Die Initialsequenz teilt sich in zwei Varianten auf, die jede ihren eigenen Weg verfolgt, um nach drei Sequenzen wieder zu einer gemeinsamen Charaktersituation zu gelangen, wodurch sich wieder eine Reduktion der Dichte einstellt. (Im weiteren Verlauf dieser Fassung steigert Pousseur die polyphone Dichte von zwei zu vier und nimmt sie wieder symmetrisch zurück bis zur abschließenden Einzelsequenz). Da sich

---

[20] H. Pousseur, *Scambi, Trois visages de Liège, Paraboles-mix*, BVHAAST CD 9010 *Acousmatrix* 4

aber die Sequenzen, deren Verknüpfungscharakteristika identisch sind, durch ihre Dauer unterscheiden können, kommt es gerade in der ersten Hälfte dieser Version zu einer Verschiebung der Verknüpfungspunkte zwischen den simultanen Prozessen, wodurch die Übergänge für die Wahrnehmung noch fließender werden, was durchaus im Sinne des Projektes ist. Die folgende Tabelle zeigt die Aufschlüsselung der Charakterveränderungen in jenem Anfangsabschnitt.

6. Automatisierung der Klangbehandlungsprozesse

Die Automatisierung von Klangbehandlungsprozessen stellt aus technologischer Sicht einen entwicklungslogisch folgerichtigen Schritt, ja beinahe eine Selbstverständlichkeit dar. Für den Kompositionsprozeß bedeutet die Überantwortung von Vorgängen der Klangveränderung an die Maschine Erleichterung und Zeitersparnis, aber keineswegs eine größere Präzision und Kontrolle über alle Klangbestandteile, die mit den mühseligen Schneide- und Klebeverfahren erreicht worden waren. Im Gegenteil – es werden neue Bereiche eröffnet: Die Automatisierung bringt Elemente der Annäherung oder auch des Unvorhersehbaren in die elektronische Musik. Annäherungsweise verlief die Realisation der einzelnen Schichten der Impulskomplexe vom *Gesang der Jünglinge* (vgl. Abb. 1, rechte Spalte). Gemäß den von Stockhausen vorgegebenen Zickzack-Kurven, die die Bewegungsformen symbolisierten, regelte der Komponist mit zwei Studiomitarbeitern per Hand und gleichzeitig die Impulsfolgegeschwindigkeit, die Tonhöhe (mittels Filter) und die Lautstärke der Impulse[21]. Die Ausführungen waren durch Grenzwerte – zeitliche und solche der jeweiligen Werteskala – nach außen hin fest bestimmt, im Inneren eben approximativ gehalten.

Unvorhersehbarkeit trat ein, sobald man einen Transformationsprozeß gleichsam automatisch ausführen ließ; durch die Kombination verschiedener Transformationen wurde die Unberechenbarkeit des Endresultats noch gesteigert. Bevor das Prozedere vollautomatisiert wurde, will sagen, daß die Maschine gemäß den Anweisungen des Komponisten den Prozeß alleine ausführte, waren dem Komponisten diverse Möglichkeiten gegeben, um in den Verlauf einzugreifen. So stand Pousseur bei der Realisation der Einzelsequenzen von *Scambi* gleichsam kontinuierlich im Dialog mit der Maschine, hielt die Regelknöpfe in Händen und führte die global beschriebene Veränderung in Echtzeit aus, jeweils auf das Resultat reagierend, das ihm die Maschine unmittelbar zu hören gab. In Koenigs *Terminus I* hingegen, seinem letzten im WDR-Studio realisierten Werk, das den Endpunkt der damaligen Möglichkeiten im Titel signalisieren sollte, war vielmehr die Art der Transformation selbst das Charakteristikum, welches den Komponisten interessierte und das er ins Zentrum der Aufmerksamkeit zu rücken beabsichtigte. So stehen in *Terminus I* die Transformationen eines Ausgangsmaterials in Ableitungsverhältnissen

---

[21] R. Frisius/K. Stockhausen, *Wille zur Form und Wille zum Abenteuer*, in: *Neuland* 2, 1981/82, S. 154f.; auch in K. Stockhausen, *Texte* 6, Köln 1989, S. 337–339

Abb. 4: Pousseur, *Scambi* – Reihenfolge der Sequenzen und Charaktersituationen

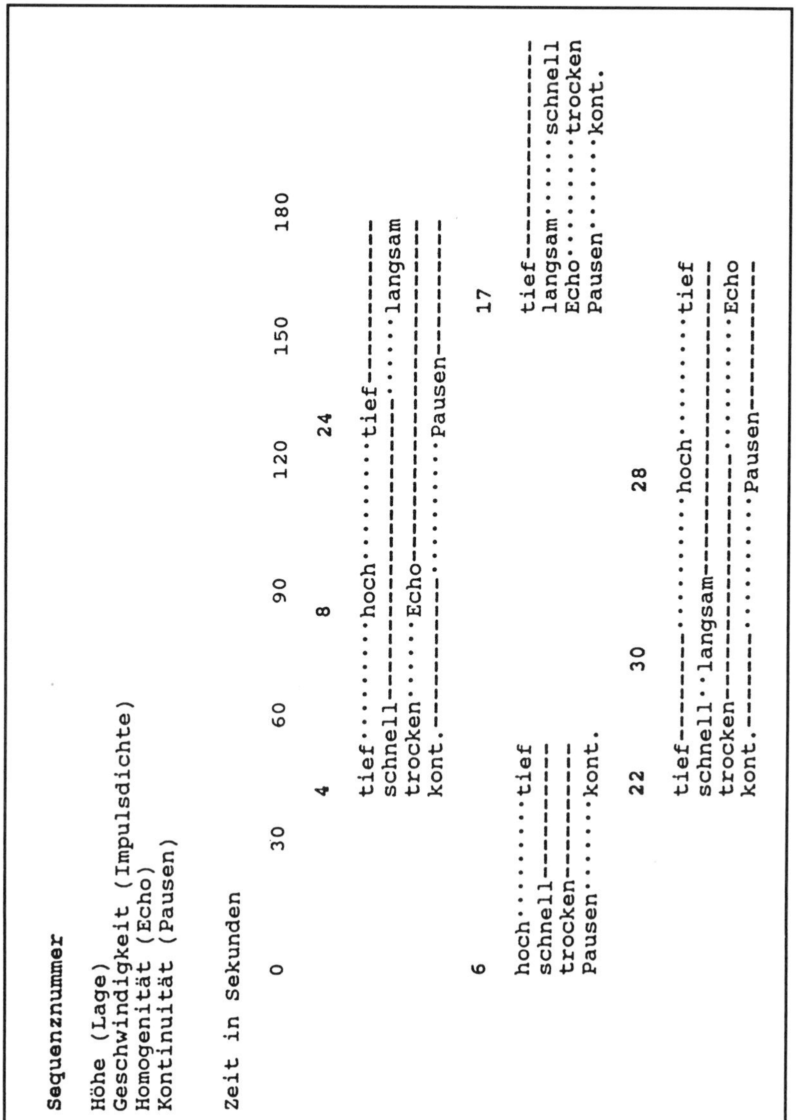

```
Sequenznummer

Höhe (Lage)
Geschwindigkeit (Impulsdichte)
Homogenität (Echo)
Kontinuität (Pausen)

Zeit in Sekunden
        0        30        60        90       120       150       180
                                     8        24
                          4
                          tief·······hoch·······tief------|
                          schnell---------------------langsam|
                          trocken·······Echo--------------|
                          kont.------------·······Pausen-----|
        6
        hoch·······tief                              17
        schnell---------|                            tief---------------|
        trocken---------|                            langsam·····schnell|
        Pausen·······kont.                           Echo·········trocken|
                                                    Pausen·········kont.
                          22        30        28
                          tief---------------·······hoch·······tief|
                          schnell·langsam-----------------|
                          trocken---------------·······Echo|
                          kont.------------·······Pausen-----|
```

Abb. 5: Koenig, *Terminus I* – 2. Abschnitt, Reihenfolge der Ableitungen

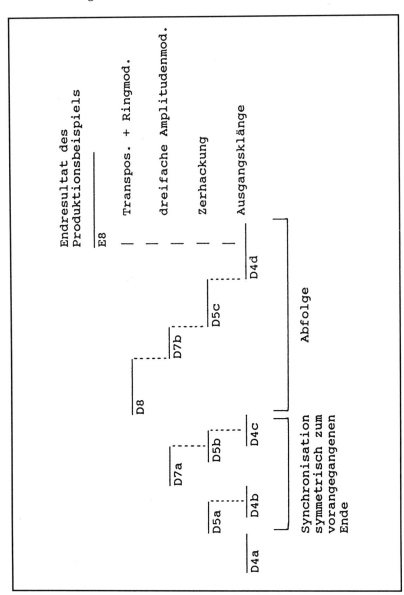

zueinander, die der Komponist mit »Generationen«[22] vergleicht. Diesen Ableitungen überantwortete Koenig die formbildende Funktion: Entweder erscheint das Material im fertigen Werk immer weiter transformiert, oder es wird – wie im zweiten Großabschnitt des Werkes (ca. 2'–5'35'', vgl. Abb. 5) – ein komplexes Endresultat allmählich durch »Zurücknahme« einzelner Transformationsschritte gleichsam in seiner Herstellung analysiert.

Die Verquickung von technischen Arbeitsschritten und Formgedanken ist typisch für Koenig. Stockhausen, dem Koenig zu dieser Zeit bei der Realisation der *Kontakte* zur Seite stand, scheint eine andere Einstellung zu verkörpern: Unabhängig von der Art des Herstellungsprozesses werden die jeweiligen Endergebnisse beurteilt und nach Verwandtschaften zusammengestellt. Die in einer Experimentierphase erzielten Klänge werden in einem theoretischen Raum von qualitativen Koordinaten eingestuft, und je nach der gewünschten Veränderungsgeschwindigkeit (der Intervallgröße des Veränderungsgrades) müssen zusätzliche Zwischenstufen erarbeitet werden bzw. Klänge, die eine in diesem Raum enthaltene Tendenz in eine bestimmte Richtung weiterführen.

Zu Beginn der Klangproduktion war Stockhausen von der praktischen Einsicht ausgegangen, daß verschieden strukturierte Impulsfolgen, wenn man sie beschleunigt, unterschiedliche Klangfarben zur Folge haben, und es ist durchaus typisch für seine Vorgehensweise, daß dieses Grundverfahren an einer ausgesuchten Stelle des Werkes vor den Ohren der Zuhörer demonstriert wird. Eine solche Demonstration stellt der »Schnorrer« bei Ziffer »X« dar (nach ca. 17'), dessen technische Realisierung Stockhausen ausführlich in seinem Aufsatz *Die Einheit der musikalischen Zeit* beschreibt[23].

Die im Studio für elektronische Musik des WDR um 1960 angewandten Transformationstechniken hat Stockhausen als *halbautomatische*[24] bezeichnet. Zur gleichen Zeit verfügten andere Einrichtungen bereits über erste »Automaten«, mittels derer die Generatoren und Transformatoren angesteuert wurden. Neben verschiedenen nordamerikanischen Studios (Illinois, Toronto und Bell Laboratories) sind besonders das Siemens-Studio München, für das eine Lochstreifensteuerung charakteristisch war[25], und das Studio der Universität Utrecht zu nennen, das erste europäische Studio,

---

[22] G. M. Koenig, *Sind elektronische und Instrumentalmusik Gegensätze?*, in: *Ästhetische Praxis, Texte zur Musik* 2, Saarbrücken 1992, S. 126–131, bes. 129–130; *Theorie und Praxis der elektronischen Musik*, a.a.O., bes. S. 186–195; das Produktionsschema zu *Terminus I* ist abgedruckt a.a.O., S. 326. Vgl. auch die Analyse von *Terminus I* in R. Frisius, *Zum Notationsproblem in der elektronischen Musik*, in: *Interface* 7/2–3 (1978), S. 95–116.

[23] K. Stockhausen, *Die Einheit der musikalischen Zeit*, in: *Texte* 1, S. 211–221

[24] K. Stockhausen, *Elektronische Musik und Automatik*, in: *Texte* 3, Köln 1971, S. 232–241

[25] Eine ausführliche Beschreibung des Studios wurde veröffentlicht von H. Klein: *Einrichtungen des Siemens-Studios für elektronische Musik, Bayerischer Rundfunk. Konzerte mit Neuer Musik* 13/50 (1962), S. 26–54; gekürzt auch in: *Siemens-Studio für elektronische Musik*, hg. v. Siemens Kultur Programm, München 1994, S. 19–25

welches durchweg mit spannungsgesteuerten Geräten ausgestattet war. Somit war die Verkettung von Klangbeeinflussungen in verschiedenen Bereichen auf der Basis gemeinsamer Transformationsmodelle dem Komponisten zugänglich. Mit dem sogenannten Variablen Funktionsgenerator[26] stellte das Utrechter Studio ein besonders flexibles Gerät bereit, das namentlich in Koenigs *Funktionen* und Konrad Boehmers *Aspekt* auf verschiedene Weise eingesetzt wurde.

Die Beschäftigung mit halbautomatischen und automatischen Prozessen der Klangbehandlung brachte die Komponisten in unmittelbare Auseinandersetzung mit dem Wesen der jeweiligen Technik: Technische Möglichkeiten trugen Charakteristika in die Musik hinein, die nicht musiktheoretisch vorgedacht oder geplant waren, es nicht einmal sein konnten. Die zunehmende Routine im Umgang mit dem Instrumentarium des analogen Studios erlaubte schließlich eine Offenheit gegenüber den eigentlich musikfremden Apparaten, so daß der gesamte Kompositionsprozeß neue Impulse empfangen konnte.

---

[26] S. Tempelaars, *A Double Variable Function Generator*, in: *Electronic Music Reports* 2 (Juli 1970), S. 13–31

Johannes Goebel

Vom technisch Machbaren und musikalisch Wünschenswerten in der digitalen Klangsynthese

Einige der folgenden Thesen sollen im weiteren Text durch exemplarisches Material erläutert werden:
- Das technisch Machbare und das musikalisch Wünschenswerte sind keine Gegenpole, wenn es darum geht, ein Stück zu komponieren und zu realisieren. Sie sind eng miteinander verwoben.
- Bis Mitte der 70er Jahre waren alle diejenigen Klangsynthesetechniken entwickelt, die von einer Konstruktion aus klangbestimmenden Einzelteilen ausgehen: Additive und subtraktive Synthese, Analyse und Resynthese, Sampling, Waveshaping (Frequenzmodulation ist ein Untergebiet hiervon), Klanginterpolation, Simulation sich bewegender Klänge, Granularsynthese, LPC (in der Sprachbearbeitung) etc. Bei all diesen Techniken wird der Klang in seinen spektralen Komponenten modelliert. Es geht um die Frage: Wie muß vorgegangen werden, um diesen oder jenen Klang zu erhalten, bzw. wie läßt sich dieser Klang in regelbaren Parametern modellieren?
- Seither sind Rechenzeiten schneller und Geräte, auf denen diese Techniken implementiert sind, billiger und somit allgemeiner zugänglich geworden. Schon in den späten 50er und in den 60er Jahren wurden die damals vorhandenen digitalen technischen Möglichkeiten musikalisch genutzt. Das musikalisch-akustische Potential dieser Techniken hat sich seit 20 Jahren nicht verändert; es ist aber auch heute noch nicht ansatzweise ausgeschöpft.
- Anfang der 80er Jahre trat eine völlig andere Methode der Klangsynthese hervor: das Physical Modelling. Hierbei wird der erwünschte Klang nicht mehr aus Teilen zusammengesetzt, sondern es werden mathematische Modelle physikalischer Tonerzeugungssysteme entworfen (z.B. einer Klarinette). Ein Arbeiten mit solchen Modellen ist schwierig, weil sie einerseits einen komplexen Aufbau haben und andererseits die Veränderung von Eigenschaften oder Parametern eines Modells nicht direkt akustisch nachvollziehbar ist. Dabei wird nicht von einem zu modellierenden Klang ausgegangen, sondern die Modellierung der Klangerzeugung selbst ist Gegenstand der Programmierung.
- Diese Art der Klangerzeugung findet jetzt gerade Eingang in kommerzielle Geräte. Im Gegensatz zu der ersten Kategorie der Klangsynthese wurde das Physical Modelling vor seinem Eintritt in den Massenmarkt kaum musikalisch ausgelotet. Das über die bloße Simulation akustischer Instrumente hinausgehende Potential des Physical Modelling ist sehr wenig erforscht oder kompositorisch erschlossen.

Ich werde mich auf die »erste Abteilung« der Klangsynthese beschränken, also Physical Modelling und auch Live-Elektronik unberücksichtigt lassen. Anhand von Beispielen – vor allem aus den ersten zwanzig Jahren der digitalen Klangsynthese – soll gezeigt werden, wie weit die technischen Grundlagen damals schon entwickelt waren. Es steht ein Instrumentarium zur Verfügung, das in seinem Entwicklungsstand etwa mit dem Klavier in der ersten Hälfte des 19. Jahrhunderts vergleichbar ist. Danach fand keine grundlegende technische Weiterentwicklung mehr statt; nicht das Instrument änderte sich, sondern die für dieses Instrument komponierte Musik. Eine ähnliche Situation ergab sich später – in unserem Jahrhundert – bei jenen Klangsynthesetechniken, die von der Modellierung akustischer Ereignisse ausgehen.

Das 1. Beispiel aus der neuesten Beilage-CD der Zeitschrift *Keyboards* [1] ist ein »typisches« Arrangement aus dem Bereich der Popmusik mit Schlagzeug, Keyboard, Baß etc. Dem heutigen Hörer ist klar, daß alle Klänge dieser Aufnahme aus elektronischen Geräten stammen. Ob gesampelt, digital bearbeitet oder rein synthetisiert, steht hier nicht im Vordergrund. Wichtig ist: Alles kommt aus dem Computer; es appelliert aber gleichwohl an unsere Erfahrung mit instrumentaler Musik und integriert sich in die Tradition akustischer Musik. Es handelt sich also um ein Abbild, das mit den technischen Möglichkeiten weiterverarbeitet wurde, ohne den Abbildcharakter zu verlieren. Das assoziative Umfeld instrumentaler Musikerfahrung wird oft sogar in Richtung eines Surrealismus verstärkt.

Das 2. Beispiel stammt aus der Mitte der 70er Jahre von einem Demoband des Computermusikzentrums CCRMA der Stanford Universität: *Drums And Bass* von James A. Moorer[2]. Die Schlagzeugklänge sind gesampelt, der Baß synthetisiert. Einmal im Monat konnte die Öffentlichkeit in diesem Musikzentrum eine Einführung in die digitale Audioarbeit bekommen. Alle Techniken wurden vorgeführt, die seither Standard in der Musikwelt wurden: die digitale Klangaufnahme, das Schneiden und Korrigieren einer Aufnahme, »Soundmorphing« (= das Verwandeln einer Klangfarbe in eine andere), digitaler Hall, die Simulation sich bewegender Klangquellen etc.; auch das, was heute jeder Sampler tut, gehörte natürlich dazu.

Ein 3. Beispiel, aus dem Jahre 1965: Ercolino Ferretti, *Trio* [3]. Zu hören sind in diesem Stück Schlagzeugklänge mit Drive und ein Backgroundchor: ein erstaunliches, jazzartiges Klangbild. Es handelt sich hier um reine Synthese. Gegen Ende des Stückes wird das Schlagzeug nicht mehr nur als reines Naturimitat verstanden, sondern bewußt in die synthetische Welt verschoben. Der Backgroundchor klingt ähnlich wie in Simulationen aus unserer Zeit.

Ein 4. Beispiel, aus dem Jahre 1963: Ercolino Ferretti, *Pipe And Drum*[4]. Dieses Stück wurde vor 35 Jahren, nur fünf Jahre nach der überhaupt ersten digitalen Klangsynthese mit musikalischem Ziel, synthetisch hergestellt. Zu hören ist, wie das Melodieinstrument um Phrasierung ringt; das verweist auf eines der Hauptprobleme in der technischen Nachahmung menschlicher

---

1 *Keyboard* CD 1/95, Track 2
2 James A. Moorer, *Drums And Bass*, aus: Stanford Demoband 1978, nicht veröffentlicht
3 Ercolino Ferretti, *Trio*, aus: *Digital Music Digital. The Historical CD of Digital Sound Synthesis – Computer Music Currents* 13, Wergo WER 2033-2
4 Ebd.

Spieltechniken. So schön wie der Mundharmonikerspieler auf der Begleit-CD einer aktuellen Ausgabe von *Keyboards* konnte es damals natürlich noch nicht klingen: 5. Beispiel: *Mundharmonikerspieler*[5]. Zu denken gibt, daß die Phrasierung auch in diesem Beispiel nicht programmiert, sondern über Pitch-Bend mit der Hand eingegeben oder durch ein Blasinterface gespielt wurde.

6. Beispiel: An dem eben genannten *Trio* Ferrettis kann man ein weiteres Problem elektronischer Musik erkennen: Dynamik ist nicht nur eine Funktion des physikalischen Schalldrucks. Ferretti versucht eine Art Terrassendynamik oder Echoeffekt. Er nimmt einfach die Lautstärke für die Passagen, die leiser erscheinen sollen, zurück. Der beabsichtigte Effekt bleibt aus, denn die Klangfarbe ist gleichgeblieben. Ferretti hätte gleichfalls die Klangspektren verändern müssen. Die Einsichten in diese Zusammenhänge wurden erst später für die Klangsynthese nutzbar gemacht. Dieser gerade erwähnte Fehler wird, insbesondere im umgekehrten Fall, noch oft gemacht: Ein Komponist elektronischer Musik, der eine Stelle besonders laut und eindringlich gestalten will, hebt den Pegel an – und es klingt lediglich lauter, vermittelt aber nicht den gewünschten Eindruck. Hier ist akustisches und psychologisches Wissen notwendig – insbesondere dann, wenn nicht mit der Imitation natürlicher Klänge gearbeitet wird, sondern mit in der natürlichen Welt nicht bekannten Klangfarben. Ein Anheben bestimmter Spektralkomponenten führt oft den eigentlich beabsichtigten Effekt herbei.

1957 programmierte Max V. Mathews in den USA den ersten sogenannten Music Compiler. Mit Computern waren schon vor dieser Zeit Klänge auf unterschiedlichste Art erzeugt worden. Mathews aber war der erste, der den Computer speziell für musikalische Klangsynthese einsetzte. Er bat einen Arbeitskollegen, den Linguisten und Akustiker Newman Guttman, um ein Stück: 7. Beispiel: Newman Guttman, *The Silver Scale*[6].

Das zweite Stück, das Guttman mit dem Computer realisierte, hatte ein psychoakustisches Phänomen zum Gegenstand. Es ging um eine Unsicherheit der Tonhöhenwahrnehmung bei bestimmten Wellenformen: 8. Beispiel: Newman Guttman, *Pitch Variations*[7]. Hierbei handelt es sich um »echt elektronische« Klänge – und diese empfinden viele – damals wie heute – als »schrecklich«. Die ersten Experimente hierzu wurden in einem Forschungslabor der Bell Labs ausgeführt. Der Abteilungsleiter war John R. Pierce (u.a. der »Vater« der Satellitenkommunikation). Er hielt seine schützende Hand über diese Entwicklung, die mit den eigentlichen Zielen seines Laboratoriums nichts zu tun hatte. Seine eigenen ästhetischen Vorstellungen verwirklichte er in einem »Gegenstück« zu Guttmans Tönen: 9. Beispiel: John R. Pierce, *Stochatta*[8].

---

[5] Mundharmonikerspieler, aus: *Keyboard* CD 1/95, Track 16. Die Beispiele der Beilage-CD zur Zeitschrift *Keyboards* können durch ähnliche aus anderen Quellen ersetzt werden, die der verbalen Beschreibung entsprechen.

[6] Newman Guttman, *The Silver Scale*, aus: *Digital Music Digital. The Historical CD of Digital Sound Synthesis – Computer Music Currents* 13, Wergo WER 2033-2

[7] Newman Guttman, *Pitch Variations*, aus: a.a.O.

[8] John R. Pierce, *Stochatta*, aus: a.a.O.

Die Stücke, die Mathews später erstellte, knüpften an traditionelle Vorstellungen an: Kontrapunkt und Kanon oder Melodie und Baß[9].

In anderen Beispielen stellte sich der Computer bestens disponiert auch der 12-Ton-Technik zur Verfügung: 10. Beispiel: David Lewin, *Study Nr. 2* (1961)[10]. Diese Musik klingt so langweilig, wie man es auch von per Hand erstellten Stücken kennen mag, die diese Technik »erfüllen«. Damit ist der Kreis der kompositorischen Ansätze umspannt: von der rein äußerlichen Imitation akustischer Musik bis hin zum bloßen Gedankenkonstrukt. In diesem Zusammenhang soll weniger auf die kompositorischen Ansätze eingegangen werden. Ziel ist es zu zeigen, daß alle technischen Methoden schon seit langer Zeit zur Verfügung stehen und der kompositorischen Phantasie nichts weiter als sie selbst im Weg steht. Anders ausgedrückt: Grenzen und Möglichkeiten der Grenzüberschreitungen liegen weniger im Medium als beim Komponisten.

1969 veröffentlichte Jean-Claude Risset einen *Introductory Catalogue Of Computer Synthesized Sounds*. Mit Klangbeispielen führte er die damaligen Möglichkeiten der Klangsynthese vor. Im Begleittext erläutert er die notwendigen Programmierschritte[11]. Einige Beispiele aus diesem Katalog sollen die Ohren öffnen für das, was es bereits gut zehn Jahre nach Beginn der musikalischen Klangsynthese gab.

Das Verfahren der Kanganalyse und der Resynthese aufgrund der aus der Analyse gewonnenen Daten ermöglichte eine Überprüfung, ob die richtigen Werkzeuge vorhanden waren, um komplexe Klänge zu synthetisieren. Das Ziel lag also nicht darin, ein Surrogat zu synthetisieren, sondern anhand der Imitation – im Abgleich mit Bekanntem – zunächst Ansatzpunkte zu gewinnen, von denen aus in neue Welten vorgedrungen werden konnte, z.B. in einer Passage mit blechbläserartiger Klangfarbe: 11. Beispiel: Jean-Claude Risset, *Beispiele 200–250*. Die Synthese dieser Klangfarben war sehr rechenintensiv, weil für jeden Teilton der Spektren ein frequenz- und lautstärke-kontrollierter Oszillator erforderlich war. Dies ist eine Methode, die auch heute noch kein Synthesizer in Echtzeit mit so vielen Tönen gleichzeitig beherrscht, wie es etwa ein kleineres traditionelles Ensemble erzeugen kann.

12. Beispiel: J.-C. Rissets *Beispiel Nr. 301* geht von einem Klavierklang aus, während die beiden nächsten Beispiele 13 und 14 – J.-C. Risset: *Beispiel Nr. 490* und *503* – etliche jener Klänge vereinen, die zwar eine Nähe zu bekannten akustischen Instrumenten haben, aber darüber hinausgehen.

Das 15. Beispiel – J.-C. Risset: *Beispiel Nr. 512* – führt in den Bereich der kompositorischen Klanggestaltungsmöglichkeiten mit Glissandi ein.

---

9 Weitere Beispiele hierfür finden sich auf der bereits mehrfach erwähnten CD: *Digital Music Digital. The Historical CD of Digital Sound Synthesis – Computer Music Currents* 13, Wergo WER 2033-2

10 David Lewin, *Study 2*, aus: a.a.O.

11 Der gesamte Text ist mit der CD, auf der sich auch die Klangbeispiele befinden, veröffentlicht: *Digital Music Digital. The Historical CD of Digital Sound Synthesis – Computer Music Currents* 13, Wergo WER 2033-2.

Im Zuge dieser Klangarbeit und mit Wissen über Psychoakustik gerät man in das Gebiet der akustischen Täuschungen. Dies läßt sich an *Beispiel 513* aus dem *Soundcatalogue* veranschaulichen, einem Glissando, das stets nach unten führt und nie unten ankommt, auch wenn man es eine halbe Stunde laufen ließe. Das ist der sogenannte »Sheppard-Effekt« (den der amerikanische Wissenschaftler R. Sheppard allerdings zuerst als ständig aufsteigende Leiter produzierte): 16. Beispiel: J.-C. Risset, *Beispiel 513*.

Und nun ein Glissando abwärts, das höher aufhört, als es begonnen hat: 17. Beispiel: J.-C. Risset, *Beispiel 514*.

Risset schuf auch einen Klang, der eine Oktave tiefer klingt, wenn er mit doppelter Geschwindigkeit abgespielt wird. Das kann für einen Wartungstechniker für Tonbandgeräte natürlich zum Problem werden. Diese Klangparadoxe demonstrieren am besten die Möglichkeiten, die mit dem Computer gegeben sind. Als bloße Effekte oder Spielereien interessieren sie musikalisch nur bedingt – aber sie verweisen auf das Potential, das noch weiter ausgeschöpft werden kann.

Bei Risset findet sich neben verschiedenen Einzelbeispielen auch ein Beispiel für die Kombination verschiedener Glissandotechniken: 18. Beispiel: J.-C. Risset, *Beispiel Nr. 517*.

Alle diese letzten Beispiele benötigten – wie oben bereits erwähnt – extreme Rechenzeiten, weil für jeden zu kontrollierenden Teilton ein Oszillator notwendig war.

Im selben Jahr, in dem Risset seinen *Soundcatalogue* veröffentlichte, führte John Chowning seine Arbeit an der Technik der Frequenzmodulation (FM) weiter, womit er 1967 erste Versuche unternommen hatte. Dieses Verfahren sollte dann bis Anfang der 90er Jahre das ökonomischste Modell sein, um »zeitvariable Spektren« mit einem geringen Rechenaufwand synthetisieren zu können.

Zeitvariable Spektren können leicht mit der Stimme demonstriert werden, indem man die Vokale a-e-i-o-u kontinuierlich auf einem Ton gesungen ineinander übergehen läßt. Spektren, die sich im Laufe ihres Erklingens verändern, sind das »Salz in der Suppe« für unsere Ohren. Konnten sie bisher nur mit erheblichem Rechenaufwand über die Addition von Einzelschwingungen synthetisiert werden, deren Lautstärke und Frequenz durch Steuerfunktionen während des Klingens verändert wurden, machte FM bereits mit zwei Oszillatoren und wenigen Steuerfunktionen solche Klangfarbenvariationen möglich. Diese Technik führte dann auch zur Yamaha DX-Serie.

19. Beispiel: John Chowning, *Sabelithe* (1975)[12]. Heute hört man bei diesem Beispiel automatisch alle Klangklischees mit, die durch die DX-Serie in Umlauf kamen. Man sollte aber bedenken, daß das Stück mehr als ein Jahrzehnt vor Einführung dieses Synthesizers hergestellt wurde, und zwar in Nicht-Echtzeit.

---

12 John Chowning, *Sabelithe*, aus: CD *Digital Music Digital – John Chowning*, Wergo WER 2012-50

Eine Sekunde Klang konnte bis zu mehreren Minuten Zeit in Anspruch nehmen, obwohl hier bereits eine zeitsparende Methode Anwendung fand. Auch hier läßt sich studieren, wie natürliche Klangvorstellungen als Ausgangsmodell dienten.

Dieses erste Stück mit Frequenzmodulation konnte damals in seiner vollen Länge nicht von einem Computer abgespielt werden, sondern es mußte aus Bandteilen zusammengesetzt werden. Für die Veröffentlichung der Werke Chownings mußte das Stück archäologisch genau rekonstruiert werden. Ich fand die alten Magnetbänder, die die Programme enthielten, auf einem staubigen Dachboden. Glücklicherweise existierte noch ein Bandlaufwerk, das die alten Datenbänder abspielen konnte. Für die alten Datenstrukturen standen die ausführenden Programme nicht mehr zur Verfügung. Es war sehr arbeitsaufwendig, sie den neueren Programmen und Maschinen anzupassen.

Am Ende des ersten, etwa fünf Minuten langen Abschnittes von *Sabelithe* ist das zu hören, was für Chowning das ganze Potential der Frequenzmodulation deutlich machte. In fast einer halben Minute hat er das »verpackt«, was den Erfolg von FM begründete: Es ist der Übergang von dem perkussiven Klang in den Trompetenton. Hierbei handelt es sich nicht um ein Überblenden zwischen zwei Klängen mit einem Regler, sondern um eine Interpolation der Klangfarben – also das, was wir heute »Morphing« nennen. Das wichtigste hierbei: Es mußten nicht zahlreiche Oszillatoren kontrolliert werden, sondern lediglich die Veränderung zweier Kurven ermöglichte diese Verwandlung. Noch heute erinnert sich Chowning beim Hören dieser Stelle an den Schauer, der in überlief, als ihm diese Klangmanipulation geglückt war. 20. Beispiel: John Chowning, *Sabelithe*, Schluß des ersten Abschnittes (4'40''–5'05'').

Dieses Stück ist sicherlich nicht das, was man sich zu jener Zeit (oder auch heute) unter »zeitgenössischer Musik« vorstellte (bzw. vorstellt). Aber es legte – zusammen mit dem nachfolgenden Stück *Turenas* – den Grundstein zum Durchbruch der digitalen Synthese auf dem Massenmarkt; doch darauf soll hier nicht näher eingegangen werden.

Die Frequenzmodulation hat ihre Stärke in der wenig Rechenkapazität verschlingenden Klangfarbenkontrolle und in der Möglichkeit, sogenannte Formanten einfachst in einer Klangfarbe zu setzen. Formanten sind angehobene Frequenzbereiche in einem Spektrum, die zur Identität des Klanges wesentlich beitragen. Die Schwäche der Frequenzmodulation liegt in der Unmöglichkeit, das Einschwingverhalten eines Klanges zu kontrollieren. Wie wichtig dieser Beginn des Klanges ist, läßt sich daran ermessen, daß bei kommerziellen Synthesizern Modelle auf den Markt kamen, die es möglich machten, gesampelte Anfänge von Tönen mit einem synthetisierten folgenden Klang zu kombinieren.

Das ganze Dilemma aus Sicht der Komponisten, die keine natürlichen Klänge imitieren wollen, sie aber als Ausgangsmodell für die sinnliche Wahrnehmung benutzen, wird in dem Titel *Turenas* deutlich. Es handelt sich um ein Anagramm von *Natures*.

An dieser Stelle ist es leider nicht möglich, auf alle Synthesemodelle einzugehen. In anderen Zentren für Computermusik gab es natürlich ähnliche Entwicklungen, wie die hier dargelegten.

Im letzten Teil des Beitrags soll die menschliche Stimme in den Mittelpunkt gestellt werden. Die sprechende Maschine war seit langem ein Traum der Menschen. Möglicherweise ist dies darauf zurückzuführen, daß nach der Bibel sich Gott den Menschen zu seinem Gegenüber schuf und beide im Paradies miteinander redeten; jetzt könnte der Mensch den Schöpfungsakt mit einem selbst geschaffenen Gegenüber vollziehen. Die Erforschung der menschlichen Stimme hat stets Aufmerksamkeit erfahren – etwa aus medizinischer, psychologischer oder militärischer Sicht. Künstlerisch ist die Stimme der Seele des Menschen am nächsten. Musikalisch ist sie der Ursprung der Phrasierung. Wir hauchen der Maschine Leben ein und lassen sie singen.

Die musikalische Klangsynthese von Mathews nahm ihren Anfang in einem Forschungslabor, das mit sprechenden Maschinen und Sprache erkennenden Maschinen befaßt war. So verwundert es nicht, daß Mathews im Jahr 1961 den Computer singen ließ: 21. Beispiel: Max V. Mathews, *Bicycle Built For Two*[13]. Die technische Qualität des Stückes ist immer wieder erstaunlich. Dieses Lied wurde in dem Film *Space Odyssee 2001* dem Computer Hal in den Mund gelegt, als ihm »der Stecker gezogen wurde« ...

In diesem Beispiel hört man einen Backgroundchor, ähnlich wie im *Trio* von E. Ferretti (3. Beispiel). Das ist nichts Besonderes, denn auf jedem Computer gibt es seit der Frequenzmodulation »Ah-uh-ah«-Klänge. Das Besondere an dem Liedbeispiel *Bicycle Built For Two* sind die Konsonanten, die sehr schwierig zu synthetisieren sind.

Dieses Problem entfällt allerdings dann, wenn man sich mit reinen Vokalisen begnügt: 22. Beispiel: Synthetische Vokalise, W.A. Mozart – Rache-Arie der Königin der Nacht aus der *Zauberflöte* (IRCAM-Rekonstruktion für synthetische Singstimme und Klavier). Die Singstimme wurde in diesem Stück – ebenso wie im erwähnten Beispiel von Ferretti – nicht aus einer vorher aufgenommenen »echten« Stimme abgeleitet, sondern nach abstrahierten Regeln berechnet. Die noch leicht vorhandenen Merkmale des Artifiziellen werden durch die echte Klavierbegleitung etwas verdeckt. (Man hört, was man sich vorstellt.) Wiederum interessant ist nicht die fast perfekte Imitation einer menschlichen Singstimme – die Dank der Auswahl der Passage keine kritischen Konsonanten enthält –, sondern das Potential jenseits dieses Ausgangspunktes.

In der elektro-akustischen Musik hat der Klang der menschlichen Stimme eine besondere Stellung inne. Trägt die Verwendung konkreter Klänge bereits eine natürliche akustische Komplexität in sich, die eine weitere Bearbeitung erleichtert, so rühren den Hörer Stimmklänge sofort an. Bei der Weiterverarbeitung menschlicher Sprache war stets ein großes Problem, daß sie durch eine Transposition nach oben und unten »unmenschlich« und unverständlich

---

13 Max V. Mathews, *Bicycle Built For Two*, aus: CD *Digital Music Digital. The Historical CD of Digital Sound Synthesis – Computer Music Currents* 13, Wergo WER 2033-2

wurde. Doch auch dieses Problem war Mitte der 70er Jahre im Computer lösbar: 23. Beispiel: James A. Moorer, *Lions Are Growing*[14]. In diesem Stück wurden alle Klänge aus zwei Lesungen desselben Sprechers abgeleitet. Im übrigen wurde es auch im IRCAM erstellt, durfte aber nicht als »Stück des IRCAM« in der Öffentlichkeit publiziert werden und erschien so auf der angegebenen Demonstrations-CD für digitales Audio sofort nach der Markteinführung der CD überhaupt.

24. Beispiel: Charles Dodges, *In Celebration*[15]. Hier wird aufgenommene Sprache in ähnlicher Weise verarbeitet wie im vorausgegangenen, fast gleichzeitig entstandenen Beispiel.

25. Beispiel: Jean-Baptiste Barrière, *Chreode* [16]. Diese Komposition wurde mit demselben Syntheseprogramm wie die Arie der Königin der Nacht erstellt, also auch nicht aus einer Sprachaufnahme abgeleitet. Das Beispiel macht deutlich, in welche Richtungen die künstlerische Arbeit auch dann gehen kann, wenn die »natürliche Welt« nicht als Ziel, sondern als Ausgangspunkt mit einbezogen wird.

26. Beispiel: Michael McNabb, *Dreamsong* (1978)[17]. In diesem Stück sind viele Techniken enthalten, die bereits angedeutet worden sind, z.B. u.a. die Aufnahme einer Singstimme, die analysiert und verändert wieder zusammengesetzt wird, das Soundmorphing: das Umwandeln einer Art Klang in einen anderen (hier z.B., wenn das Gemurmel vieler Stimmen in die Singstimme übergeht). Der Komponist hat ein Hin- und Herwechseln zwischen den Klängen der »echten« akustischen Welt und jenen der nur synthetisch herstellbaren Welt komponiert. Die Stimme am Schluß stammt aus einer Lesung des Dichters Dylan Thomas.

Dieses Stück wurde vor knapp zwanzig Jahren hergestellt. Ich halte das vor allem deswegen für bedenkenswert, weil wir heute über jede in den Fachzeitschriften vorgestellte neue Klangmöglichkeit und über neue Geräte in Aufregung versetzt werden, von denen die meisten noch nicht einmal jene Techniken zur Verfügung stellen, die hier angewendet wurden.

In meinen Ausführungen habe ich jene ganz anderen Klangwelten übergangen, die sich nicht an der Klangwelt der natürlichen Umwelt orientieren. Mich persönlich interessieren diese nur mit elekronischen Mitteln erstellbaren Klänge ganz besonders, denn mit ihnen kann ich vielleicht das finden, was es nur so gibt.

---

14 James A. Moorer, *Lions Are Growing*, aus: CD *The Digital Domain*, Elektra 9 60303-2 (1983)

15 Charles Dodges, *In Celebration*, aus: CDMC *Computer Music Series*, Vol. 18, Centaur Records CRC 2213

16 Jean-Baptiste Barrière, *Chreode*, aus: CD *Digital Music Digital – Computer Music Currents* 4, Wergo WER 2024-50

17 Michael McNabb, *Dreamsong*, aus: CD *Digital Music Digital – Michael McNabb*, Wergo WER 2020-2

Ziel dieser Darstellung war aufzuweisen, wieviel technisches Potential seit über zwanzig Jahren überreich vorhanden ist. Mit der parallelen Entwicklung zunehmender Rechengeschwindigkeiten und fallender Preise für Hardware und der kostenlos zur Verfügung stehenden Musiksoftware aus dem akademischen Bereich bleibt es eine Herausforderung an unsere Phantasie und unsere Geduld, dieses Potential auch künstlerisch zu nutzen.

Jean-Claude Risset

Composing sounds, bridging gaps – the musical role of the computer in my music

Introduction

One of my early desires as a musician was to sculpt and organize directly the sound material, so as to extend compositional control to the sonic level – to compose the sound itself, instead of merely composing with sounds. My use of the computer has focused mostly on this goal. I have been able to fulfill this desire to some extent, by resorting to digital synthesis and also digital processing of sound. As I shall explain, I had to perform exploration and research to use the computer musically.

More generally, I view the computer as a help to bridge gaps between various aspects of music-making. In sound synthesis, the composer is in charge of the sound: he assumes the responsibilities of the performer and even of the instrumentmaker. I have set up close encounters between digital sound and live instruments. I consider that composing implies freeing oneself from the tyranny of real time: I have thus mostly stayed away from real time operation in the digital sound domain, also fearing a rapid obsolescence of »instruments« that rely too much upon a fast changing technology. However, I have implemented live interactions between a performer and a computer program in the acoustic domain.

The computer – why and how?

My first pieces did not involve the electronic technology, and today I still compose works for voice, instruments and orchestra; but I have spent much time exploring the possibilities of the computer for musical creation, mostly for the compositional elaboration of sound material. I had an early and vivid interest for timbre. However, in the early sixties, I was not attracted to either musique concrète – based on the editing of recorded sound objects – or electronic music – built up from electronically produced sound material. To put things simply, I found that although musique concrète was opening the scope of musical sounds, it did not provide the composer with the refined compositional control he could exert when writing instrumental music. Musique concrète offers a rich variety of powerful sounds: however, the possibilities of transforming those sounds are rudimentary in comparison, so that it is hard to avoid aesthetics of collage. In contradistinction, one could control the sounds of electronic music more precisely, but these sounds tend to be so simple and dull that one is tempted to enrich them by complex manipulations, thus destroying the effectiveness of control one could have over them.

This conclusion prompted me to explore the possibilities of computer sound synthesis. I felt that the precision and the reproducibility of the computer could help – while I always found something limited, contrived and whimsical about analog electronics. Synthesis permits to »compose« sounds in great detail. The sound material thus obtained is highly ductile, and it can be made complex enough to be musically interesting, while too simple sounds can turn off demanding listeners.

Between 1964 and 1969, during several years spent with Max V. Mathews at Bell Laboratories, I devoted myself to the exploration of those possibilities. Then I went on, introducing computer synthesis in France – at Orsay (1970), Marseille-Luminy (1975), IRCAM (1976). I now continue to work in the Laboratoire de Mécanique et d'Acoustique of CNRS in Marseille, with Daniel Arfib, Richard Kronland-Martinet and others[1].

Computer synthesis of sound: Music V and the psychoacoustic problem

The most general method to produce sound is direct digital synthesis, implemented by Max V. Mathews as early as 1957. On a compact disc, the sound waveform is specified by a string of numbers – 44100 per track for one second of sound. In direct digital synthesis, the computer directly computes the numbers representing the waveform. Thanks to the flexibility of programming, it can thus produce virtually any waveform, without having to build an actual vibrating system.

To avoid rewriting a new program for each sound, Mathews has designed convenient music compilers[2] such as Music V, which enable the user to produce a wide variety of sounds, simple or complex. The user has to specify for the program the physical structure of the desired sounds. This specification – the computer »score« – must be made according to specific conventions, which in effect define a language for sound description. A given Music V score is thus a recipe requested by the computer to cook up the sounds, and at the same time a thorough description of these sounds, which may be usefully communicated to other users.

One can thus manufacture sounds with unprecedented reproducibility and precision. This precision permits to achieve useful effects. Thus I have often taken advantage of the complex beating patterns between several similar synthetic tones with very close frequencies, using differences smaller than 1/10 Hz. Depending on the regularity of the spacing of the neighboring frequencies, the interference between sounds yields conspicuous spectral scans, reinforcing in turn different frequencies at different rates (as in

---

[1] Among our collaborators in Marseille were Sylviane Sapir, presently in Italy at IRIS, and Pierre Dutilleux, now at the Zentrum für Kunst und Medientechnologie, Karlsruhe.
[2] In short, a compiler is a program that writes other programs.

Inharmonique, 3'40" to 4'28"[3], or *Contours*, 1'34" to 2'55" or 9'01" to 9'41") or simply animating the tone by modulating its colour (as in the low pedal of *Songes*, track 1, 6'30" to 9'00").

However, the first attempts to use direct digital synthesis for music were disappointing. The synthetic sounds produced in the late fifties and the early sixties lacked variety, richness and identity. One could not get exciting new sounds by varying parameters haphazardly.

Clearly, one lacked adequate physical descriptions of desired or interesting timbres. This is what we call the psychoacoustic problem: to use sound synthesis effectively, one must resort to some psychoacoustic knowledge or know-how on the relation between the physical structure – which the composer controls when he specifies the synthesis data – and the aural effect – which determines the musical impact. »Classical« psychoacoustics is of little help here, since it bears mostly on the perception of simple sounds in isolation, while music deals with rich sounds in context. And the early synthesis attempts promptly revealed that auditory perception has intricate and apparently whimsical features.

Disseminating know-how: a catalog of synthesized sounds

Fortunately, the exploration of the musical possibilities of digital synthesis has contributed a lot to the growth of such psychoacoustic knowledge and know-how. It is important to disseminate this know-how. This can be done through scientific articles or books, specially accompanied with records[4].

After working several years to develop the possibilities of synthesis, I assembled »an introductory catalog of computer-synthesized sounds« (1969) to communicate the finds of my own research. In fact this compilation was requested by Max V. Mathews for a computer music synthesis course he gave in 1969 with John Chowning at Stanford University. This document provides a recording for a number of sounds or musical fragments, together with the Music V »scores« written to obtain them. These scores permit to replicate the synthesis – they also constitute a thorough description of the physical structure. Additional explanations are given on both the production process and the musical context. Thus the sounds can be replicated with Music V, but also with other programs or other sound production processes. Most of the data I mention below on the imitation of instruments, the development of sonic processes or the creation of auditory paradoxes and illusions, can be found in the document in enough detail to replicate the examples today – or to produce variants from these examples. This document has proved useful – it still is: it will be reissued shortly, and I am planning an extended and updated new version with a CD and probably a CD-ROM.

---

[3] The timing given in this article for musical excerpts is that of the compact disc recording of the piece referenced in the discography, with the track number if necessary: thus it is easy to find the proper spot.

[4] Risset/Mathews 1969; Chowning 1973; Mathews/Pierce 1989

This issue of passing information and know-how is crucial. A Music V score (this also applies to scores of other synthesis programs such as CSound or CLM) gives complete information about the sounds and their elaboration. Analyzing scores is an essential part of teaching – or learning – composition. Music V, CSound or CLM scores can be analyzed by composers interested in recipes for sound synthesis and in the compositional elaboration of sonic structures.

As I discuss below – in particular in discussing real time operation – computer synthesis of sound would remain very primitive and unmusical if explorers had not shared the know-how they developed. The notion of network of users appeared at the very beginning of computer music synthesis, and it will always be essential, since know-how on processes and perception is more crucial than ephemeral technological objects. Today, Internet, as a world wide web, makes it easy to share resources: but these resources must exist in the first place – not only the synthesis programs, but typical protocols of fruitful utilisation of these programs.

Back to psychoacoustics

Looking back today, one now understands why hearing has developed idiosyncratic processes. The senses are not parameter-measuring devices: rather, perception has specific ways to interpret the sensory signals so as to get useful information about the outside world – the issue is survival. Hearing can thus make subtle inferences to interpret a sound signal in terms of its acoustic production: however – it is often at a loss with electrical sound signals which escape acoustic constraints[5]. To identify a source, the ear relies on subtle and more elaborate cues than one thought, such that the identification can resist the distortions happening in the course of the propagation of the sound signal.

Even familiar sounds, such as those of musical instruments, were harder to imitate than expected. In particular, brass and bowed string instruments fiercely resisted imitative synthesis. Evidently, the cues for the recognition of these instruments were not as simple as one thought. Thus, in the early sixties, Mathews and I decided to embark on some research on imitating those sounds – not to provide ersatz, but rather to get insight into what determines the richness and the identity of violin or trumpet sounds.

Early experiments: imitation of instruments and its musical use

The methodology we used can be called »analysis by synthesis«. The classical descriptions of instrumental sounds model them in terms of a characteristic fixed spectrum modulated by an amplitude envelope. The initial attempts to imitate brasses or strings with such a model failed

---

[5] Cf. Risset 1988, Bregman 1990

completely, showing that the model is inadequate. In fact, using this model, electronic music had not succeeded in the fifties to properly imitate instrumental sounds.

We analyzed recorded tones, using protocols yielding the evolution of frequency spectra over time rather than a single, average spectrum. The time-varying analysis of trumpet sounds showed that the spectrum was variable throughout each tone. In particular, during the attack, the low-order harmonics reached their final amplitude earlier than the high-order ones. On hearing the attack, the ear cannot analyze what happens, it is not aware of this asynchrony, which occurs over some 30 milliseconds: but it recognizes it as a characteristic cue of a brassy attack, as synthesis tests demonstrate. Indeed, good simulations of the original tones could be achieved by modeling the sounds as a sum of harmonics, each of which endowed with its own envelope. The complex envelopes drawn from the analysis of actual brass sounds can be vastly simplified: however, fig. 1 shows that a considerable amount of data is still required – especially since a new set of envelopes is required for tones of different pitches or different loudness.

Fig. 1: This plot shows schematized amplitude envelopes for the harmonics 1 to 13 of a trumpet tone lasting 0,2″. These envelopes were used to synthesize an imitation of the original trumpet tone.

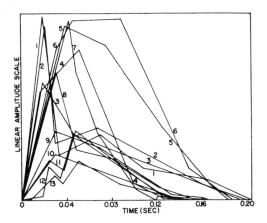

Clearly, it is valuable to try to characterize the timbre in a more compact way. I found that brassy tones could be characterized by a rather simple property: the higher the amplitude, the richer the spectrum in high order harmonics. In particular, this ensures the asynchrony of the harmonics during the attack. This insight permitted me to synthesize brassy tones »by rule«, the amplitude of each harmonic being deduced automatically from the envelope for the first harmonic, as shown in example 210 of my Sound Catalog (1969).

I have dwelt at length with the case of my analysis by synthesis of brassy tones because it had several implications. It made it possible to produce brassy sounds with analog synthesizers: the property can be implemented thanks to filters with voltage-controlled bandwidth. But the most elegant implementation came later with John Chowning's frequency modulation: the modulation index, which determines the frequency bandwidth, can be made to follow the envelope. Chowning has indicated[6] that the property characterizing the brassy tones helped him realize the potential of his FM process – audio frequency modulation. FM has been used extensively in computer software sound synthesis, but also in digital synthesizers such as the Yamaha DX7 and in the New England Digital Synclavier.

The variation of the spectrum with intensity suggests that the listener resorts to spectral cues to appreciate the loudness at which the trumpet is played, regardless of the physical level reaching his ears (the latter depends upon the distance of the source, or of the setting of the amplification level in case of a loudspeaker reproduction). This is a very important point for electronic and computer music: it is not sufficient to deafen a listener with decibels to convey a strong feeling of dynamics; rather, it is important to understand the cues that suggest to the listener that the sound has been produced by an energetic source.

The case of the brass pointed to the importance of spectral variations – systematic rather than random: the spectrum is linked to another sonic parameter, here the amplitude. This is confirmed by synthesis studies of other instruments. For example, as shown by Mathews, the spectra of bowed strings depend upon the frequency of the tone because of the fixed resonances of the body of the instruments – in particular the spectrum varies in synchrony with the vibrato. This idea of a relation between parameters of the sound as a cue for identity can be extended to non-instrumental sounds.

Synthesis experiments also show the importance of a wealth of specific details, sonic »accidents« or idiosyncrasies helping the ear to identify the origin of the sound. Even tuning characteristics can also affect what is called »timbre«.

Imitations of percussion instruments sound »synthetic« unless the decay time is different for different components – in general, longer for lower frequencies. This is demonstrated by No. 430 of my Sound Catalog. I shall present this example here to give an idea of the way physical structure can be specified. The idea is to give three successive approximations to a bell-like sound, as schematized in fig. 2. The Music V score is reproduced. Sinusoïdal components are added, each with a fixed frequency and an amplitude envelope with a short attack and a regular decay. This is specified by the INS and GEN statements. The duration, amplitude and frequency are specified as fields 4, 5 and 6 of the NOT statements – in seconds, arbitrary units and Hz. One can read that the component frequencies of the first tone are 224.5, 368.5 etc.

---

[6] Cf. Chowning 1973, and the program notes of Chowning's CD Wergo 2012-50

Fig. 2: Additive synthesis scheme for three successive approximations to a bell. Tones are represented along three dimensions: time, which runs from left to right; frequency, which increases from back to front; and amplitude, which increases from bottom to top.

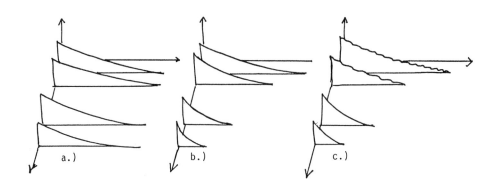

```
COMMENT---------------JCR430---------------------;       NOT 1 1 20 250 224 20;NOT 1 1 12 400 368.5 12;
COMMENT:BELL EXPERIMENTS;                                NOT 1 1 6.5 400 476 6.5;NOT 1 1 7 250 680 7;
COMMENT:ON TAPE M1485 FILE 4;GEN 0 5 3;                  NOT 1 1 5 220 800 5;NOT 1 1 4 200 1096 4;
COMMENT:5 KC SAMPLING RATE; SIA 0 4 5000;                NOT 1 1 3 200 1200 3;NOT 1 1 20 150 1504 2;
INS 0 1; OSC P5 P7 B3 F2 P30;OSC B3 P6 B3 F1 P29;        NOT 1 1 1.5 200 1628 1.5;
OUT B3 B1;END;                                           SEC 21;
COMMENT:TO SET GENERAL CONVT;   SV2 0 10 2 6 -7;         COMMENT:  NON SYNCHRONOUS DECAY AND TWO
GEN 0 2 1 1 1; GEN 0 7 2 -10;                            SPLIT PARTIALS;
COMMENT: SYNCHRONOUS DECAY;                              NOT 1 1 20 1500 224 20;NOT 1 1 18 1000 225 18;
NOT 1 1 20 250 224.5 20;NOT 1 1 20 400 368.5 20;         NOT 1 1 13 1500 368 13;NOT 1 1 11 2700 369.7 11;
NOT 1 1 20 400 476 20;NOT 1 1 20 250 684 20;             NOT 1 1 6.5 4000 476 6.5;NOT 1 1 7 2500 680 7;
NOT 1 1 20 220 800 20;NOT 1 1 20 200 1096 20;            NOT 1 1 5 2200 800 5;NOT 1 1 4 200 1096 4;
NOT 1 1 20 200 1200 20;NOT 1 1 20 150 1504 20;           NOT 1 1 3 200 1200 3;NOT 1 1 2 150 1504 2;
NOT 1 1 20 200 1628 20;SEC 21;                           NOT 1 1 1.5 200 1628 1.5;
COMMENT: NON SYNCHRONOUS DECAY;                          TER 22;
```

In the first tone (fig. 2a), the frequency components decay synchronously (they all have a duration of 0'20''). This gives an unnatural sound. In the second tone (fig. 2b), the decay time of the components is approximately inversely proportional to the frequency. As one can read on the score, this principle is violated by the component of frequency 680, which lasts 0'07'' – longer than the 6,5'' of the component of frequency 476. This gives a slight bounce after the attack. The sound is much more natural. In the third tone (fig. 2c), each of the two lowest partials is split into 2 components of slightly different frequencies (224 and 225, 368 and 369,7). This causes beats and adds life and warmth to the tone.

One could pursue this approximation starting on the above data. I did not, however, initially intend to use the computer for imitation purposes. I am not interested in replacing acoustic instruments by bad copies, and I find that instrument-like synthesizers sound most of the time like degraded ersatz. However, there are some good reasons to use instrument-like synthetic sounds. The palette of the computer would not be complete if it did not include those sounds which are very familiar, and which have proven their musical utility. In fact, the strong identity of instrumental timbres can be an anchor, a point of departure for journeys throughout timbre space. In *Little Boy* (track 6, 0'00" to 1'00"), one can hear simulacra of various instruments: brass, piano, drums that get frantic and turn into bursts of gun-fire. The ductility of synthesis permits to perform transitions between two timbres – intertwining or morphing, as one says in the visual domain, rather than mere merging; freezing textures or melting objects, as decribed below for the tape of *Inharmonique*.

Instrument-like synthetic sounds can also be contrived as acoustic sounds could not be. Bells and gongs have inharmonic spectra upon which the composer has no fine control: he can, however, compose synthetic bells and gongs with a prescribed harmony, thus relating harmony and timbre, as I often do (cf. *Mutations*, 0'00" to 0'08", fig. 3, or *Dialogues*, 6'21").

Fig. 3: A given statement is presented first as melody – 0,5" to 1,4"; then as harmony – a cresc-decresc chord – 1,4" to 0'04"; then as timbre: at 0'04" a synthetic gong-like sound is made up of sine wave components with frequencies corresponding to the fundamentals of the notes of the chord. It cannot be aurally analyzed, yet the ear recognizes that its harmonic structure is the same as the chord. This is described as No. 550 of my Sound Catalog.

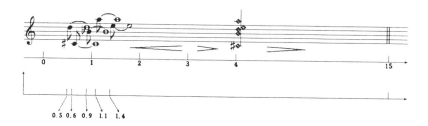

Compositional development of textures

In the previous example, timbre becomes functional: it constitutes the musical material, but its specific intimate structure relates to harmony, it has implications for the syntax. A synthesis program like Music V permits to control both the synthesis of sounds and their disposition: the user can thus merge vocabulary and syntax. I have used additive synthesis to produce complex sounds by adding synchronous components, harmonic or inharmonic, but also to desynchronize such components – to produce, for instance, an arpeggio by shifting the successive components in time. Depending upon their harmonic relation and their behavior in time, the components can merge into a single sound entity or be perceived as a multiplicity of sounds. For instance, in *Little Boy* (1968) [track 4, 0'' to 26'', also 2'25''; track 5, 1'25'' to 1'35''; track 6, 1'17'' to 1'24'', also 3'47'' to 4'15''], one can hear arpeggios of harmonics which emanate from pitches of a chord. I call this »spectral analysis of a chord«: it is as though the harmonics of the notes of the chord were selected through a frequency window moving from the high to the low frequencies (fig. 4a). The chord – here G #, D, G, E, B, A # – can only be recognized toward the end of the process. This chord is the harmonic kernel of the whole piece: it can be viewed as a functional harmony – when heard harmonically – or as a functional spectrum – when the fusion is such that the components cannot be aurally analyzed, although they determine the timbre as well as certain harmonic and melodic successions.

Fig. 4: Representation of the spectral analysis of a chord. Frequency is plotted as a function of time. Fig. 4a schematizes the process, whereby harmonics 7, 6, ..., 1 are tiled for note G #, whereas harmonics 6, 5, ..., 1 are tiled at a different rate for note D. Fig. 4b shows a sonagram of a fast ascending harmonic arpeggio.

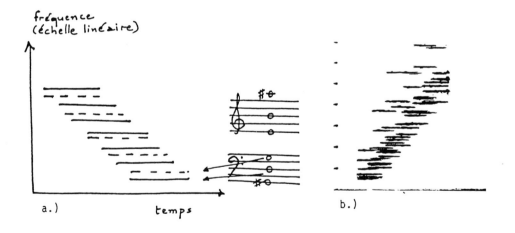

The title of my piece *Mutations* (1969) refers to the form of the piece, mutating from discontinuous into continuous, but also to the mutation stops of the organ: the harmonics, shifted in time similarly to components of white light dispersed by a prism (0'29'' to 0'35'', 0'36'' to 0'52'', 1'06'' to 1'17'', 1'56'' to 1'58'', 2'06''), as though one admitted air in turn into the distinct pipes which

160

are normally mixed to make up a tone. Between 1'41" and 1'47", one can hear a sustained chord undergoing a collapse of timbre, as though all pipes above the fundamental were gradually muffled.

One can hear such »spectral analysis« or »spectral emanation« from a chord or a harmonic structure in several pieces – for instance in the tape part of *Inharmonique*, 4'59" to 6'08"; in *Contours* (1983), 6'29" to 7'13", 7'28" to 8'20", 2'47" to 4'50". In the latter example, the various harmonics of the components of seminal chords such as C, D, G#, A#, E, F#, are presented in melodic-harmonic patterns which are not simple arpeggios, but two-dimensional structures controlled in a quasi-graphical way.

In *Inharmonique* (1977), one can hear what seems like a set of bells – synthetic bells which I composed like chords, adding components of different frequencies, with a decaying amplitude envelope longer for lower pitch components, as shown in fig. 5a. The synchronous attack helps the ear fuse the components into a single sound entity – a »bell« (6'32" to 8'05"). Later on (9'14" to 10'00"), I reproduce the same passage, but with an envelope of a different shape to control the »bell« components, as shown in fig. 5b[7]. This change of envelope turns the percussive bells into fluid sound textures. The maxima of the envelope are no longer synchronous, which helps the listener to separate out the components and to hear, so to say, the interior of the sound. This separation is even easier later between 10'05" and 11'35", with an envelope that bounces (fig. 5c). Here the control of the additive synthesis envelopes permits the composer to transform the sound in ways akin to changes of physical state – freezing or melting a given substance (the harmonic components remain the same). Such changes can also be heard, for instance, in *Passages* (on track 3, liquid between 1'16" and 3'16", solid between 3'23" and 3'55").

One can see from the above examples my concern about the harmonic structuring of timbre. In my view, grammatical constraints such as the serial techniques are too arbitrary in the harmonic dimension. With synthesis, one can compose spectra and timbres just as musical chords, and one can attribute a harmonic function to timbre. There is a relation between the inner structure of an inharmonic tone and the privileged frequency intervals between transpositions of such tones: the octave, the fifth and the third are privileged for harmonic tones with component frequencies f, 2f, 3f etc., but they can be highly dissonant intervals for certain inharmonic tones[8]. In *Little Boy* (track 6, 2'27" to 3'18") [fig. 6], *Mutations* (5'19" to 5'40", 6'22" to 6'37") and *Songes* (5'35" to 6'40"), I have thus piled up inharmonic textures as nested structures, chords of chords: the frequency ratios between the transposition are the same that can be found between the components. *Stria* by John Chowning is entirely constructed on a similar recursivity principle, which extends from the microstructure to the overall form of the piece.

---

[7] The tempo is also faster.
[8] Thus, for sounds made up of components spaced by a stretched octave, the exact octave is a dissonant interval (cf. below, auditory illusions and paradoxes).

Fig. 5: Textural transformation of a bell-like tone. As in fig. 2, time runs from left to right, frequency increases from back to front, and amplitude increases from bottom to top.

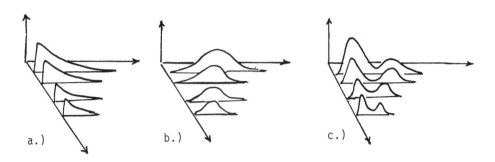

Fig. 6: Sonagram of a synthetic self-similar texture from *Little Boy*. Frequency (0 to 7000 Hz) is plotted as a function of time (duration 2,4").

Auditory illusions and paradoxes

By exploiting the specific idiosyncrasies of hearing, one can produce auditory illusions. Visual illusions are well known, while auditory illusions are new. This is because one can draw a contrived figure with a pencil: but before computer synthesis, one could not contrive the structure of a sound in a similar way.

I have been interested in paradoxes and illusions to create musical, morphological or theatrical effects – but also because illusions reveal the very stuff of our hearing.

I have produced sounds that seem to go down if one doubles the frequency of all their components[9]: this happens with tones with a wide spectrum of components spaced a little more (2 to 6%) than one octave apart.

[9] Risset 1986

(This can be heard in *Fractals*, one of the sketches of my *Duet For One Pianist*, track 9 of the Neuma CD). This shows that the composer should not blindly rely upon setting relations between frequencies: he should consider the idiosyncrasies of perception and beware of the auditory result. Otherwise, with inharmonic sounds, the listener is likely to experience pitch relations which do not correspond to the frequency relations prescribed by the composer. This can happen for a great proportion of inharmonic tones, and not solely in the special case just described.

I have generalized Roger Shepard's »chromatic scale to heaven«, generating endlessly descending or ascending glissandi for *Little Boy* (track 5, 0'00" to 2'50") and *Mutations* (5'40" to 6'21", 6'35" to 7'30"). Later, I implemented an instrumental rendition of such endless scales in the choral piece *Dérives* (1985) [movement III] and in the third movement of *Phases* for orchestra (1988) and of *Triptyque* for clarinet and orchestra[10] (fig. 7).

Fig. 7: The top part shows a sonagram (frequency versus time) of a glissando which seems to go up indefinitely. The bottom part presents a free transposition of the process to the orchestra (from *Triptyque*)

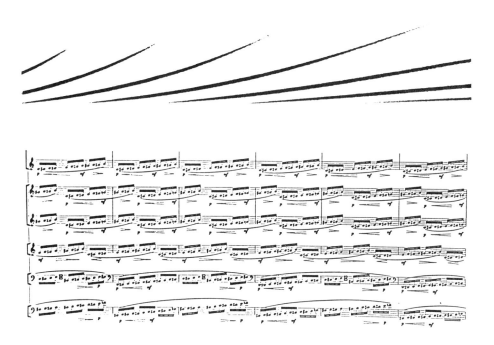

© reproduced by permission from Editions du Visage B.P. 42-FR. 94231 Cachan cedex; Fax: (33-1) 49 69 05 77

---

[10] Cf. Braus 1995

In *Little Boy* (track 6, 2'17" to 2'25"), *Mutations* (7'31" to 7'39"), *Moments newtoniens* (track 9, 1'17" to 1'36"), one can hear a sound which goes up the scale yet which is lower in pitch at the end than where it started (or viceversa). This is the auditory counterpart of Escher's *Cascade*, where a stream appears to flow down ... to a higher point. Here I contrive the parameters so as to give rise to a conflict between two aspects of pitch – tonal pitch and spectral pitch. The trick is to gradually increase the amplitude of the lower components to the prejudice of the higher ones while all components are going up in frequency: the center of gravity of the spectrum moves in a direction contrary to the movements of the components (fig. 8).

Fig. 8: A tone going down the scale but ending lower in pitch. The process is schematized in conventional music notation in the top part, and on a spectral plot in the bottom part.

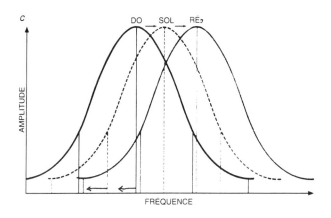

Below is the corresponding Music V score from my 1969 Catalog. Those familiar with Music IV, Music V or CSound will recognize that the tone is generated as a sum of 10 sinusoïdal components. Each component has its amplitude modulated by a bell-shape curve and its frequency modulated by an exponential going down from 1 to 2^{-10}. The fields in the NOT statement are converted so that the 6th, 4000, gives frequency in Hz, while the 7th and the 8th specify time in seconds. The frequency envelope is scanned in a period of 0'60", while the amplitude is scanned in a period of 0'30". Settings such as »0 0«, »51.1 51.1« etc. give for each component the initial »phase« in the amplitude or frequency cycle: since the function length in this version of the program is 51.1, it ensures that the 10 components are equally spaced along these curves, hence that they stay one octave apart with the proper amplitude distribution. The short Fortran program specifies a conversion so that the 6th field of the NOT cards represents a frequency in Hz, while fields 7 and 8 represent a duration in seconds.

```
COMMENT: -----------------JCR514---------------------;
COMMENT:TONALITY GOES DOWN  TONE HEIGHT GOES UP;
COMMENT: DURATION 18 S FREQUENCY CYCLE 6 S;
COMMENT:TAPE M2994 FILE 5;GEN 0 5 4;
INS 0 1;
OSC P5 P7 B2 F2 P10;OSC P6 P8 B3 F3 P11;IOS B2 B3 B2 F1 P30;OUT B2 B1;
OSC P5 P7 B4 F2 P12;OSC P6 P8 B5 F3 P13;IOS B4 B5 B4 F1 P29;OUT B4 B1;
OSC P5 P7 B6 F2 P14;OSC P6 P8 B7 F3 P15;IOS B6 B7 B6 F1 P28;OUT B6 B1;
OSC P5 P7 B8 F2 P16;OSC P6 P8 B9 F3 P17;IOS B8 B9 B8 F1 P27;OUT B8 B1;
OSC P5 P7 B10 F2 P18;OSC P6 P8 B11 F3 P19;IOS B10 B11 B10 F1 P26;
OUT B10 B1;END;
SIA 0 4 10000;
GEN 0 2 1 1 1;GEN 0 7 2 0;GEN 0 7 3 -10;
COMMENT;FREQUENCY CYCLE 6 S AMPLITUDE CYCLE 3 S;
NOT 0 1 18 500 4000 30 60 0 0 0 51.1 5151 102.2 102.2 153.3 153.3
204.4 204.4;
NOT 0 1 18 500 4000 30 60 0 255.5 255.5 306.6 306.6 357.5 357.5
408.8 408.8 459.9 459.9;
TER 20;
```

The above description and score look quite technical: but the brevity of the score shows that even very peculiar sound structures, where sounds are contrived in a most unnatural way, can be specified rather simply.

In *Moments newtoniens III*, the previous pitch paradox is combined with a similar rhythm paradox: a beat that speeds up constantly, yet it is slower at the end than at the beginning (track 9, 1'42" to 2'18"). This is followed by the reverse, a slowing beat which eventually gets much faster (track 9, 2'23" to 3'00"). Similar pitch and rhythm paradoxes can be heard in *Mirages*, for chamber ensemble and tape (1978) and in *Electron-Positron*, a short 8-track piece commissioned by CERN for the inauguration of LEP, the large electron-positron collider: the pitch and rhythm paradoxes allude to the rotation and the acceleration of the particles.

Intimate transformations of digitized sound

Synthesized sonic material is highly ductile and susceptible of intimate transformations. However, it can be dull, »dead and embalmed«, as Varèse said, unless one takes care to animate sounds, to inject life into them. Instead of doing synthesis, one can take advantage of live sounds and process them by computer to tailor them to compositional needs. Jonathan Harvey's *Mortuos Plango* uses recordings of a boy's voice and of bell sounds as sound material. *Répons* and *Explosante-Fixe* by Pierre Boulez are emblematic of real time spatializations: the sounds of the instruments are picked up by microphones and sent as echoes around the performers. My piece *Sud* gradually merges natural and synthetic sounds.

However, one should be aware that it is not easy to transform natural sounds with the flexibility and the ductility available in synthesis. For instance, a frequency transposition of a recorded motive will also change the tempo of the motive and move the spectra of the sounds.

Advanced techniques of signal processing can now be used to perform intimate transformations upon recorded sounds. These techniques implement a so-called »analysis-synthesis« process: they decompose the signal into elements that can then be assembled together to reconstitute the original sound. Between analysis and synthesis, the data can be modified so as to transform the sound. For instance, if the analysis permits to separate parameters corresponding to an excitation and a response, these parameters can be modified independently. One can then change the speed of articulation of a recorded spoken voice by a large factor without altering the timbre or the intelligibility. This has been demonstrated using several signal-processing techniques such as linear predictive coding or phase vocoder. In Marseille, Arfib has shown the musical usefulness of the Gabor transform, and Kronland has explored the use of the wavelet transform in the analysis and synthesis. Such techniques also allow to produce sound »hybrids« via cross-synthesis: from two sounds, cross-synthesis creates a final sound which retains certain characteristics of both sounds. For instance one sound can imprint its frequency content and the other its dynamic contour over the final sound[11]. I have made musical uses of these techniques in pieces discussed below: *Voilements, Attracteurs étranges, Invisibles*.

Compositions »for tape«: the issue of real time

Many of my compositions realized on the computer are pieces »for tape«. This name may be improper today, when pieces can be recorded digitally on disc or on other media (François Bayle speaks of »musique acousmatique«, and in Canada one uses the expression »musique sur support« – music for recording medium). However, even if the terminology is passé, I do not consider that the concept of music for tape is obsolete, contrary to those who consider that without real time there is no salvation. Most music is heard

---

[11] Cf. de Poli et. al. 1991

today through loudspeakers, and most musical recordings are not realized in genuine real time. For classical music, a lot of editing is performed to select portions of different takes and »splice« them together (the »splicing« is now done digitally). Occasionally some performers come in and add their part after the orchestra (for example, in the recording of Alban Berg's *Lulu* directed by Pierre Boulez, soprano Teresa Stratas recorded her part weeks after the other performers). In most pop-music records, the final record results from the mixing of many tracks. Being freed from the constraints of real time helps to carefully prepare the final product.

In the seventies, the progress of technology has made it possible to realize sound synthesis in real time under certain conditions: one could thus perform synthetic music. This had been demonstrated by Jon Appleton on the Synclavier synthesizer, and later on by pieces written for the 4X audio processor at IRCAM. There is no doubt that real time is essential for performance nuance, as Mathews and Moore had demonstrated with the hybrid real time system GROOVE. Yet I think that real time is not the answer to compositional problems – specially on the issue of composing the sound. In the seventies, some composers with experience in instrumental music, and impatient to synthesize sounds with the computer, stumbled onto the psychoacoustic problem: they had a hard time specifying in advance the parameters of the sounds to be synthesized. They hoped that real time could solve that problem, believing they could »tune« the sound by hand while hearing them.

However, this is largely an illusion: it is not sufficient to »hand-tune« the sound. One is unlikely to reach goals by groping blindly. Moreover, even in a real time system, most aspects of the sound have to be designed in advance, and only a small portion of the information concerning the generation of sound waves can be handled in realtime. Realtime control only permits to control those aspects which have been assigned to real-time controllers – knobs, joysticks and keyboards. Thus it does not permit the user to travel through a wide timbral space, but only to take strolls within a tiny portion of that space – a portion that has been selected ahead of real time and most often not by the composer, who can only play with certain available possibilities but who is in fact denied the freedom of inventing his own sound paths.

In addition, real-time audio systems suffer from a serious drawback: they are ephemeral, because the digital technology is evolving so rapidly. The portability of the pieces realized for such systems is a major issue. It is partly for this reason that Ligeti has been reluctant to realize pieces for systems such as the IRCAM real time system 4X, designed in the late seventies and superseded today by systems using a newer technology.

Initially, real time attracted composers a lot: however, it suggested certain manipulations, figures and patterns which were rather easy to produce ... and which soon became clichés. Many composers now realize all these shortcomings: after the crave for real time in the late seventies and eighties, one can see today a renewed interest for software synthesis, with general programs such as Musik V. The following synthesis programs: CMusic, CSound, CLM – Common Lisp Music – can be viewed as descendants of Music V, and it is easy to transcribe a Music V score into a score for these programs. The great advantage of these programs is that they utterly define and document the synthesis processes used, so that they can be studied and replicated later on other systems. One should also note that these programs, initially intended for synthesis, can be used to perform digital processing as well, for instance modulation, transposition, mixing. Computers are today becoming so fast that it can now take less than 10 seconds to compute 10 seconds of even complex sound: however, the above-mentioned programs are inherently not real time oriented because of the way the control information is specified.

Of course, real-time operation can be invaluable to introduce performance nuances, to realize musical improvisations on digital systems, and to control the music in novel ways. The relation between the composer-performer and his »instruments« can be very different from the traditional situation, since one can assign such and such gesture to this or that parameter or aspect of the music. I describe below my own real-time work *Duet For One Pianist*, which sets up an interaction in the acoustic domain between a pianist and a computer program acting as a virtual accompanist. But even with sound software synthesis, using the programs described above, one could still take advantage of real-time operation to a certain extent. Standards such as MIDI help in this respect. For instance, working with Boyer in Marseille, I merged real-time and delayed synthesis, specifying the notes and the performance nuances in real time on the keyboard of a MIDI synthesizer: the MIDI data were transcoded into the Music V format, so that sounds could be synthesized with Music V, which does not work in real time, while using the performance nuance information specified in real time. Here again, transcoding allows to stipulate in the same fashion values of parameters of different kinds. For instance a chromatic keyboard could be used to specify pitches along a chromatic scale, but also along a different scale, and even tempo or timbre changes: so the expertise of performers can be exploited in novel ways. I took advantage of this in *Voilements* and *Attracteurs étranges*, discussed below.

About some tape pieces

I shall give some details about non-real-time compositions »for tape«. They resort to processes described above.

Both *Little Boy* (1968) and *Mutations* (1969) were entirely produced by synthesis with the Music V program at Bell Laboratories. The sound material includes simulacra of instruments, harmonically controlled textures and auditory illusions. *Little Boy* is based on a theatrical plot by Pierre Halet, based on a phantasmal revival of the Hiroshima bombing: the first A bomb was called »Little Boy«, and my endless pitch glissando emphasizes the mental fall of the hero who identifies himself with the bomb. The plot of

Mutations is musical or morphological: a gradual transition between discontinuous scales at the beginning and pitch continuum at the end – the initial scales are eroded by harmonics, which get closer and closer in pitch as their rank increases.

Most of *Songes* (1979) was synthesized by computer at IRCAM: however, at the beginning, a virtual chamber ensemble can be heard. It is made up of short fragments recorded separately by different instrumentalists and subsequently modified and mixed with the Music V program. The scenario of the piece implies a progression toward a more and more oneiric character. Thus instrument-like tones are recalled occasionally by trills moving in space; bell-like percussions are dissolved into fluid textures; and the tessitura, initially centered in the medium range, gradually expands to a climax with a wide frequency span, followed by a coda comprising only undulating high tones which fly above a low pedal.

Sud (1985) uses both synthesized sound materials and recorded sounds, mostly sounds recorded near Marseille and subsequently submitted to a number of successive transformations through digital processing at INAGRM in Paris. The piece gradually merges these two kinds of material, initially presented as distinct and separate. A major-minor scale is initially present in the synthetic sounds, while most natural sounds have no distinct pitches (for instance the sounds from the sea) or pitches over which the composer has no control (the sounds from birds or insects). However, the two worlds are made to merge gradually, thanks to the imposed transformations. Thus, for instance, the scale is gradually imprinted as a grid onto sea or bird sounds by means of resonant filters tuned to the steps of the scale; the frequencies of the insect sounds are transposed to those of the scale. Conversely synthetic sounds are given the dynamic profile of natural sounds such as sea waves. This is done by means of cross-synthesis, which merges two sounds into a hybrid, in a way reminding of Paul Cézanne, who wanted to unite »curves of women with shoulders of hills«. I selected a found sonic object – the ebb and flow of a wave on rough sand which I recorded one morning – as a seminal cell, used throughout the piece at different scales, from that of individual sounds onto which the flux of this object is imprinted, to that of the general form, influenced by the idea of the wave.

Invisible Irène (1995) is a companion tape piece of *Invisibles* (1994) for soprano and tape. Both pay tribute to soprano Irene Jarsky, whose voice is heard throughout the piece. The sounds accompanying the voice of Irene Jarsky have been obtained by synthesis or processing. One can thus hear illusory voices synthesized with the Music V program, harmonically composed timbres produced with Music V or SYTER, voices transformed in various ways – time-stretching without frequency transposition, almost freezing the course of time, harmonizations, hybrids of voice and wind sounds, obtained with the Sound Mutations program, which implements the Gabor and the wavelet transform. The piece uses fragments of texts by Tchouang-tseu (Zhuangzi), a Chinese Tao poet and philosopher of the IVth century B.C., as well as fragments from other poetic texts in English, Japanese, German, Italian and French, and it is inspired by Italo Calvino's *Invisible Cities* : the transformations preserve the intelligibility of the texts. Resorting to digital synthesis and processing permits to implement immaterial processes, to produce illusory bells, gongs and voices, to set the sounds in virtual, imagined spaces. As stated by the Chinese poet and painter Wang Wei, »things must be both present and absent«. Without trying to visit the many themes and mythical cities found in the texts of Tchouang-tseu and Calvino, the metaphorical suggestions of *Invisible Irène* attempts to evoke through sound images some haunting schemes of these texts.

Associating acoustic and digital sound: *pièces mixtes*

It is of interest to me to stage close encounters between the real world of instrumental sounds and the virtual world of synthetic sounds: these worlds can merge closely as well as diverge widely. I have thus realized a number of *pièces mixtes* associating digital sound – synthetic, processed, or both – with live instruments (from 1 to 16) or with the human voice. In nearly all of these pieces, the digital sound part was realized in advance, so that one can speak of pieces for instruments (or voice) and tape. I found this preferable: mixed pieces like *Dialogues* (1975) or *Inharmonique* (1977) are still played today, while most of the real time equipment of that time is no longer available[12].

Of course, the relentless filing of the tape forces the performer(s) to follow an inflexible time course. However, this temporal corset is not as tight as one might think. Performers such as Roberto Fabbriciani, Pierre-Yves Artaud and Daniel Kientzy have quickly got at ease and playful in their dialogue with the tapes of my pieces *Passages* or *Voilements*. Indeed, the tape medium is quickly becoming obsolete – but not the process of recording. The French publisher Salabert is preparing a compact disc containing the tape parts of the above-mentioned pieces: this disc will come with the score.

The notation needed for such pieces is not the thorough description of the sounds, but a representation that permits the performer to follow the tape (fig. 9). It can be a conventional notation if it describes the tape sounds in a meaningful way. In other cases, it can consist of graphical patterns that help recognize what happens on the tape. Analysis programs available today can provide time-frequency representations that may need little change to be used as a score (Cf. fig. 4, fig. 7).

Dialogues (1975) combines four instruments – flute, clarinet, piano, percussion – with a tape synthesized with Music V in Marseille. The composition is based on a nucleus of motives forming pitch and rhythm rows. The treatment of the motives by compositional programs gradually dissolves the rows and submerges them into residual harmonies. The piece attempts to bridge the worlds of instrumental and synthetic sound. The instruments and

---

[12] Cf. the discussion of *Voilements* below.

the tape carry on dialogues: they answer each other, clash with each other, extend each other or merge with each other. Thus, in the beginning, the flute and the clarinet stealthily emerge from the tape sounds; at one point the tape provokes the percussionist to react to its suggestions. Toward the end, the tape weaves and frays sound structures stemming from instrumental harmonies.

Fig. 9: Two excerpts of the score of *Passages*, for flute and tape: the notation for the tape is either conventional or schematic. The timing is indicated in seconds

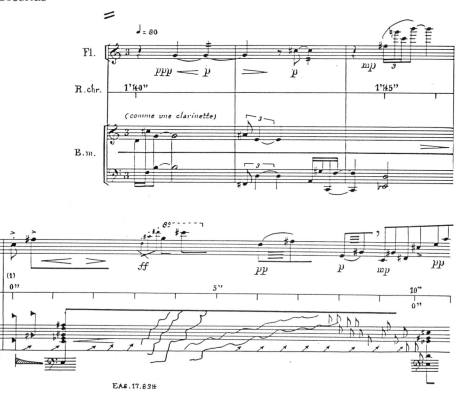

© reproduced by permission from Editions Salabert

In *Passages* (1982), the tape was also entirely synthesized with Music V in Marseille. This is not a concerto for solo flute: rather, the relation between the flute player and the synthetic tape is in the spirit of chamber music. The title refers to the changing sonic environment created by the computer. The tape passes from one soundscape to another: noisy glides, with spectral distributions similar to those found in turbulence phenomena; fluid noisy contours, ending in clear pitches; harmonic scans; vibrato tones insidiously turning into quasi-trills; serial snatches, as historical remains; rhythmical beats, as for parades or dances; bouncing beats, later frozen into imaginary bells; tones mutating into voices. Facing this shifting scenery, like a succession of landscapes seen from a train, the flute stays itself but varies its modes and moods, merging with the soundscape or contrasting with it. In fact, *Passages* is an experiment in identity. The flute is clearly recognized, even when it plays breathy sounds or whistle tones. The tape part first attempts to confuse the issue by introducing flute-like sounds. The identities get smeared toward the end, when the flute player sings and plays at the same time, while an irregular vibrato imposed on proper synthetic sounds imparts them with a voice-like quality.

Inharmonique stresses the theatrical aspect of the confrontation between a live soprano on stage and synthetic sounds with no material counterpart. The tape was entirely synthesized at IRCAM, except for a projection of the soprano's voice into space toward the end. The piece begins by shifting noise bands, out of which pure sounds emerge. These sounds cluster into clouds. The density increases. The voice, initially in the background, pierces the screen of the artificial sounds, and embroiders around a single pitch. The tape introduces imaginary bells, composed like chords and later melted in fluid textures. The voice part becomes more and more sparse and dramatic, until only breathing remains, soon drowned in the reflux of noisy bands. The symbolism is one of emergence, birth, growth, death and memory. In *L'autre face*, on a poem by Roger Kowalski, the theatrical confrontation is even stronger, when the voice of the soprano is echoed by intriguing, disincarnate voice-like synthetic melodies.

In *Voilements,* the saxophone dialogues with a tape. Most of the tape sounds have not been synthesized, but rather obtained by the processing of recorded musical motives played by saxophone player Daniel Kientzy prior to the realization of the tape, and including special performance techniques developed by the performer (multiphonics, slap, bull's sound etc.). Although much of this processing was performed on a real-time system – the audioprocessor SYTER – I decided that the saxophone should be accompanied by a tape rather than by SYTER operating in real time on the concert stage. There are several reasons: convenience – it is costly to have SYTER on the concert stage; fear of obsolescence – it is more and more difficult to maintain SYTER, technically obsolete today; desire of richness – in places, the tape has more layers of sound than could be produced in real time by the processor. The tape also includes sounds synthesized by Music V, but specified in real time through a MIDI keyboard – the pitches and timing were then transcribed to form the Music V score. However, MIDI note 60 was not always used as equally-tempered middle C (as it is in track 7, 2'43" or 3'01"): the MIDI note numbers could also be transcribed into steps of a non-tempered scale (for instance at track 8, 1'15" to 1'38").

In the course of *Voilements,* the tape first echoes the soloist, multiplying his sound, but also altering its way of playing, warping it as a wheel which does not go round (the title alludes to a veil or a sail, but it also means »buckles« or »warps«). The equal temperament tuning is eroded by microtonal intervals or multiphonics; the tension increases, up to a point where melodic lines get twisted into loops as on a broken record. Then, as if one zoomed backwards, the relation between the soloist and the tape becomes more remote and peaceful: the tape becomes a distant background for the gestures of the soloist.

In *Attracteurs étranges*, similarly to the case of *Voilements*, much of the tape was obtained by processing. Initially I recorded motives performed by Michel Portal on the Bflat and bass clarinet, with special performance techniques involving multiphonics and turbulent airflows. I then processed them with the SYTER audio processor, and I realized a tape also comprising fragments synthesized with Music V, as well as clarinet and spoken passages slowed down without transposition or cross-synthesized. The tape either echoes the soloist or contrasts with his playing. As the title indicates, several aspects of the piece are inspired from processes encountered in the study of dynamic systems en route to chaos (turbulence, involved in multiphonics, is an instance of chaotic behavior).

The piece comprises four sections of uneven length: 1) Initial. The pitch material revolves around a high A, a point attractor. 2) Vocal. A brief encounter between clarinet and voice, slowed down, made noisy, or hybridized with the instrument. 3) Vertical. The clarinet excites filters similar to Aeolian harps. Then multiphonic and turbulent sounds from the clarinet echo deep, radically processed inharmonic tones. 4) Horizontal. Here the melodic aspects dominate: the clarinet dialogues with its illusory shadow. Certain figures appear at different scales, as in fractal structures, and the form is influenced by the order of chaos.

Real-time performance interaction in the acoustic domain with a computer-controlled piano

Real-time operation was discussed above. In the 80s, Barry Vercoe, working initially with Larry Beauregard at IRCAM, then at M.I.T., implemented a process whereby a computer program followed the score played by a performer, so that a synthetic performer can accompany the live performer. This was used in pieces by Philippe Manoury, such as »Jupiter«, for flute and 4X.

As I was composer-in-residence in the Music and Cognition Group, Media Laboratory, M.I.T., I realized in 1989 a Duet For One Pianist which is the first example of real-time interaction in a purely acoustic world. In addition to the pianist's part, a second part is played on the same piano – an acoustic piano, with keys, strings and hammers – by a computer which follows the pianist's performance. This requires a special piano – here a Yamaha Disklavier – equipped with MIDI input and output. On this piano, each key can be played from the keyboard, but it can also be activated by electrical signals: these signals trigger motors which actually depress or release the keys. Each key also sends out information as to when and how loud it is played. The information to and from the piano is in the MIDI format, used for synthesizers. A Macintosh computer receives this information and sends back the appropriate signals to trigger the piano playing: the programming determines in what way the computer part depends upon what the pianist plays. This novel interaction was implemented with the most dedicated and competent help of Scott Van Duyne. We used the real time program MAX written by Miller Puckette at M.I.T. and at IRCAM.

To make the interaction work, we had to solve two problems first. One could be called MIDI feedback or MIDI Larsen effect. For instance, suppose we ask the computer to react to a note (played by the pianist) by playing the note symmetrical to that note with respect to a certain pitch – say, middle C. If we play a F, the program will receive the MIDI information reporting that a F has been played: it will compute the symmetrical, a G, and send a MIDI message instructing the piano to play that G. Then the piano will send back the MIDI information reporting that a G has been played: hence the program will compute the symmetrical, a F, and send a MIDI message instructing the piano to play that F ... and so on and so forth, oscillating between F and G instead of just playing one G. This problem occurs because the program makes no distinction between the notes played by the pianist and the notes played by the piano responding to the MIDI messages from the program itself. The solution was to enable the program to remember the notes it had produced, so as to distinguish them from the notes played by the pianist. This could be programmed within MAX.

The second problem had to do with the inertia of any mechanical piano: when a note is played *piano*, the key moves much slower than when it is played *forte*. Hence the delay between hitting the key and exciting the string is longer – in fact, it ranges from some 20 milliseconds (almost inaudible) for *fortissimo* notes to more than 200 milliseconds (a considerable delay to the ear) for *pianissimo* notes. The pianist unconsciously compensates, but a MIDI sequence of notes started at equal time intervals and played crescendo will be heard as accelerando, since the delay depends upon the loudness. To remedy this uneven response, one has to take in account the loudness and delay the notes of the proper amount ... which, however, causes all notes to be retarded by the maximum value, so that instant real-time reaction is impossible. (This is only objectionable when immediate reaction is required: then the only remedy is to resort to electronic pianos). This compensation could also be implemented within MAX – it must first be initialized for each piano[13] by a measurement phase, where a program records the delay value as a function of the played intensity and register the data into a table. One may elect not to make use of this compensation when one wants the response to be as immediate as possible – but it cannot be instantaneous.

My first *Duet For One Pianist* comprised eight short *sketches*, intended to explore and demonstrate different kinds of live interaction between the pianist and the computer. The scores for these pieces are fully written in advance, and so are the programs which determine the relationship between what the pianist plays and what the computer plays. The computer programs detect certain

---

[13] Experience indicates that delays are not very different from one piano to another.

events in the MIDI sequence and take them in account in various ways to react in the desired fashion. I shall describe briefly the kinds of interaction implemented in these eight sketches, which I recorded with two pianos – the computer response being directed to a second Disklavier[14]: thus, listening to my recording, it is easier to distinguish what is played by the pianist and by the computer.

- *Double.* The pianist plays alone, then on the repeat the computer adds ornaments. These are prerecorded: they are called when the pianist plays certain notes; their tempo can be influenced by the tempo of the pianist.
- *Mirrors.* Each key played by the pianist is echoed by a key stroke, symmetrical with respect to a certain pitch – a mirror process (fig. 10) used in Webern's second *Variation opus 27*, quoted at the beginning (and also at the end with time reversal). The center of symmetry and the response delays are changed during the piece to vary the effects.

Fig. 10. Program and score representation of a melodic mirror process.

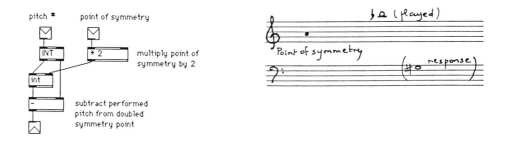

- *Extensions.* To the arpeggios played by the pianist, the computer adds pitch transpositions.
- *Fractals.* To each note played, the computer adds five notes spaced one octave plus or minus a semitone. Thus the pitch patterns played by the pianist are distorted in strange ways: an octave jump can be heard as a semitone descent.
- *Stretch.* Pitches are added, as in *Extensions,* but the intervals are not merely transposed: they are stretched by a factor ranging between 1.3 and 2.7. This alters the harmony as well as the melodies played by the pianist.
- *Resonances.* At the beginning and the end, the computer plays long sustained chords. In the middle section, the pianist plays mute chords: the strings are set in resonance by the sequences played by the computer.
- *Up Down.* Quasi-octave arpeggios are triggered by the pianist, whose few notes can thus generate many notes. The tempo of the arpeggios is set first

[14] Except for *Resonances*, which require that both parts be played on the same instrument.

by the tempo of certain patterns played by the pianist; later by the pitch he plays; then by the loudness. The latter case is a novel, sensitive and playful kind of interaction.
- *Metronomes.* Here the interaction takes advantage of the capability of the program to handle several time clocks at the same time. The sketch begins by a short canon: the computer echoes the pianist on transposed pitches and at different tempos. It later presents together several sequences at different tempos. Then it repeats the same pitches, but again at different metronomic tempos, either preset or set by the pianist.

Clearly, this process can merge composition and performance: compositional rules can be programmed and made sensitive to the way the piano is played. For instance, the tempo or the harmony of the added part could be determined by the loudness of the performance. Although the process lends itself very well to improvisation, I have not used it myself in this context. I continue this work in Marseille, where I realize *Etudes* resorting to similar kinds of interaction.

Conclusion

The computer can serve as a refined tool to probe into the deep microstructure of sound. It can help to set up situations whereby the composer can interact in various ways with his sound material, develop formal, graphic, gestural or sonic representations, and experience the control of sound and music both sensually and intellectually. For the proper use of these possibilities, skill and know-how are crucial. The computer facilitates the bookkeeping and the transmission of information: it can serve as an interface, a link, between people as well as between processes and disciplines. Work, learning, experience should be preserved, cumulated and disseminated. To escape amnesia, one should not endeavour to always work with the latest technical development: technology is more ephemeral than art.

Rather than specializing, for instance, in electroacoustic music or instrumental music, rather than being merely a composer without intervening in the performance aspects, I long for a complete approach. The computer is useful as a workshop to design and build tools which are material as well as intellectual. Using the computer has helped me to bridge gaps between various aspects of music-making. I could thus relate acoustic and synthetic sound material; real-time and delayed synthesis; synthesis and processing of sound; music composition, sound production and performance. I only briefly touched upon form, which I often treat as a result rather than as a pattern a priori. In my pieces, I attempt to relate form to the material and its treatment – drifting forms, when the material evolves throughout the pieces, as in *Mutations, Songes* or *Voilements,* or forms influenced at different levels by a basic sonic kernel or a morphogenetic idea, as in *Sud, Attracteurs étranges* and *Invisibles.*

The computer has helped me reach certain aesthetic goals, to fulfill some yearnings which I may describe as follows: resorting to a large vocabulary of sounds, including and going beyond those of musical instruments; sculpting and composing sounds, with due regard to the harmonic dimension; stimulating perceptual mechanisms to produce auditory paradoxes and illusions; staging close encounters between acoustic sounds, audible traces of a visible world, and immaterial sounds, suggesting an imagined, illusory world, a separate, internal sonic reality.

References

Bolzinger, S./Risset, J.-C.: *A preliminary study on the influence of room acoustics on piano performance*, in: *Comptes du 2ème Congrès Français d'Acoustique*, Arcachon 1992, pp. 93–36

Braus, I.: *Retracing one's steps: an overview of pitch circularity and Shepard tones in European music, 1550–1990,* in: *Music Perception* 12 (1995), pp. 323 – 351

Bregman, A.S.: *Auditory scene analysis – the perceptual organization of sound*, Cambridge, Mass. 1990

Cadoz, C./Luciani, A./Florens, J.-L.: *Synthèse musicale par simulation de mécanismes instrumentaux et transducteurs gestuels rétroactifs pour l'étude du jeu instrumental*, in: *Revue d'Acoustique* 59 (1981), pp. 279–292

Chowning, J.: *The simulation of moving sound sources*, in: *Journal of the Audio Engineering Society* 19 (1971) , pp. 2– 6

Chowning, J.: *The synthesis of audio spectra by means of frequency modulation*, in: *Journal of the Audio Engineering Society* 21 (1973), pp. 526–534

Cogan, R.: *New images of musical sound*, Cambridge, Mass. 1984

De Poli, G./Picciali, A./Roads, C. (editors): *The representation of musical sounds* (including Risset, J.-C.: *Timbre analysis by synthesis: producing representations, imitations and variants for musical composition*, pp. 7–43; Kronland-Martinet, R./Grossman, A.: *Application of time-frequency and time-scale methods [wavelet transforms] to the analysis, synthesis and transformation of natural sounds*, pp. 45–85; Arfib, Daniel: *Analysis, transformation and resynthesis of musical sounds with the help of a time-frequency representation*, pp. 87-118), Cambridge, Mass. 1991

Deutsch, D. (editor): *The psychology of music*, Orlando, Florida 1982

Dodge, C./Jerse, T.A.: *Computer music; synthesis, composition and performance*, New York 1985

Dufourt, H.: *Musique, pouvoir, écriture*, Paris 1991

Haynes, S.: *The musician-machine interface in digital sound synthesis*, in: *Computer Music Journal* 4 No. 4 (1980), pp. 23–44

Kronland-Martinet, R.: *The use of the wavelet transform for the analysis, synthesis and processing of speech and music sounds*, in: *Computer Music Journal* 12 No. 4 (1988), pp. 11–20

Lorrain, D.: *Analyse de la bande d'Inharmonique*, Rapport IRCAM No. 26, Paris 1980

Mathews, M.V., with the collaboration of Miller, J.E./Moore, F.R./Pierce, J.R./Risset, J.-C.: *The technology of computer music*, Cambridge, Mass., 1969

Mathews, M.V./Moore, F.R./Risset, J.-C.: *Computers and future music*, in: *Science* 183 (1974), pp. 263–268

Mathews, M.V./Pierce, J.R.: *Current directions in computer music research*, Cambridge, Mass. 1989

Mathews, M.V./Moore, F.R.: *GROOVE – a program to compose, edit and store functions of time*, in:. *Communic. of the ACM* 13 (1970), pp. 715–721

Morrill, D.: *The little handbook of computer music instruments*, to be published in Los Altos, Cal. 1996

Pierce, J.R.: *The science of musical sound* (with sound examples on disc), New York and San Francisco 1983

Risset, J.-C.: *Computer study of trumpet tones* (with sound examples on tape), *Bell Laboratories Report*, Murray Hill, N.J. 1966

Risset, J.-C.: *Sur l'analyse, la synthèse et la perception des sons, étudiées à l'aide de calculateurs électroniques,* Thèse d'Etat, Université de Paris, Faculté des Sciences d'Orsay 1967

Risset, J.- C.: *Sur certains aspects fonctionnels de l'audition,* in: *Annales des Télécommunications* 23 (1968), pp. 91–120

Risset, J.- C./Mathews, M.V.: *Analysis of instrument tones,* in: *Physics Today* 22 No. 2 (1969), pp. 23–30

Risset, J.-C.: *Paradoxes de hauteur,* in: *Proceedings of the 7th International Congress on Acoustics,* Budapest 1971, pp. 613–616

Risset, J.-C.: *Sons,* in: *Encyclopedia Universalis* 13, Paris 1973, pp. 168–171

Risset, J.-C.: *Hauteur et timbre des sons,* in: *Revue d'Acoustique* 42 (1977), pp. 263–268

Risset, J.-C.: *Paradoxes de hauteur* (with sound examples): *Rapport IRCAM* No. 10, Paris 1978

Risset, J.-C.: *Musical Acoustics,* in: *Handbook of Perception,* vol. IV: *Hearing,* Orlando, Florida 1978, pp. 520–564

Risset, J.-C.: *Digital techniques and sound structure in music,* in: Roads (editor): *Composers and the computer,* Los Altos, Calif. 1985, pp. 113–138

Risset, J.-C.: *Pitch and rhythm paradoxes: Comments on »Auditory paradox based on a fractal waveform«,* in: *Journal of the Acoustic Society of America* 80 (1986), pp. 961–962

Risset, J.-C.: *Musical models for sound synthesis,* in: *Proceedings of the International Conference for Acoustics, Speech and Signal Processing,* Tokyo 1986, pp. 1269–1272

Risset, J.-C.: *Perception, environnement, musiques,* in: *InHarmoniques* No. 4 (1988), pp. 10–42

Risset, J.-C.: *The computer, music, and sound models,* in: J.M. Combes/A. Grossman/ Ph. Tchamitchian (editors): *Wavelets, Time-Frequency Methods and Phase-Space,* Berlin 1989, pp. 102–123

Risset, J.-C.: *Composer le son: expériences avec l'ordinateur, 1964–1989,* in: *Contrechamps* (Special issue on electronic music) No. 11 (1990), pp. 106–126

Risset, J.-C.: *From piano to computer to piano,* in: *International Computer Music Conference Proceedings,* Glasgow 1990, pp. 15–19

Risset, J.-C.: *Timbre et synthèse des sons,* in: J.B. Barrière (coordinateur): *Le timbre,* Paris 1991, pp. 239–260

Risset, J.-C.: *Musique, recherche, théorie, espace, chaos,* in: *InHarmoniques* (numéro spécial Musique, théorie, recherche) 8/9 (1991), pp. 273–316

Risset, J.-C.: *Composing Sounds with Computers,* in: Paynter, J./Howell, T./ Orton, R./Seymour, P. (editors): *Companion to Contemporary Musical Thought,* London 1992, pp. 529–615

Risset, J.-C.: *Le son numérique: une acoustique affranchie de la mécanique?* (plenary Conference), in: *Comptes Rendus du 2ème Congrès Français d'Acoustique,* Arcachon 1992, pp. 3–11

Risset, J.-C.: *The computer as an interface: interlacing instruments and computer sounds; real-time and delayed synthesis; digital synthesis and processing; composition and performance,* in: *Interface* (Proceedings 20-year anniversary meeting: Musical creativity at the threshold of the 21st century) 21 (1992), pp. 9–20

Risset, J.-C.: *Synthèse et matériau musical,* in: *Les Cahiers de l'IRCAM,* No. 2: *la synthèse sonore,* pp. 43–65

Risset, J.-C.: *Quelques aspects du timbre dans la musique contemporaine,* in: A. Zenatti, (editor): *Psychologie de la musique,* Paris 1994, pp. 87–114

Risset, J.-C.: *Sculpting sounds with computers: music, science, technology,* in: *Leonardo* 27 No. 3 (1994), pp. 257–261

Risset, J.-C./Mathews, M.V.: *Analysis of instrument tones,* in: *Physics Today* 22 No. 2 (1969), pp. 23–30

Risset, J.-C./Wessel, D.L.: *Exploration of timbre by analysis and synthesis,* in: *The Psychology of Music,* Orlando, Florida 1982, pp. 25–28

Roads, C. (editor): *Composers and the computer,* Los Altos, Calif. 1993

Rowe, R.: *Interactive music systems* (with a CD-ROM), Cambridge, Mass. 1993

Schaeffer, P.: *Traité des objets musicaux* (with sound examples on disc), Paris 1966

Tiffon, V.: *Les musiques mixtes.* Thèse de l'Université de Provence, Aix 1994

Wessel, D.L.: *Timbre space as a musical control structure,* in: *Computer Music Journal* 3 No. 2 (1979), pp. 45–52

Wessel, D.L./Risset, J.-C.: *Les illusions auditives,* in: *Universalia (Encyclopedia Universalis),* pp. 167–171

(in press)

Risset, J.-C.: *Sons,* in: *Encyclopedia Universalis,* Paris, revised 1995

Risset, J.-C.: *Ethnologie, cognition et création: Simha Arom, ethnologue musicien,* in: V. Vehoux et. al. (editors): *Ndroje balendro: musiques, terrains et disciplines,* to be published in Paris 1995

Risset, J.-C.: *Comments for Passages,* in: W. Gratzer (editor): *Nähe und Distanz – Nachgedachte Musik der Gegenwart,* to be published in Hofheim/Taunus 1995

Publications with sound demonstrations

Risset, J.-C.: *Computer Music Experiments* 1964 – ... , (with sound examples on disc), in: *Computer Music Journal* 9 No. 1 (1985), pp. 11–18

Risset, J.-C.: *Endlessly descending pitch* (demonstration 27), in: *Auditory Demonstrations,* Institute for Perception Research and Acoustical Society of America, compact disc Philips 1126-061, 1987

Risset, J.-C.: *Paradoxical sounds/ Additive synthesis of inharmonic tones* (with sound examples on compact disc), in: M. V. Mathews/J. R. Pierce (editors): *Current Directions in Computer Music Research*, Cambridge, Mass. 1989, pp. 149–163

(in press)

Risset, J.-C.: *Composing in real time?* (with sound examples on disc), to be published in 1995 in *Contemporary Music Review*, London

Risset, J.-C.: *An introductory catalog of computer synthesized sounds* (with sound examples on disc), in: Murray Hill, N.J. 1969. Integrally reissued in compact disc Wergo 2033-2; *The historical CD of digital sound synthesis*, to be published in Mainz december 1995

Risset, J.-C./Van Duyne, Scott C.: *Real time performance interaction with a computer-controlled acoustic piano* (with sound examples on disc), in: *Computer Music Journal*, to be published in 1996

Risset, J.-C.: *Realworld sounds and simulacra in my computer music* (with sound examples on disc), in: *Contemporary Music Review*, to be published in London 1996

Musical works discussed in the article

Pieces for tape

Computer Suite for Little Boy, d'après la pièce de Pierre Halet: 2-track tape synthesized by computer (1968)

Mutations I: 2-track tape synthesized by computer at Bell Laboratories (1969)

Songes: 4-track tape synthesized by computer at IRCAM (1979)

Contours: 2-track tape synthesized by computer in Marseille (1983)

Sud: 4-track tape realized at G.R.M., Paris (1985)

Electron-Positron: 8-track tape realized by computer in Marseille (1989)

Echo pour John Pierce: 8-track tape realized by computer in Marseille (1990)

Invisible Irène, for 2-track tape synthesized by computer in Marseille, on texts from Tchouang-tseu (1995)

Mixed pieces (for instruments or voice and tape)

Dialogues, for 4 instruments (flute, clarinette, piano, percussion) and 2-track tape synthesized by computer in Marseille (1975)

Inharmonique, for soprano and 2-track tape synthesized by computer at IRCAM (1977)

Moments newtoniens, for 7 instruments and 2-track tape synthesized by computer at IRCAM (1977)

Mirages, for 16 instruments and 4-track tape synthesized by computer at IRCAM (1978)

Passages, for flute and 2-track tape synthesized by computer in Marseille (1982)

L'autre face, for soprano and 2-track tape synthesized by computer in Marseille (1983)

Dérives, for mixed chorus and 2-track tape synthesized by computer in Marseille (1985/1987)

Voilements, for tenor saxophone and 2-track tape realized by computer in Marseille (1987)

Attracteurs étranges, pour clarinette and 4-track tape synthesized by computer in Marseille (1988)

Invisibles, for soprano and 2-track tape synthesized by computer in Marseille, on texts from Tchouang-tseu (1994)

Duet for one pianist (for interactive piano such as the Yamaha Disklavier)
Duet for one pianist: eight sketches, for MIDI acoustic piano and computer, realized at M.I.T. (1989)
Trois études en duo, for MIDI acoustic piano and computer, realized in Marseille (1991)

Orchestral music
Phases for large orchestra (1988)
Triptyque for clarinet and orchestra (1991)

Discography

Risset, J.-C.: *Songes, Passages, Little Boy, Sud* (works realized by computer, with P.Y. Artaud, flute), Compact Disc Wergo WER 2013–50

Risset, J.-C.: *Sud, Mutations, Inharmonique, Dialogues* (works realized by computer, with I. Jarsky, soprano, J.P. Drouet, percussion, M. Decoust, conductor, etc.), Compact Disc INA C1003

Risset, J.-C.: *L'autre face*, for soprano and computer-synthesized sounds, recorded by Irène Jarsky on Compact Disc Wergo *Computer Music Currents* 7 (with Bodin, Yuasa etc.), WER 2027-2

Risset, J.-C.: *L'autre face*, for soprano and computer synthesized sounds, recorded by Maria Tegzes on Compact Disc Neuma *Electroacoustic Music 1* (with Dodge, Lansky, Saariaho etc.)

Risset, J.-C.: *Contours*, for synthetic sounds, Compact Disc Neuma, *New Music Series* vol. 1 (with Scelsi, Xenakis etc.)

Risset, J.-C.: *Voilements*, for tenor saxophone and sounds synthesized or processed by computer in Marseille, Compact Disc INA C2000 *Sax-Computers* (Daniel Kientzy, saxophone, with Racot, Teruggi)

Risset, J.-C.: *Moment newtonien n°3*, sound illustration for *Mille et un poèmes – Poèmes français du XXe siècle*, Planète vol. 1, Compacts Radio-France 1988

Risset, J.-C.: *Echo for John Pierce*, for sounds synthesized or processed by computer in Marseille (with Kimura, Morales; Harrison, Settel), Compact Disc ICMA/ICMC '92 (PRCD1300), International Computer Music Association, San Francisco

Risset, J.-C.: *Huit esquisses en duo pour un pianiste* (J.-C. Risset, Disklavier piano, recorded at M.I.T.), Compact Disc Neuma Electro Acoustic Music III, 450–87 (with Saariaho, Karpen, Nelson, Dusman, Fuller) [distribution Harmonia Mundi]

Risset, J.-C.: *Sound Examples of Jean-Claude Risset's Introductory Catalogue of Computer Synthesized Sound*, Compact Disc Wergo *Computer Music Currents* 13, WER 2033-2

Lieferbare Bände der Reihe

Veröffentlichungen des Instituts für Neue Musik und Musikerziehung, Darmstadt

Band 11   ED 6390
Über Musik und Kritik
Hg. von Rudolf Stephan, mit Beiträgen von Carl Dahlhaus, Reinhold Brinkmann, Ernst Ludwig Waeltner und Erhard Karkoschka

Band 14   ED 5728
Über Musik und Sprache
Hg. von Rudolf Nykrin, mit Beiträgen von Elmar Budde, Tibor Kneif, László Somfai, Klaus Kropfinger, Paul Op de Coul, Reinhard Gerlach und Jürg Stenzl

Band 15   ED 5729
Avantgarde und Volkstümlichkeit
Hg. von Rudolf Stephan, mit Beiträgen von Carl Dahlhaus, Károly Csipák, Wolfgang Burde, Rudolf Stephan und Hellmut Kühn

Band 16   ED 5730
Schulfach Musik
Hg. von Rudolf Stephan, mit Beiträgen von Arno Forchert, Hans Heinrich Eggebrecht, Elmar Budde, Carl Dahlhaus, Jürgen Uhde, Johannes Fritsch, Lars Ulrich Abraham, Hellmut Kühn, Helga de la Motte-Haber, Hans-Christian Schmidt und Hermann Battenberg

Band 18   ED 6774
Avantgarde – Jazz – Pop. Tendenzen zwischen Tonalität und Atonalität
Hg. von Reinhold Brinkmann, mit Beiträgen von Dieter Schnebel, Ernstalbrecht Stiebler, Clytus Gottwald, Johannes Fritsch, Diether de la Motte, Ekkehard Jost, Niels Frédéric Hoffmann, Hans-Christian Schmidt und Sieghart Döhring

Band 19   ED 6810
Die neue Musik und die Tradition
Hg. von Reinhold Brinkmann, mit Beiträgen von Carl Dahlhaus, Hermann Danuser, Ekkehard Jost, Ulrich Dibelius, Jürg Stenzl, Werner Klüppelholz und Peter Andraschke

Band 20   ED 6886
Improvisation und neue Musik
Hg. von Reinhold Brinkmann, mit Beiträgen von Carl Dahlhaus, Vinko Globokar, Diether de la Motte, Ekkehard Jost, Fred Ritzel, Erhard Karkoschka, Johannes Fritsch und Niels Frédéric Hoffmann

Band 21   ED 6957
Musik im Alltag
Hg. von Reinhold Brinkmann, mit Beiträgen von Kurt Blaukopf, Hellmut Kühn, Leo Karl Gerhartz, Klaus-Ernst Behne, Johannes Fritsch, Reinhard Fehling, Manfred Becker, Niels Frédéric Hoffmann, Rudolf Frisius und Alexander Schwan

Band 22   ED 7102
Musiktheater heute
Hg. von Hellmut Kühn, mit Beiträgen von Hellmut Kühn, Carl Dahlhaus, Wilfried Gruhn, Hartmut Kahnt, Peter Becker und Georg Quander

Band 23   ED 7130
Komponieren heute. Ästhetische, soziologische und pädagogische Fragen
Hg. von Ekkehard Jost, mit Beiträgen von Helmut Lachenmann, Peter Becker, Johannes Fritsch, Ekkehard Jost, Helga de la Motte-Haber, Carl Dahlhaus und Hans-Christian Schmidt

Band 25 ED 7313
Musik zwischen E und U
Hg. von Ekkehard Jost, mit Beiträgen von Diether de la Motte, Carl Dahlhaus, Wolfgang Sandner, Artur Simon, Thomas Rothschild, Hans-Christian Schmidt, Klaus Angermann und Barbara Barthelmes

Band 26 ED 7395
Die Musik der fünfziger Jahre. Versuch einer Revision
Hg. von Carl Dahlhaus, mit Beiträgen von Carl Dahlhaus, Hermann Danuser, Friedrich Hommel, Gieselher Schubert, Rudolf Stephan und Clemens Kühn

Band 27 ED 7436
Neue Musik und ihre Vermittlung
Hg. von Hans-Christian Schmidt, mit Beiträgen von Hans-Christian Schmidt, Hansjörg Pauli, Carl Dahlhaus, Ulrich Dibelius, Detlef Gojowy, Diether de la Motte, Volker Bernius, Kjell Keller und Werner Klüppelholz

Band 28 ED 7586
Musik und Theorie
Hg. von Rudolf Stephan, mit Beiträgen von Albrecht Riethmüller, Helga de la Motte-Haber, Rudolf Frisius, Giselher Schubert und Klaus-Ernst Behne

Band 29 ED 7691
Musikszene heute
Hg. von Ekkehard Jost, mit Beiträgen von Hansjörg Pauli, Reinhard Oehlschlägel, Andreas Wiesand, Ekkehard Jost, Helmut Rösing und Hans Günther Bastian

Band 30 ED 7761
Musik und Raum
Hg. von Marietta Morawska-Büngeler, mit Beiträgen von Ernst Lichtenhahn, Jürgen Meyer, Ivanka Stoianova, Klaus-Ernst Behne und Marietta Morawska-Büngeler

Band 31 ED 7835
Die Musiker der achtziger Jahre
Hg. von Ekkehard Jost, mit Beiträgen von Hans Zender, Hermann Danuser, Christoph von Blumröder, Ekkehard Jost, Peter Niklas Wilson, Helga de la Motte-Haber, Bert Noglik und Marietta Morawska-Büngeler

Band 32 ED 7960
Neue Musik im politischen Wandel
Hg. von Hermann Danuser, mit Beiträgen von Detlef Gojowy, Grigori Pantijelew, Andrzej Chlopecki, Frank Schneider, Hermann Danuser und Rudolf Frisius

Band 34 ED 8218
Film und Musik
Hg. von Helga de la Motte-Haber, mit Beiträgen von Hansjörg Pauli, Lothar Prox, Helga de la Motte-Haber, Josef Kloppenburg, Edith Decker, Barbara Barthelmes, Christoph Metzger

Band 35 ED 8388
Neue Musik und Interpretation
Hg. von Hermann Danuser und Siegfried Mauser, mit Beiträgen von Ulrich Mosch, Siegfried Mauser, Hermann Danuser, Hans Zender, Hans-Klaus Jungheinrich, Rudolf Frisius, Wilfried Gruhn, Sigfried Schibli

3